전 청와대 인사수석 정찬용의 삶과 꿈
정찬용의 도전

전 청와대 인사수석 정찬용의 삶과 꿈
정찬용의 도전

정찬용 지음

| 추천사 |

통합과 혁신의 르네상스, 정찬용이 이끈다

박주선(국회의원 · 민주당 최고위원)

21세기를 주도할 인간형에 관한 논란이 분분한 가운데 근래 '르네상스형 인간'이 새롭게 떠오르고 있다. 몇 년 전부터 '새벽형 인간, 저녁형 인간' '좌뇌형 인간, 우뇌형 인간' 등이 유행어가 된 적도 있지만, '르네상스형 인간'이야말로 창조적 통합과 미래 지향적 사고가 절실히 요청되는 오늘날, 가장 바람직한 인간형 중의 하나로 그 가치를 인정받게 된 것이다.

내가 본 정찬용 전 청와대 인사수석이 바로 그 '르네상스형 인간'이다. 그는 매우 독특한 이력과 깊이를 가늠하기 힘든 지성과 누구도 흉내 내기 어려운 열정을 두루 갖춘 우리 시대의 대표적인 '르네상스형 지도자'로 손꼽힐 만하다.

전남 영암에서 태어난 그는, 서울대 재학시절 반독재 투쟁에 나서 민청학련사건에 연루돼 10여 개월 옥고를 치렀고, 청년 시절에는 사고무친 경상도 거창에서 17여 년 동안 거창고등학교 교사, 농민운동가, YMCA 활동가로 치열한 시간을 보내는 등 지금껏 사회 변화와 개혁을 위한 헌신과 봉사로 점철된 삶을 살아왔다.

이렇듯 초지일관한 삶을 이어온 정찬용의 진면목이 드러나기 시작한 것은 그가 고향인 광주로 돌아와 지역을 대표하는 시민운동 지도자로 우뚝 서면서부터였다고 나는 생각한다. 그리고 2002년 대선 후 그는 노무현 당선자의 부름을 받아 대통령 직속 인사보좌관이란 중책에 발탁되면서 비로소 '르네상스형 인간'의 자질을 발휘할 수 있는 획기적인 계기를 맞게 된다. 나는 김대중 대통령 시절 인사(人事)와 사정(司正) 업무를 동시에 관장하는 대통령법무비서관으로 일한 적이 있기 때문에 그가 인사보좌관으로 내정된 이후 만난 자리에서 나름대로 조언을 해주기도 했었는데, 그때 참신했던 그의 모습이 기억에 새롭다.

참여정부 초기에 청와대와 정부 인사가 '비교적 무난했다'는 평가를 받았던 것도 정찬용 인사보좌관(나중에 인사수석)의 탁월한 역량과 청렴성, 사심 없는 헌신적 노력의 결과였다는 데는 누구도 이의를 제기하지 못할 것이다. 말하자면 이때야말로 한두 분야에 그치지 않고 다양한 사회적 스펙트럼을 가지고 적합한 인재를 찾아내고자 했던 그의 '르네상스적 생각과 행동'이 빛을 발하기 시작한 것이다.

그리고 청와대를 떠난 정찬용 전 수석에게 현대기아차그룹이 사장급인 현대기아차인재개발원 원장직을 맡긴 것은 정몽구 회장의 혜안에서 비롯되었겠으나, 그것은 또한 그에게 또 하나의 세계를 창조하고 발전시킬 수 있는 소중한 기회가 되었을 것이다. 1년여 동안 정찬용이 현대기아차그룹이라는 굴지의 대기업에서 CEO로서 자질을 함양하고 국내외 경제계를 천착할 수 있었던 것은 얼마나 큰 행운이었겠는가.

그리고 다시 고향인 광주로 돌아와서도 정찬용 전 수석은 열정적인 행보를 계속했다. 서남해안 개발을 주도할 '서남해안포럼' 창설과 관련한 역동적 활동, 지역인재 육성을 목표로 한 '무등사랑(舍廊)' 개설 등 그의 전방위적 활동은 필부들이 상상할 수 없는 다양한 영역에서 뚜렷한 성과를 거두고 있는 것이다.

'르네상스형 인간'을 '어떤 한 가지만을 선택하기보다 다양한 관심사를 추구하는 사람'으로 규정한다면 정찬용 전 수석은 여기에 딱 어울리는 사람이다. 나도 청와대 재직 시절 경험한 바이긴 하지만, 국정 최고 사령탑인 청와대에서는 국내는 물론 국제무대까지 분야를 가리지 않고 다양한 인물들을 접하며 소중한 경륜을 쌓을 수 있다. 그가 앞으로 그 경험들을 어떻게 꽃피울지, 그것이 내겐 자못 기대된다.

항상 현실에 안주하지 않고 미래를 꿈꾸는 영원한 청년정신의 소유자 정찬용. 그는 분야를 가리지 않고 창조적 비전을 제시하는 비범한 능력과 각계각층을 아우르는 통합의 리더십, 혁신을 몸소 실천하는 개혁성을 무기로 우리 광주전남을, 나아가 대한민국을 제2의 르네상스 시대로 이끌어갈 큰 주역임에 틀림없다.

| 추천사 |

정찬용의 꿈을 광주의 희망으로

이해찬(전 국무총리 · 시민주권모임 대표)

　얼마 전에 현 정부의 국무총리와 몇몇 장관 후보자에 대한 국회 인사청문회가 있었다. 성한 사람이 한 명도 없었다. 이번만이 아니다. 그전에 있었던 청문회에 나온 사람들도 비슷했다. 한 검찰총장 후보자는 생중계되는 청문회장에서 거짓말까지 거침없이 했다. 검찰총장 후보자가 거짓말하는 광경을 보면서 나는 깜짝 놀랐고 사뭇 끔찍하다는 생각이 들었다. 거짓말하는 검찰총장 후보자 마음속에는 그 자리만 모면하면 된다는 속셈이 들어 있는 것이고 그 마음이 나아가서는 어떤 사건이든 조작할 수도 있기 때문이다.
　현 정부의 고위인사들에게 위장전입은 전공필수과목이고 탈세, 부동산 투기, 논문표절은 전공선택과목 정도가 된다. 정부 출범 때부터 '강부자', '고소영'으로 시작하더니 현 정부 주위에는 온통 그런 사람밖에 없는 모양이다. 정말 이해할 수 없는 것은 청와대가 인사검증을 어떻게 하길래 저런 사람들이 고위 공직에 추천되느냐 하는 것이다. 사람이 없어서인지 아니면 검증 과정에서 부적격자임을 확인했는데도 그냥 추천한 건지, 아니면 인사검증시스템이 없거나 제대로 작동하지 않는 건지 도대체 알 수가 없다.

이러한 일은 참여정부 때는 상상도 할 수 없었던 일이다. 참여정부 때는 저 사람들보다 흠결이 훨씬 적었던 사람들도 야당의 터무니없는 공세와 언론 매도로 공직에서 물러난 경우가 많았다. 또 인사검증 과정에서 흠결이 확인되어 추천되지 못한 사람들도 여러 명 있었다. 참여정부 초기에 인사추천을 책임졌던 장본인이 바로 정찬용 대통령 인사보좌관이다(후에 인사보좌관실은 인사수석실로 확대 개편되었다).

그 당시 정찬용 인사수석은 '적재적소(適材適所)'가 아니라 '적소적재(適所適材)', 즉 할 일의 성격에 맞는 사람을 찾아내 추천하는 일을 책임졌다. '위인설관(爲人設官)'이라는 말이 있다. 대통령 주변 사람에 맞추어 자리를 만드는 것이다. 하지만 정찬용 인사수석은 위인설관이 아니라 일자리에 맞춰 사람을 찾아다녔다. 삼고초려가 아니라 꼭 필요한 사람에게는 칠고초려 찾아가서 통사정을 하는 경우도 있었다. 그처럼 거짓 없이 정성껏 사람을 찾아내 추천했기 때문에 당시 노무현 대통령께서는 청와대 인사는 정찬용 수석이 다한다는 말씀을 하시곤 했다.

참여정부 이전 정부에서는 인사추천과정이 제도화되어 있지 않았다. 따라서 대통령을 지근거리에서 모시는 사람들이 인사에 큰 영향을 미쳤다. 가까이 있으면서 대통령이 듣기 좋도록 어떻게 말하느냐에 따라 대통령도 그 말에 크게 영향을 받았다. 나도 그런 경험을 한 적이 있다.

내가 교육부장관으로 일할 때였다. 5·15 스승의 날 행사장에서 김대중 대통령께서 "이 장관은 그동안 교육부장관을 하느라고 고생을 많이 했는데 지역구 사정이 좋으니 연말까지는 책임지고 일을 한 뒤에 당으로 돌아가도록 하세요"라고 말씀하셨다. 그런데 일주일 뒤 이루어진 개각에 내 이름이 포함되어 있었다. 사실상 교육부장관 일은 너무 힘들어서 교체된 것이 나 자신에게는 괜찮은 일이었으나 그 후 교육정책 안정에는 도움이 되지 않았다. 얼마 지나서 당의 정책위원회 의장으로 김 대통령을 자주 뵙게 되어 왜 지난 개각에 나를 포함시켰느냐고 여쭈었더니 '이 장관이 너무 힘들어 그만두고 싶어 한다'는 보고를 받았다는 말씀이셨다. 누군가 허위로 보고한 것이었다. 민주적인 인사시스템으로 추천, 검증하는 것이 얼마나 중요한지를 알 수 있는 사례다.

반면 참여정부는 인사추천과 검증을 철저히 시스템으로 운영했다. 추천과정은 인사수석실이, 검증과정은 민정수석이 관리했으며 인사추천위원회라는 회의체를 운영했다. 대통령과 그 주위에 갖가지 청탁이 있었겠지만 인사추천위원회에서 회의를 통해 검증하고 대통령께 추천했기 때문에 정실이 작용하거나 사심이 개입될 여지가 크게 줄었다.

사실상 인사수석 일을 하다보면 열 명 중 아홉 명한테서는 욕을 먹고 한 사람한테서만 '사람 볼 줄 아는구먼.' 하는 소리를 듣기 쉽다. 그 외에도 갖가지 음해와 비방이 따르기 쉽다. 그런데 정찬용 수석은 그 자리에 있을 때도, 그 자리에서 물러난 뒤에도 뒷소리가 별로 없었다. 일을 객관적이고 합리적으로 잘 처리했기 때문이었겠지만 또 한편으로는 진한 전라도 토종 사투리가 한 몫 하지 않았을까 싶다. 무릇 공직자는 본인에게도 엄격하고 타인에게도 엄격해야 한다. 그래서 인간관계가 썰렁해지기 쉬운데 '아따 목마른디, 여그는 물도 안 갖다주네이.' 하는 정찬용 수석의 토종 전라도 사투리가 딱딱한 공직 분위기를 꽤 정겹게 만들곤 했다.

내가 정찬용 전 인사수석과 인연을 맺은 지는 벌써 35년이 되었다. 1974년 민청학련사건 때 같이 감옥살이를 하면서 알게 되어 참여정부에서 함께 일할 때까지 같은 길을 걸으며 살아왔다. 정찬용 전 수석은 구수한 전라도 사투리를 쓰는 언어학과 대학원생, 나는 충청도 사투리를 쓰는 사회학과 3학년 학생이었다. 박정희 유신체제 때 함께 오랏줄에 묶여 군사법정에서 당당히 재판을 받았다. 그리고 나는 대전교도소에서 이제는 고인이 된 일명 녹두장군 윤한봉 선배와 함께 감옥살이를 했는데, 그 윤한봉 선배를 정찬용 수석이 미국으로 밀항시켰다가 큰일 날 뻔하기도 했었다. 정찬용 전 수석은 수배중이던, 당시에 붙잡혔으면 광주항쟁 주모자로 몰려 목숨을 보전하기 어려웠을 윤한봉 선배를 자기 동생이 타고 다니던 외항선에 몰래 숨겨 미국으로 망명시켰다. 정말 그 당시 형제는 용감했었다.

정찬용 전 수석은 이렇듯 나라의 민주화에 열정을 바치면서도 고향에 대한 애정 또한 그에 못지않은 인물이다. 거창 YMCA 총무에 이어 광주 YMCA에서 일하면서는 여가선용활동 프로그램에서 벗어나 의식개혁운동을 펼쳤고, 광주시 살림살이가 제대로 집행되는가를 지켜보는 시정지기단도 만들었다. 또 인사수석을 하면서 서남해안개발프로젝트(S프로젝트)를 추진하고, 여수엑스포를 유치하는 데 온 힘을 쏟았다.

현 정부 들어와 두 사업 모두 추진력과 규모가 약해졌으나 이 두 사업은 그동안 낙후되었던 전남지역을 21세기의 새로운 성장동력으로 키울 사업이므로 반드시 때와 사람을 다시 만나야 한다.

나는 지난봄에 광주 대인동에 있는 '무등사랑'에 들른 적이 있다. 정찬용 전 수석은 다시 광주에 터를 잡고 선후배들과 함께 '인재육성아카데미'를 운영하고 있었다. 각계의 우수한 강사를 초빙해 그를 통해 세계를 읽고 미래를 바라보는 교육과정이었다. 그것은 지난 35년간 쌓은 자신의 경험을 다 털어서 광주 인재육성에 쏟아붓는 진한 광주사랑이었다. 그렇다. 이제 사람이 제일 중요한 세상이다. 앞으로는 교육, 보육, 문화, 의료, 환경 등 삶의 질을 높이는 분야에 일자리를 많이 만들고 그에 맞는 사람을 기르는 일이 중요해질 것이다.

예향(藝鄕), 의향(義鄕), 미향(味鄕)으로 불리는 광주는 사람을 기르는 잠재력이 무진장 많은 지역이다. 현재 정찬용 전 수석은 그동안 맺은 인간관계, 청와대와 현대기아차그룹에서 쌓은 관리능력, 광주 YMCA 등 시민단체 활동의 의식과 경험, 민주주의를 위해 살아온 올곧은 정신,

이 모든 것을 광주에 쏟아붓고 있다. 광주시민으로부터 진한 사랑을 받는 정찬용 수석, 대나무 같은 곧은 품성의 인간으로 도무지 하고자 하는 의지에 꺾임이 없는 그에게 광주의 미래를 걸어보자.

내년 5월에는 5·18 광주민중항쟁 30주년을 맞아 나는 금남로에서 망월동 국립묘지까지 그의 손을 잡고 걸으려고 한다. 광주 5월 민주주의 올레를 하면서 정찬용 전 수석이 지금까지 살아온 길을 되짚어보려고 한다.

| 머리말 |

사람이 길이요, 사람이 힘입니다

청와대 인사수석에서 물러나올 때 내 마음은 급했다. 10년 뒤 광주전남, 나아가 대한민국을 먹여살릴 장대한 구상 '서남권개발 프로젝트'가 좌초될 위기에 있었기 때문이다. 서남권개발 프로젝트의 불씨를 살리기 위해서는 특별법을 만들어야 했지만 많은 사람들이 '택도 없는 일'이라고 했다. 나는 노무현 대통령을 설득했고 대통령께서는 총리실에 추진단을 만드셨다. 나는 밖에서 서남해안포럼을 만들었다. 그러자 전라도 발전을 염원하는 3만 명이 넘는 회원이 서울, 광주, 목포, 여수를 중심으로 모여들었다. 그리고 마침내 그 힘으로 17대 정기국회 마지막 날 아슬아슬하게 '서남권특별법'이 제정됐다.

내 인생을 돌아보니, 대부분의 일들이 이처럼 극적이었다. 과연 그때 어떻게 그런 일이 가능했을까 싶은 기적들이 즐비하다. 그 기적들이 가능했던 힘은 어디서 나왔을까? '사람'이었다. 뜻을 같이하는 사람 셋만 모여도 나라를 바꾼다고 했다. 맞다. 그렇다면 천하의 인재들이 모여서 뜻을 모으면 기적이 왜 불가능하겠는가!

나는 광주전남의 뜻 있는 이들 그리고 대한민국의 미래를 걱정하는 한 분 한 분과 앞으로 우리가 나아갈 길, 먹고살 길, 사람답게 살 길을 찾고 싶었다. 한분 한분과 진지하고도 깊은 대화를 통해 그 길을 열어보고 싶었다. 언제나 그랬듯 길은 있지 않겠는가. 그러기 위해선 우선 나 자신을 돌아보고 스스로의 생각과 고민을 가다듬는 일이 먼저란 생각이 들었다. 이 책은 그렇게 탄생했다.

나는 복이 많은 사람이다. 내 인생에는 '사람'들이 많았다. 초중고 시절엔 마음이 맑고 공부 잘하는 친구들, 대학 때는 나라의 미래를 책임지려는 청년학생들, 민청학련 사건으로 감옥을 살고 나와 시골로 갔을 때는 거창고의 젊은 인재들과 아이들에 대한 깊은 사랑을 지닌 선생님들, 새로운 삶을 열고픈 농민형제들, 광주에선 열정과 헌신으로 뭉친 시민운동가들, 청와대에선 당대 최고의 재사들, 서남해안포럼과 여수엑스포 유치위원회에서는 열정적인 행동가와 빼어난 전략가들에 둘러싸여 살았다. 현대기아차 인재개발원에선 세계 최고기업의 세계적 인재들과 함께 지내는 복을 누렸다. 무등사랑에서 만나고 있는 광주의 지사들, 인재육성아카데미가 키워내고 있는 광주의 도전정신으로 가득 찬 젊은 대학생들이 바로 그들이다.

나는 이렇게 열정과 헌신으로 가득찬 사람들과 함께 살아오면서 그들과 함께 이루고 싶은 '꿈'이 있다. 그것은 평생의 소신이기도 하다. 정직하고 힘없는 사람들이 차별당하거나 억울하지 않은 세상, 배움과 일자리의 기회가 공평한 나라, 지역패권주의가 없는 나라, 미래의 희망과 활력이 가득찬 나라, 바로 그것이었다. 그러니 자연 내 벗과 선후배들은 그런 뜻을 함께하는 이들이었다. 나는 그들과 함께 행복했다. 함께 울고 웃고, 얘기하고 뜻 모으고, 때론 과감한 싸움으로, 때론 슬기로운 지략으로 역사의 고비를 헤쳐왔다.

우리에겐 새로운 도전이 남아 있다. 지금 가장 급박한 것은 광주전남 그리고 우리나라가 어디로 가야 하는가에 대한 답을 찾는 것이다. 그 과제는 다른 한편으로는 험난한 미래를 이끌어갈 올바른 정치적 리더십을 어떻게 세울 것인가 하는 것이기도 하다. 김대중 대통령, 노무현 대통령 이후의 정치적 리더십에 대해 많은 분들이 걱정하고 있다. 김대중 대통령께서는 돌아가시기 직전까지 우리 국민이 '행동하는 양심'으로 살기를 촉구하셨다. 노무현 대통령께서는 '깨어 있는 시민, 조직된 시민의 힘'만이 민주주의 보루라고 말씀하셨다. 두 분의 말씀이 우리 앞날의 큰 길잡이가 되어줄 것이라 믿는다.

자서전이라고 써놓고 보니 내 자랑이 많다. 편집인들의 기획으로 들어간 '내가 본 정찬용'은 칭찬이 과분해 읽으면서 얼굴이 화끈거린다. 정찬용이 살아오면서 만난 사람들과 나눈 좋은 기억들을 구경한다는 생각으로 눈감아주시길 부탁드린다.

이 글은 내게 사랑과 도움을 주었던 수많은 분들에 대한 헌사다. 내 삶의 고비 고비마다 큰 가르침과 힘을 주신 분들에게 큰절로 감사를 드린다. 나는 정말 미욱한 사람이다. 일을 하다보면, 뜻은 좋았다 해도 때로는 많은 잘못도 있다는 것을 잘 안다. 나로 인해 상처받았거나 고통당한 분들도 있을 것이다. 그분들에게 정중히 사죄한다. 앞으로 더 많이 질책해 주실 것을 당부드린다.

이 책을 낼 수 있었던 것은 많은 분들의 도움 덕분이다. 이 책을 쓰고 있다는 얘기를 듣고 광주와 서울에서 많은 분들이 의견을 주셨다. 분에 넘치는 찬사를 주신 추천사와 '내가 본 정찬용'의 필진들께도 감사한다.

언제나 변함없이 못난 사람의 곁을 지켜준 아내는 이 책의 숨은 주인공이다. 세상일에 파묻혀 집안일은 뒷전이었던 아버지를 탓하지 않고 꿋꿋하게 잘 자라준 은수와 혜진이도 고맙다.

말할 수 없는 가난 속에서도 바른 삶의 길을 보여주신 아버지 어머니께 이 책을 바친다.

그러나 앞서 얘기한 많은 사람들보다 먼저 가장 감사해야 할 분은 지금 이 책을 펼친 바로 여러분이다. 이 못난 사람이 살아온 이야기에 관심을 가져준 여러분께 머리 숙여 한없는 존경을 바친다. 여러분이 이 책을 펴는 순간부터 책을 쓰면서 내가 진심으로 바랐던 나와 여러분의 '미래를 위한 대화'가 시작되었다고 생각한다. 미래는 도전하고 준비하는 사람의 것이다. 우리의 미래는 우리가 만들어가야 한다. 여러분을 모시고 그 새로운 일에 또 한 번 도전하고 싶다.

| 차례 |

추천사 − 통합과 혁신의 르네상스, 정찬용이 이끈다(박주선) · 5
　　　− 정찬용의 꿈을 광주의 희망으로!(이해찬) · 8
머리말 − 사람이 길이요, 사람이 힘입니다 · 14

제1부 무등에서 청와대까지

1장 촌닭, 청와대 인사를 지키다

"대통령 모시고 일할랍니다" · 27 / '촌닭', 청백리를 다짐하다 · 31 / 우리의 소신은 인사가 만사 · 36 / 머릿속엔 언제나 천 명의 이력서가 · 41 / 역시 중요한 건 평판 · 44 / 목요일의 진검승부, 인사추천회의 · 46 / "항명하는 겁니까?" · 50 / 대통령과의 독대, 특혜는 아니고요 · 52 / 나의 무기는 공선사후(公先私後) · 55 / 뼈저린 한계, 이기준 파동을 겪다 · 58 / 내 인생의 변곡점, 청와대를 떠나다 · 60
* 내가 본 정찬용 − 막걸리 좋아하는 사람치고 악동 없다(이무성) · 64

2장 내 가슴속 노무현

"내 방엔 감시카메라가 있소" · 69 / 진흙 속의 진주 찾기 · 72 / 공모제 너무 좋아하지 마라 · 81 / 코드 인사 논란 · 86 / 언론 소통이 제일 힘들어 · 89 / 공관 유감 · 94 / 변호사 노무현과의 첫 만남 · 97 /

권위주의는 가라·102 / 내가 만난 영웅 김대중·106 / 정치적 발명품, 지역감정·110 / 노무현, 담쟁이가 되었는가·114
* 내가 본 정찬용 - 익숙한 것들과의 결별을 위하여(김완기)·117

3장 폭풍 같은 역사 속으로

전란 속에 태어나다·123 / 나의 첫사랑, 달덩이 여선생님·127 / 광주 '공부 기계들'과 씨름하다·130 / 새로 얻은 '역사를 보는 눈깔'·133 / 언어학도를 꿈꾸다·136
* 내가 본 정찬용 - 언제나 명쾌한 도전 '합시다, 해야지요'(이학영)·138

4장 격동의 시대, 신념으로 버티다

사회냐 개인이냐, 그것이 고민·143 / '민청학련' 사건으로 구속되다·146 / 콩밥과 건빵, 사는 것은 먹는 것·149 / 징역살이도 가능하면 즐겁게·151 / 감옥에서 술 빚기·153 / 대통령특사로 석방, 세상은 요지경·154 / 아, 사랑하는 나의 부모님·157
* 내가 본 정찬용 - 그는 참으로 인격적인 '위대한 등신'(전성은)·163

5장 낯설고 거친 땅, 거창을 누비다

거창고 교사로 첫 출발·169 / 세상을 바꾸는 길, 교육에 미치다·

173 / 거창농민운동의 산파가 되어 · 178 / 서울대 나오기는 나왔는가? · 188 / 5 · 18 최후의 수배자 윤한봉 밀항작전 · 191 / 제2의 고향, 거창을 떠나다 · 196 / 삶을 지키는 큰 힘, 가족 · 198 / '사투리, 막걸리, 걷기' 나의 3대 예찬 · 201

* 내가 본 정찬용 – 스승이요 친구, 동지요 비서, 참말로 좋은 사람(표만수) · 208

제2부 '광주가 서야 대한민국이 산다'

6장 광주, 저항의 에너지를 창조의 에너지로

나의 후견인 윤장현 선배 · 217 / 전국으로 번진 아파트 주민자치운동 · 219 / 사람이 변해야 세상이 변한다 · 221 / 외국산 담배를 몰아내다 · 223 / 10대의 전화 개설, 청소년 상담을 시작하다 · 226 / 해야 할 일을 해내는 광주 · 228 / 대안학교 한빛고를 세우다 · 230 / 끝없는 공부만이 나의 힘 · 232 / 권력의지보다 강한 봉사의지 · 238

* 내가 본 정찬용 – 공 먼저 차놓고 뛰는 저돌적 기상(이상훈) · 244

7장 전라도 큰 그림, 대한민국 미래 프로젝트

"전라도 발전에 관심을 가지세요" · 249 / '행담도'의 진실, 나는 숨길 것이 없는 사람 · 252 / 인격살인, 감옥보다 큰 고통 · 255 / 서남해안 특별법 제정, 그것은 기적이었다 · 258 / 여수엑스포 유치 성공, 땀과 눈물로 일군 역전의 드라마 · 268 / 세상은 넓고 배울 것은 많다 · 275 / 함께 꾸는 꿈 '광주문화수도' · 282
* 내가 본 정찬용 — 고향에서 영웅은 천대받는다?(김종남) · 288

8장 사람이 희망이고, 사람이 미래다

대변약눌의 정몽구 회장 · 293 / 글로벌 기업가와 시민운동가의 유쾌한 만남 · 296 / 현대기아차그룹 인재개발에 나서다 · 300 / 글로벌 인재, 우리가 키울 수 있다 · 302 / 교육은 축제처럼 · 308 / 1℃를 올려라 · 313 / 지역 경쟁력, 인재육성 아카데미 · 318 / 나에게 정치란 무엇인가 · 321
* 내가 본 정찬용 — 따뜻한 채찍질에 모두가 가슴 뭉클(오지혜) · 331

연보 · 333

제1부
무등에서 청와대까지

1장

촌닭, 청와대 인사를 지키다

"내 인생의 변곡점이자 도전의 장이었던 청와대 시절. 인사만을 전담하는
최초의 인사보좌관으로서 대통령 위임 하에 건국 이래 가장 바람직하고
효과적인 인사 시스템을 구축하고자 최선을 다한 2년이었다.
참여정부에 대한 평가와 함께 훗날 역사가들의 평가를 받겠지만,
나는 다음 어느 정부라도 준용하고 참고할 만한
충분한 가치가 있는 틀을 짰다고 자부한다."

"대통령 모시고 일할랍니다"

2002년 12월 19일 대통령 선거에서 노무현 후보가 당선되었다. 흥분이 채 가시지 않은 며칠 뒤 내가 근무하는 광주 YMCA 사무총장실로 전화가 왔다.

"정 총장님, 정말로 감사합니다. 진작 전화했어야 하는데 늦었습니다. 노무현 당선자님과 전화를 연결하겠습니다. 잠시 기다리십시오."

서갑원 의전비서관이었다.

"축하드립니다. 당선자께서 엄청 바쁘실 텐데 전화 연결은 놔두고요, 온 몸과 맘을 다해서 축하드린다고만 전해주세요. 그리고 취임하시면 바빠지실 테니까 청와대 입성 전에 광주 오셔서 그동안 얻어잡수신 술이나 갚으라고 전해주세요."

그리고 한 달쯤 지난 2003년 1월 28일 당선자의 공식 광주방문 일정이 있었다. 각 지방을 돌며 '지방분권과 국가균형발전을 위한 전국 순회토론회'를 여는 행사였다.

미리 연락을 받은 몇몇 사람이 오후 4시에 신양파크호텔에서 당선자와 면담을 하기로 되어 있었다. 김수복, 윤한봉, 박화강, 이강, 박형선, 정향자, 이학영이 모였다. 당선자는 현직 대통령에 준하는 경호를 받고 있어서 우리 자리에도 경찰견이 설쳐대는 등 사전검색이 요란했다. 그의 신분이 확실히 달라져 있었다. 눈이 펑펑 쏟아지는 날이었다. 예정보다 거의 1시간가량이나 늦게 당선자가 도착했다.

"아이고, 당선자님 어서 오십시오."

나는 하도 기분이 좋아 당선자를 대뜸 포옹했다. 엉겁결에 등까지 토닥였으니 지금 생각하면 불경은 아니었을까?

"좋습니까?"

당선자가 묻고서 미소를 지었다.

"좋다 마다입니까? 당선자님, 이제 우리한테 얻어잡수신 술 갚으셔야죠?"

내가 농담을 건넸다.

"오늘 술은 안 가지고 왔고요, 그것은 청와대에 들어간 뒤에 합시다."

잠시 덕담을 나누고 참석자들은 남북문제, 광주와 5·18문제, 정치 경제 여성문제 등을 화제로 꺼냈다. 그리고 이런 문제를 잘 풀어달라고 요청했다. 그리고 누군가 이런 주문을 했다.

"경상도에서는 문재인이라는 분이 청와대 수석으로 가신다던데, 호남지역도 청와대와 연결고리가 있어야 하지 않겠습니까? 어찌 생각하시는지요?"

"좋습니다."

당선자가 답을 하자 우리는 사전에 의견을 조율한 사람을 바로 추천했다.

"이학영씨가 적임입니다."

"예, 이학영씨 훌륭한 분인 줄 잘 알고 있습니다. 그러나 이번에는 정찬용 총장이 갑시다. 인사보좌관 자립니다."

당선자의 예상치 못한 제안에 일행들은 깜짝 놀랐다.

"아이고, 그것이 아니고요, 저는 전국 YMCA에서 또 따로 할 일이 있습니다."

내가 당황하며 이의를 제기하자 당선자는 쐐기를 박았다.

"내가 여러 번 생각한 것입니다. 안 가겠다고 하면 다른 사람을 찾긴 하겠습니다. 하지만 나 같으면 일단 간다고 해놓고 보겠습니다. 다른 결정이 난 뒤에는 오고 싶어도 안 됩니다."

그러고는 "대통령 당선자를 너무 무시하지 마세요. 인사권은 당선자에게 있습니다. 나는 제안을 하고 갑니다. 비서관이 곧 전화할 겁니다." 하고는 더 말할 틈도 주지 않고 자리를 떴다.

우리는 정말 난처해졌다. 사실 나는 한국 YMCA 전국연맹 사무총장으로 거의 내정되어 있었다. 또 이학영 순천 YMCA 총무는 능력뿐 아니라 신실한 성품으로 우리들 모두가 좋아하고 당선자도 매우 신뢰하는 사람이어서 그 자리에 있던 사람들은 그를 청와대 참모로 추천한 것이었다.

우리는 근처 식당으로 옮겨 다시 논의를 했다. 결론은 대통령 당선자가 '정찬용'을 찍었으니 가부 결정은 나더러 하라는 것이었다.

나는 일행과 헤어진 뒤 서방에 있는 담양행 버스정류장까지 걸어가면서 이 일을 어찌해야 하나 고심하고 또 고심했다. 눈은 펑펑 내리고 길은 미끄럽고 고민은 깊어만 갔다. 평생을 시민운동으로 살아온 사람이 정부로 간다는 것이 좀 마땅치 않은 것 같고, 좋은 대통령을 뽑았는데 가서 멋진 인사를 한 번 해보고도 싶고, 이학영을 추천했었던 우리들 입장이 좀 민망하기도 하고…….

　마지막 버스를 타고 집에 도착했다. 나는 마당에서 담배를 여러 대 피웠다. 생각의 갈피를 잡기 어려웠다.

　"당신, 오늘 무슨 일 있었구만요."

　아내가 현관 밖으로 나와서 물었다. 나는 고민을 말해주고 아내의 의견을 물었다. 시민운동을 통해 세상을 변화시키는 일을 곁에서 지켜보고 또 돕기도 했던 아내였다. 앞으로도 시민운동가로서의 역할에 더 큰 의미를 두고 있던 아내는 내가 청와대로 가는 것을 반대했다. 늙어서도 존경받는 시민운동의 원로로 남기를 바란다는 것이었다.

　아내 말이 맞다. 시민운동에 초지일관 헌신하자고 생각을 굳혀갔다. 그러다가 방으로 들어가 TV뉴스를 보는데 또 마음이 흔들리는 것이었다. '나 같으면 일단 간다고 하겠다. 안하겠다고 하면 다른 사람을 찾겠다'고 당선자가 딱 나를 걸어놓는 말이 또 떠올랐다. 나랏일과 시민운동 일이 모두 중요하다는 생각과 책임감 때문에 입안이 바싹바싹 탔다.

　내 심사를 눈치 챘는지 아내가 또 물었다.

　"그것 때문에 계속 고민하시요?"

　"나에게 주어진 시민운동 열심히 해보자는 마음도 중요하고……."

　"청와대에 가서 일하고 싶소?"

　"장관하라시면 별 관심이 없지만 대한민국 인사를 총괄하는 참모는 꼭 해보고 싶은 마음이 강해요. 더구나 노무현 대통령 같은 분을 모시고 대한민국 인사를 멋지게 해보고 싶은 생각이 왜 안 들겠소?"

"참 힘들고 고생스러운 길이지만 당신 포부를 펼칠 수 있는 좋은 기회이기도 하니까, 신중하게 생각해서 결정하세요."

그렇게 깊은 고민 속에 며칠을 보내면서 나는 결단을 내렸다.

마침 서갑원 의전비서관에게서 전화가 왔다.

"어떻게 결정하셨습니까?"

"대통령 모시고 일할랍니다."

"그렇게 전해드리겠습니다."

답을 하고 나니 무거운 짐을 벗은 듯 후련했다.

'촌닭', 청백리를 다짐하다

인사보좌관 내정 통보를 공식적으로 받은 건 2003년 2월 5일, 박주선 의원과 저녁을 먹던 중이었다. 박 의원은 국민의 정부 청와대 법무비서관으로서 김대중 대통령의 각별한 신임을 받아 인사업무까지 관장한 분이었다. 그런 분께 나의 인사보좌관 내정 사실을 맨 처음 알리게 되다니, 그분과 나는 참 묘한 인연을 맺은 셈이다. 박 의원은 대통령 인사권을 보좌하는 일에 중요한 조언을 해주었다.

2월 6일 광화문 정부종합청사 별관 정권인수위원회실에서 기자회견을 하도록 일정이 잡혀 있었다. 신계륜 인사특보가 나를 반갑게 맞았다. 인수위원회 사무실 주변은 활기로 부산하고 활력이 넘쳤다. 벌써 나를 알아보고 목례를 하는 이들이 많았다. 언론을 통해 보았던 익숙한 정관계 인사들이 분주히 복도를 오가고, 기자들이 삼삼오오 모여 주요 인사들을 취재하는 광경은 인수위의 비중을 잘 말해주고 있었다.

당선자가 회의 중이어서 우선 기자회견부터 했다. 기자회견장에 들어서자 눈뜨기가 곤란할 정도로 카메라 플래시가 터졌다. 여러 개의 마이크가 설치된 단상에 서니 100여 명 기자들이 주시하고 있다가 내가 한 마디 한 마디 할 때마다 일제히 두드리는 노트북 컴퓨터 자판소리가 소나기처럼 쏟아졌다. 새 정부는 인사로 승부하겠다는 의지가 이미 알려져 있었고, 내가 인사만을 전담하는 최초의 인사보좌관이라는 점 때문에 기자들의 관심이 매우 높았던 것이다.

아직 구체적인 내용을 말할 상황이 아니라서 참여정부는 어떻게 인사를 운용할 것인지 철학과 방향 등 일반적인 얘기로 회견을 마치고 나자 기자들은 소감부터 물었다. 답변 시작부터 심한 전라도 사투리를 쓰자 기자들이 박장대소 웃어댔다. 다음은 한 일간지 기자가 쓴 내 기자회견장 풍경이다.

"촌닭이 갑자기 불려와…… 난 盧 당선자와 비슷한 流"
민청학련 연루 1년 투옥, 거창고 교사……시민운동가

2월 6일 오전 10시 30분쯤 정찬용(鄭燦龍) 인사보좌관 내정자가 이낙연 대변인과 함께 인수위 기자실을 찾았다. 지방의 무명인사에서 새 정권 핵심으로 떠오른 鄭 내정자는 "촌닭이 갑자기 불려왔다"며 일문일답을 시작했다. 굵고 느릿느릿한 말투에 '진한' 전라도 사투리를 썼다. 파격 인사는 파격적인 기자 간담회로 이어졌다.

노무현 대통령으로부터 인사보좌관 임명장을 받다.

- 노무현 당선자와는 어떤 인연이 있나.

"(잠시 생각한 뒤) 별로 인연이 없는데요."

- 鄭 내정자가 주류 세력이 아니라는 지적이 있다.

"그러니까요잉, 당선자께서도 학력도 고등학교만 나왔지, 나이도 어리신 편이고, 돈도 별로 많이 안 가지신 분인 것 같고, 제가 보기에 저도 비슷한 유의 사람인데…… 그렇다고 비주류가 됐으니 주류는 집에 가거라, 이렇게는 안 되겠죠잉."

- 중앙인사위원장과의 관계는?

"아따, 대변인이 살살 해달라고 했는데 어려운 것만 물어보시네. 열심히 모셔야죠. 내는 잘 모릉게, 살살 배워가겠습니다."

– 시민단체 인사의 정부 참여는 어떻게 보나.

"아, 대학교수나 변호사도 정치하는데 시민단체라고 하지 말란 법 없습니다. 박정희·전두환 정권과 싸우고, 쫓기고, 매맞고, 감옥 가고 했는데, 국민이 잘 선택해주신 노무현 정권에는 참여하는 게 옳습니다. (갑자기 경상도 사투리로 바꿔) 요 정도 하입시다."

– 교사는 왜 그만 뒀나.

"잘렸죠, 교사자격증이 없어서……."

문답 내내 폭소가 터졌다.

그는 전남 영암 태생으로 광주일고를 나왔다. 서울대 언어학과 졸업 후엔 민청학련 사건에 연루돼 1년간 투옥됐다. 대안학교의 창시자격인 고(故) 전영창 거창고 교장이 교원 자격증도 없던 그를 출옥 후 교사로 임명했다. 교원 퇴직 후엔 시민운동을 했다. 거창에서 17년간 활동했다. 그리고 2000년 4월 총선 때는 광주지역 낙천·낙선운동을 주도했다. 노풍(盧風)의 진원이 된 민주당 광주 경선 때는 막후에서 盧 당선자를 도왔다고 한다.

盧 당선자는 지난달 28일 광주지역 토론회 때 鄭 내정자를 만나 "일을 많이 도와줘야 할 것"이라고 언질을 줬다. "인사 청탁하면 패가망신할 것"이라고 다짐한 盧 당선자가 인사보좌관엔 깨끗한 시민운동가를 쓰려 한 듯하다.

– 강민석 기자 (「중앙일보」, 2003년 2월 7일자)

긴장 속에서 회견을 마치고 대통령 당선자를 만나러 갔다. 당선자는 한복을 입고 있었다. 일주일 전 만났던 때와는 또 다르게 대통령으로서 위엄이 자연스럽게 느껴졌다. 이제 참모로서 예를 갖추고 정중하게 인사를 했다. 당선자는 일어서서 반갑게 나를 맞았다.

"척추 수술을 했습니다. 양복을 입으니 복대가 드러나서 안 되겠기에 한복을 입었습니다. 입어보니 편하고 참 좋네요. 기자회견은 잘했습니까?"

"네, 그런대로 한 것 같습니다. 당선자님 모시고 한번 열심히 해 볼랍니다. 당부 말씀을 주십시오."

당선자는 이런저런 얘기 끝에 차분한 어조로 나에게 몇 가지 당부를 했다.

"인사전문가도, 전문학자도, 경험자도 아닌 정 총장을 내가 인사보좌관으로 모신 것은 그런 기능적인 측면보다 중요한 것이 있어서입니다. 지금까지 인사 경험이 많은 사람들, 인맥 좋은 사람들이 오히려 인사를 망쳐왔습니다. 정 총장은 외상 술 안 먹고 빚진 게 없는 분이라고 들었습니다. 나도 정치적으로 빚진 게 많지 않은 사람입니다. 우리 두 사람이 힘을 합하면 대한민국 인사를 잘할 수 있고 나라를 제대로 이끌 수 있을 것으로 생각합니다."

그리고 몇 가지 인사원칙에 관한 큰 틀을 설명했다. 그 요지가 참여정부 4대 인사원칙의 뼈대를 이루게 된다. 인사를 지금부터 음습한 밀실에서 햇볕 나는 광장으로 내놓고 하라는 뜻이었다. 그러고는 마지막에 이런 말을 덧붙였다.

"우선 대통령의 위임을 받아 훌륭한 인사운용을 해주세요. 다음으로 우리정부 5년 동안 준용하고, 다음 정부에서도 귀중한 참고가 될 만한 인사 시스템을 구축해주세요. 끝으로 경향 각지에 묻혀 있는 흙 속의 진주들을 발굴해주세요. 내가 정 총장을 발굴한 것처럼 말입니다. 앞으로 누구에게도 꿀릴 필요가 없습니다. 소신을 갖고 우리 한번 열심히 해봅시다."

나는 당선자의 말을 '촌닭'인 내가 주눅 들까봐 걱정하는 배려의 말로 새겨들었다. 안내를 받아 들어선 사무실 유리창 너머로 인왕산이 가득 들어왔다. 나는 심호흡을 하면서 인왕산을 두고 다짐했다.

'대통령을 잘 보필하고 공정인사를 해서 천하의 인재를 발굴할 것이다. 또한 청백리가 되어 참여정부의 성공에 한 몫을 맡으리라.'

우리의 소신은 인사가 만사

인사보좌관은 대통령 당선자 지시로 참여정부에서 처음 신설된 직제다. 새 정부는 인수위 시절부터 '참여정부는 인사로 승부한다'는 입장을 천명하고 있었다.

청와대 인사 업무는 과거엔 정부의 성격에 따라, 또는 인사내용에 따라 맡는 부서가 달랐다. 대개는 대통령과 측근 몇몇이 앉아서 결정하는 것이 대부분이었다. 따라서 인사는 대통령과의 거리에서 결정이 났으며, 업무는 직제상 민정수석실에 인사담당 비서관을 포함한 서너 명이 실무적 자료를 만드는 데 그쳤다.

노무현 당선자는 이런 주먹구구식 인사가 정실인사의 폐단을 낳는다고 판단해 인사추천 전담기구로 인사보좌관을 둔 것이다. 당선자는 또 인사에도 견제와 균형이 필요하다고 보아 인사보좌관은 인사를 추천하는 기능만 맡고, 검증은 민정수석실에 맡겼다. 그리고 최종 결정은 대통령이 하도록 했다. 당선자는 이 시스템을 이렇게 나에게 설명했다.

"법원 체제를 생각하면 됩니다. 3심 가운데 1심은 인사보좌관, 2심은 민정수석, 3심은 대통령이 하는 방법입니다. 1심 없이 2심 못 가고, 2심 없이 3심으로 못 갑니다. 그러나 1심은 2심에서, 2심은 3심에서 뒤집힐 수 있습니다."

인사가 만사라는 당선자의 생각은 확고했다. 합리적이고 투명한 인사를 위해 많은 고민을 했음을 알 수 있었다.

그런데 인사보좌관실 인력은 당선자가 주문한 업무를 소화하기엔 태부족이었다. 보좌관인 나와 비서관 한 명, 행정관 세 명 등 모두 다섯 명이었다. 청와대 정원은 늘리지 않고 업무추진은 원활하게 할 수 있도록 인사보좌관이 역시 대통령 직속기구인 중앙인사위원회의 부위원장을 겸직하기로 상정했기 때문이었다. 그러나 겸직을 하는 것이 법률적으로 위법 소지가 있어서 결국 그럴 수 없게 되었다.

대통령이 임면권한을 갖고 있는 정무직이 460여 개, 인사권을 총리나 장관 등에게 위임한 자리를 합치면 3,000개에 이른다. 후보 대상자를 10배로 보면, 적게는 5,000명에서 많게는 3만 명을 관리해야 한다. 그래서 나는 당선자에게 인력보강을 요청했으나 당선자는 청와대 조직을 키운다는 비판적 여론을 감안해 일당백의 정신으로 일을 하고, 청와대 들어가서 정원을 조정하자고 약속했다.

드디어 업무가 시작되었다. 인사보좌관실은 매일 오전 9시 회의를 시작한다. 가장 큰 안건은 참여정부 공약사항인 인사시스템 구축과 매주 목요일 열리는 '인사추천회의' 준비다. 회의에 올릴 인사

대상 직위와 후보자 평가서 작성, 청와대와 관련 부처 인사 관련 동향, 정치권과 언론의 인사 관련 소식 등을 점검했다. 나는 또 인사 대상자를 고르기 위해 밤낮으로 많은 사람을 만나고 수시로 대통령에게 보고를 했다.

인원이 적은 만큼 업무능력에서도 헌신성에서도 뛰어난 팀 구성이 필요했다. 우선 비서관 선택이 가장 중요한 일이었다. 그런데 어느 날 교수 신분의 인수위 전문위원이 인사보좌관실 업무계획안 보고를 하고 나서 덧붙여 말했다.

"보좌관님, 앞으로 잘 모시고 열심히 일하겠습니다. 제가 비서관으로 일하는 것으로 내정되었습니다."

나는 깜짝 놀랐다.

"아, 그렇습니까? 당선자께 여쭤보겠습니다."

나는 황급히 당선자를 찾아갔다.

"당선자님, 꼭 승낙해주시길 바라는 중요한 요청이 있습니다. 인사보좌관실 인사는 제가 할 수 있도록 해주십시오. 이는 참여정부 인사의 독립성을 만천하에 드러내는 신호탄입니다."

"맞습니다. 그렇게 하세요."

"나름대로 제가 세운 몇 가지 원칙을 말씀드리겠습니다. 첫째, 인사비서관은 공무원 중에서 뽑겠습니다. 당선자께서 시골 촌닭을 인사보좌관으로 임명하셔서 직업공무원들이 당혹스러워합니다. 비서관마저 밖에서 데려오면 공무원들이 참여정부의 국정운영에서 소외되리라는 잘못된 판단을 하기 십상입니다."

"맞습니다."

"그리고 제 출신지가 호남이니 비서관은 비호남, 제가 서울대를 나왔으니 비서관은 비서울대 출신으로 하고자 합니다."

"맞습니다. 지금 얘기한 원칙대로 하시지요."

한편으로 지금 생각하면 대통령 당선자에게 감히 말씀드리기도, 또 받아들이기도 참으로 어려운 사안이었지만 노무현 당선자는 이를 흔쾌히 받아들였다. 인사보좌관 직제 신설의 본뜻이 제대로 펼쳐지느냐 마느냐 하는 갈림길이 되는 중요한 결정이었다. 고위직 공무원 중에서 출중한 인재들을 추천받아, 그 중에서 권선택 행자부 국장(현 국회의원)을 비서관으로 뽑았다. 그는 행정고시를 수석으로 합격한 정통 관료로 행자부 자치행정국장을 하고 있었고, 대전이 고향이며, 성균관대 출신이었다. 내가 원하던 조건에 딱 들어맞았다.

다행히 권 비서관은 듣던 대로 능력이 출중했다. 일에 대한 토론과 합의를 이루고 나면 보고서가 척척 올라왔다. 선임 행정관 김성렬 서기관의 뒷받침도 뛰어났다. 사안의 핵심을 빠르게 파악하고 일목요연하게 보기도 좋게 밤을 새워서라도 보고서를 만들어냈다. 인사 방침이 이러하니 관련 후보자 자료를 뽑기로 하면 언제까지인지 묻고는 곧바로 실행했다. 리더십도 뛰어나서 부하직원들과 융화도 잘했다. 권 비서관 덕분에 턱없이 적은 인원으로 어렵고 힘든 일을 수월하게 할 수 있었다.

사실 공무원들 가운데 능력 있는 사람들이 참 많다. 미꾸라지 한 마리가 우물을 흐리는 격으로 일부 공무원들 때문에 공무원 집단 전체가 매도되곤 하는데 정말 실력 있고 청렴한 공무원들이 많다는 것을 나는 청와대 경험을 통해 알게 되었다.

아무튼 나는 본격적인 업무파악에 들어가 공부와 토론을 열심히 했다. 나는 소위 '만기친람(萬機親覽)형'은 못 된다. 또한 그럴 필요도 없다고 생각한다. 아무리 뛰어난 장군이라도 부대의 모든 총을 혼자 다 쏠 수는 없는 일이다. 핵심 줄기를 추려내고 공론에 부쳐서 많은 사람의 지혜를 모으는 일이 훨씬 더 중요하고 성과도 난다. 나는 YMCA에서도, 청와대에서도, 현대기아자동차그룹 인재개발원에서도 그렇게 일을 해왔다. 앞으로도 그럴 작정이다.

인사보좌관이 되어서도 나는 그러한 나의 방식으로 일을 했다. 인사에 대한 강의를 듣고, 책을 사보고, 전문가들에게 개인적으로 배우고, 과거 공문철을 살펴보고, 쉴 새 없이 일을 하고 공부를 했다. 인사행정론, 인사행정의 역사, 기업인사론, 정부의 구조, 부처와 대통령의 인사권이 미치는 범위 등 많은 공부를 했다. 물론 청와대 인사보좌관이라는 직책 덕분에 도움도 많이 받았다. 내가 배우고자 부탁을 하면, 내 희망의 두 배가 넘는 도움을 즉시 받았다.

여담 하나. 청와대에 근무한 지 얼마 안 되어 주말에 담양 집에 내려왔더니, 상당수 공무원들이 집 앞에 줄을 지어 서 있었다. "무슨 일입니까?" 물었더니 옛날부터 이렇게 해온 관행이라는 거였다. 이제는 국민이 대통령인 시대니 앞으로는 절대로 나를 환영한다고 줄을 서면 안 된다고 했더니 그다음 귀향 땐 공무원 한 사람이 나와 있었다. 물론 나는 그것도 못하게 했다. 과거 청와대 파워가 어디까지 미쳤는지 짐작이 가는 일이었다.

머릿속엔 언제나 천 명의 이력서가

인사보좌관실은 인사원칙 수립을 제1의 임무로 삼았다. 그것은 한 정권이 아니라 국가의 대계로서 '인사헌법'을 기초하는 일이었다. 대통령께서는 인사원칙을 자주 강조하셨다. 그래서 만들어진 것이 '참여정부 인사개혁 4대 원칙'이다. 이 원칙은 노무현 대통령의 기본적 제시와 함께 관계 공무원과 인사자문위 등 수많은 전문가들과의 토론을 거쳐 만든 것이다. 적소적재(適所適材), 공정투명(公正透明), 자율통합(自律統合), 균형(均衡)의 원칙이 그것이다.

재미있는 것은 첫 번째 '적소적재(適所適材)'의 원칙이다. 이는 노 대통령이 직접 만든 용어다. '적재적소'가 일반적으로 쓰이지만 대통령께서는 '적소적재'가 맞다고 하셨다. 그 자리가 무슨 일을 하는 자리인지를 먼저 파악하고, 그런 연후에 그 자리에 맞는 사람을 찾으라는 것이다. 누구에게 무슨 자리를 주느냐가 아니라 무슨 자리에 어떤 인재가 필요한가, 그것이 중요하다는 문제의식에서 나온 말이다.

인재풀을 구축하기 위해 현황을 파악해보았더니 중앙인사위에 인재풀이라는 것이 있긴 했으나 낡은 이력서 모음 수준이었다. 또 그들 대부분이 공무원 중심이라서 수많은 민간인재들은 어떤 인재가 어디에 있는지 알지 못하기 때문에 인사 대상에 오르기가 거의 불가능한 현실이었다. 그것도 국민의 정부에 와서야 중앙인사위원회에서 인재풀 명단을 관리하기 시작했으니 1948년 대한민국정부 수립 이후 50년 동안의 인사가 밀실인사, 측근인사, 깜짝인사일 수밖에.

내 이력을 좀 보았더니 '1995년 광주 YMCA 하남지회관장'에서 인재풀의 시계는 7년 이상 멈춰 있었다. 청와대 민정수석실에 있는 것도 별반 다를 것이 없었다. 더구나 핵심인재풀 자료는 정권이 바뀌면 전부 파기해버리는 것이 일종의 관례처럼 되어 있었다. 넘기면 뭔가 꼬투리를 잡힐 거라는 생각 때문인 것 같았다. 독재정권시절엔 민주화운동 참여자들의 인사파일은 그것이 인사파일인지가 의심스러울 정도로 부정적 내용 일색이고 객관성과 공정성이 전혀 없었다. 정보기관의 자료는 그것이 도를 넘어섰다. 또한 정보기관의 자료는 부정적인 내용 중심이었다.

"노동문제와 관련해 반정부적인 과격한 언동으로 노동자를 선동하고 있으므로 지속적인 동향 관찰 요망. 결정적인 범죄증거 수집에 노력하겠음. 3당 합당과 관련해 각종 집회에서 '김영삼은 부산시민의 자존심을 팔았다'고 비난하고 있으며 '정부는 근로자의 정치참여를 좌경용공으로 매도한다'고 말하는 등 사상이 극히 불순한 인물."

누구이겠는가? 3당합당을 반대한 당시 노무현 국회의원이다. 이것은 국군기무사령부의 전신인 보안사령부가 각 분야 주요 인사 2,100여명의 행적과 신상을 기록한 '사찰보고서'에서 일부 인용한 것이다. 이 문건은 보안사에서 근무하던 윤석양 이병이 1990년 10월 4일 한국기독교교회협의회(KNCC) 인권위원회를 통해 양심선언을 하면서 밝혀졌다.

이렇듯 사찰 보고서는 대상자를 '현미경'으로 보고 있었다. 신장·비만 정도, 수염·안경착용 여부 등 '신체특이점'과 가옥형태는 물론이고 비상구까지 포함한 '주거환경', 경비원·경비견 유무와 주변 가옥형태, 일부는 예상도주로까지 '주변상황'이 세밀히 기록돼 있었다. 대상자가 공·사석에서 행한 발언 내용과 접촉한 사람, 교우관계는 토씨 하나 빼지 않고 적어놓았다.

독재정권 시절 정보기관들의 사찰자료는 '존안자료'라는 명칭으로 존재했다. 참여정부는 이미 출범하기 전부터 '존안자료'의 문제점을 깊이 인식하고 있었다. 인수위는 악용 소지가 많은 자료와 관리 체계는 대폭 수정할 방침이었다. 새 정부의 인사는 과거와 근본적으로 달라질 것이기 때문이었다.

결과적으로 양적 질적으로 부족한 탓에 과거 정부의 인재풀은 크게 활용하지 못했다. 나는 부정적이고 객관성이 떨어지는 이 '존안자료' 대신 정책능력을 평가할 수 있는 자료들의 데이터베이스화를 시작했다. 7만 2,000개에 이르는 중앙인사위원회 인사파일에 대해 새로운 정보를 그때그때마다 입력시키는 등 '국가인재DB' 작업에 착수했던 것이다.

어느 날 의전비서실에서 연락이 왔다.

"임혁백 교수와 박진 환경부 홍보담당관에 대한 DB자료를 좀 올려보내주시랍니다. 가감하지 말고 있는 그대로 가져오라고 하시네요."

사실 우리는 그 사람들에 대해서는 완전한 준비가 되어 있지 않았고 부랴부랴 서류를 갖췄으나 박 홍보담당관 것은 아예 쓸 내용도 구할 수 없었다. 나는 대통령께 솔직하게 말씀드렸다.

"알았습니다. 서둘러 인재 DB를 완성시켜주세요."

대통령은 불시점검을 할 정도로 DB구축을 중시했다. 우리는 청와대와 중앙인사위 등 3곳의 웹사이트에 만들어놓은 '삼고초려' 창구, 언론의 화제인물 기사와 인물 정보란, 정부기구 인사채널, 각 대학과 사회 각 분야별 기관 추천 등을 받고 인사수석실 자체 노력을 통해 자료를 꾸준히 축적했다. 우리는 이런 노력 끝에 1,500명 정도의 장·차관급 인물에 대한 자료, 그 밖의 10만 명이 넘는 인재풀을 구축해놓았다.

그리하여 인사 요인이 발생하면 이것부터 빼서 본다. 나중엔 더 좋은 전자시스템도 구축해놓았다. 바로 '전자인사관리시스템(PPSS)'이다. 다면적이고 입체적인 정보를 구축해서 인물을 쉽게 파악할 수 있도록 한 것이다. 여기엔 자기소개서, 방증자료, 추천자료, 업무계획서, 재산, 성공과 실패 사례도 함께 싣는다. 사진도 관상까지 볼 수 있을 정도로 제대로 된 걸 넣는다. 공무원의 경우는 3급 이상은 항상 올라 있다. 나는 1,000명 정도의 인물을 항상 내 머릿속에 저장해두고 다녔다.

역시 중요한 건 평판

인사준비는 인사보좌관실에서 해당 직위에 적절한 후보자를 인재 DB에서 10배수 정도 추리는 일부터 시작한다. 해당 직위의 법률적 근거, 직위 목적, 임무, 임기, 자격기준을 따져본다. 그리고 갑, 을, 병, 정을 늘어놓고 적절한 사람으로 압축을 해간다.

압축 과정에서는 '평판조회'를 한다. 이 평판조회는 민정수석실에서 하는 범죄 조회나 서류상의 검증과는 다르다. 말 그대로 해당 인물에 대한 평판이 어떤지 여론을 파악하는 것이다. 해당 인물을 알 만한 사람들이나 전문가에게 물어서 공인으로서 적격여부를 알아본다. 또 그동안 그가 쓴 논문이나 저서, 칼럼, 인터뷰 자료 등을 통해 그의 철학을 살펴본다.

예를 들면 경제 분야 인물의 경우 경제계나 언론계를 통해 확인해 보면 대부분 걸러낼 수 있다. 참여정부를 좋아하지 않는 사람들이라도 인사보좌관이 정중하게 의견을 물어보면 솔직하게 시중의 평판을 전해주었다.

특히 언론사 논설위원급들이 많은 정보를 주었다. 나는 신문의 성향을 굳이 가리지 않았다. 언론계에 오래 종사한 그들은 내가 묻는 대상자를 직접 출입처에서 만났거나 다른 기회로도 접촉했을 가능성이 많다. 심층취재를 맡았던 기자는 후보자가 만든 정책, 인간관계와 업무 스타일, 공직 내 계보, 여자관계, 술버릇과 주량 등 시시콜콜한 내용까지 말해주는 경우도 있다.

이때 묻는 요령도 중요하다. 자칫 소문이 와전될 수 있기 때문이다. 가령 토지공사 사장 후보자를 물색할 때는 "건설과 국토관리 정책에 밝은 사람이 누구 있습니까?" 하고 물어본다. 그 분야는 관련 직위가 많기 때문에 짐작은 해도 '토지공사 사장'으로 단정할 수는 없다. 수개월 전부터 자연스럽게 미리 알아봐둔다. 공부와 아부는 평소에 해놔야 한다던 어느 선배 얘기가 되새겨졌다.

어떤 경우는 직접 거명을 하면서 평판을 물어보는 경우도 있다. "홍길동이라는 분 어떻습니까?" 하면 반응은 가지가지다. 어떤 사람은 냅다 욕설을 하는 사람도 있고 '최고'라고 흥분하는 사람도 있다. 이런 극단적인 반응은 개인적인 감정이 개입되었을 가능성이 많기 때문에 버리는 경우가 많지만 하나의 참고자료는 된다. 이렇게 5~6명을 통해 평판조회를 하면 대개가 거의 정확하다.

목요일의 진검승부, 인사추천회의

'인사추천회의'는 참여정부의 가장 중요한 시스템이다. 참여정부의 인사는 크게 3단계를 거치도록 되어 있다. 국민추천제→ 인사추천회의→ 대통령 재가 순이다. 인사추천회의는 노 대통령 지시에 따라 만들어진 대통령령에 근거한 기구다. 비서실장이 의장을 맡고 인사보좌관이 회의를 주관한다. 위원으로는 정무, 민정, 홍보, 국민참여수석과 관련 보좌관으로 구성되며 해당 비서관과 인사보좌관실 행정관이 배석한다. 예를 들면 국방부장관 인선에는 국방보좌관이, 한전 사장의 경우 경제보좌관이 참석한다. 이 제도를 법령으로까지 만든 것은 2003년 12월이었지만, 그 이전인 4월부터 인사규정에 따라 가동되고 있었다.

인사추천회의는 세 가지 점에서 아주 특별한 회의다. 우선 노무현 대통령이 인사추천회의에 거의 전권을 부여했기 때문에 인사에 결정적 영향을 미친다. 그 회의에서 참여정부의 핵심요직 인선을 거의 결정짓는다. 둘째 얼마나 중요한 자리인지 참석률이 100%다. 결석하는 위원이 없다. 대통령 비서실의 수석보좌관들은 각자가 맡은

청와대를 방문한 광주 YMCA 하남지회 어린이들과

막중한 고유 업무가 있다. 그러나 인사가 만사이기 때문에 어떤 참모라도 이 회의에 불참할 수가 없는 것이다. 셋째 대충 지나가는 법이 없다. 위원들 모두 정보를 수집해와서 격론을 벌인다. 정말 진검승부가 벌어지는 회의다. 거의 매번 그렇다. 나도 많은 회의에 참석해봤지만 참여정부 인사추천회의처럼 진지하고 뜨거운 회의는 사실 처음 경험했다.

인사추천회의는 매주 목요일 오후 2시에 열린다. 두세 시간 하는 것이 기본이고 오후 6시를 넘기는 경우도 있다. 논의의 기준은 물론 '인사 4대 원칙'이다.

회의 참석자들에게는 최소 일주일 전, 사안에 따라서는 한 달 전에 회의 안건을 통보해준다. '○○부처 ○○직위 인사가 언제 있을 예정이니 미리 알아보고 참석하시오'라는 뜻이다. 인사보좌관은 후보자를 평소엔 10배수 정도로 관리하다가 인사 시점이 다가오면 3~5배수로 압축해서 미리 그 명단을 민정수석실로 넘긴다. 회의 시간에 검증결과를 보고할 수 있도록 하는 것이다.

회의는 인사보좌관이 인사 요인, 법률적 근거, 후보자 경력과 적합성 여부를 보고하는 것으로 시작한다. 그다음 민정수석이 후보자에 대한 검증 결과를 보고한다. 인사보좌관과 나머지 참석자들은 검증 결과를 이때 처음 접한다. 그러면 1단계로 걸러진다. 참석자들이 추천과 검증 결과에 이의를 제기하면 재심을 하는 경우도 있다. 매 회의 때마다 격렬한 토론이 벌어진다. 그 결과는 통상 1, 2, 3위로 순위를 매겨 대통령에게 보고한다. 우열을 가리기 어려우면 4대 원칙에 다시 대입해본다.

'이 사람이 적소적재원칙에는 맞지만 균형에 어긋난다, 별 차이가 아닌데 왜 그러느냐. 여성이 와야 한다, 그것도 역차별이다. 공군과 해군이 차별받지 않았느냐, 너무 급진적으로 하면 공무원 사회가 동요한다.' 등의 별의별 공방이 이어진다. 장관 후보 3명을 각각 모셔다가 면접 심사를 한 적도 있다. 허상만 농림장관의 경우다. 그래도 합의점을 찾지 못하면 어쩔 수 없다. 순위 없이 그대로 대통령께 보고해 직접 결정하도록 하는 것이다.

인사추천회의가 철저하게 파고들며 논의를 하다보니, 일반적인 평가보다 기준이 엄격해지고 후보자가 자격기준에 미달한 경우가 가끔 있었다. 그러면 새로운 후보자를 물색할 수밖에 없다.

어색한 얘기지만 인사추천회의에서 인사보좌관실은 정보수집과 분석면에서 밀렸다. 밀리기도 하고 밀어내기도 하는 것이 세상사 이치라지만, 네 명의 직원으로는 많은 정보, 게다가 최고급 정보를 모으기가 쉽지 않았다. 직원들의 행정능력은 탁월하고 모두가 헌신적으로 일했지만 정보 수집은 또 다른 문제였다. 수집할 시간 자체가 모자라기 때문이었다. 인선 과정은 정보전쟁이기도 하다. 후보자에 대한 의견이 다를 때는 논리를 세우고 다양한 정보를 그때그때 들이대며 다른 의견과 다투면서 최선의 후보를 선정해야 하는 것이다.

산자부 산하 공기업 사장 인사 때였다. 그 공기업의 사장추천회의에서 후보들을 선정해서 인사추천회의에 올렸다. 후보 중의 한 사람이 고등학교 동창이었다. 해당 장관이 적극 지지하는 인물이기도 했다. 산자부 1급 공무원이었던 그 친구는 참여정부가 들어서 장관이 새로 부임하자 제일 먼저 사표를 제출해 장관이 인사를 편하게 할 수 있도록 깔끔한 처신을 했다. 에너지 분야의 탁월한 실력자이고 매너도 깨끗한 이 친구를 장관은 높이 평가하고 있었다. 실력 뛰어나고 친구가 인사수석으로 있고 해당 장관도 적극 추천하고 있는 터였다.

그러나 전혀 다른 방향으로 토론이 벌어졌다. '상대 출신보다는 이공계 전반을 아우를 수 있는 인물이 필요하다'는 결론이 나면서 그는 탈락하고 말았다.

"친구들한테 맞아죽게 생겼소."

내가 한숨을 푹 쉬자 인사추천회의에 참여했던 한 분이 '진작 말하지 그랬느냐'고 했으나 그건 위로에 불과할 따름이었다. 참여정부의 인사 시스템을 이길 장사는 없었다.

그날 저녁 친구들이 저녁을 하면서 기쁜 소식을 가져올 나를 기다리고 있었다. 나는 갈 형편이 못 된다고 연락을 해주었다. 그들은 무슨 뜻인지 알아차렸다. 내 입장이 어떠했겠는가는 말할 필요가 없을 것이다.

"항명하는 겁니까?"

2003년 3월 참여정부 첫 차관 인사 때 일이다. 모 부처 차관을 선정하는데 A와 B 두 명이 후보로 올라왔다. 인사추천회의에서 진지한 토론을 거쳐 A를 추천하게 되었다.

대통령께 보고를 했다.

"B씨, 이 사람 유능한 사람이라던데 2번이네요, 한 번 더 살펴보세요."

대통령은 B에 대해서 잘 알고 있었다. 다시 한 번 인사추천회의에서 그 문제를 논의했다. B는 능력이 대단한 것은 사실이지만 개혁성은 전혀 없다는 것이 인사추천회의 결론이었다. 다시 대통령께 올라갔다.

"B씨가 되는 순간 그 부의 개혁은 어렵다는 것이 중론이었습니다."

"그래도 그 사람이 일을 잘하는 것은 사실이니까 장관으로 하여금 잘 통제하도록 하고 인사 보좌관이 한 번씩 점검해서 눌러주면 되리라 보는데요."

인사보좌관실의 추천의견과 민정수석실의 검증결과를 보면 그는 적격이 아니었다. 나는 다시 한 번 B가 개혁과는 반대로 가는 인물이라는 인사추천회의 논의 내용을 보고드렸다.

"알았어요."

마뜩찮은 듯 대통령께서 짧게 답하셨다. '알았다'는 말씀을 승낙으로 해석한 나는 그날 오후 춘추관에서 발표했다. 그리고 다음날 대통령이 주재하는 수석 보좌관 회의가 끝난 후였다.

"인사보좌관! 집무실로 오세요."

나는 곧 뒤따라 들어갔다. 대통령께서는 집무실 책상 앞에 선 채로 단도직입적으로 말씀하셨다.

"정 보좌관, 항명하는 겁니까?"

대통령의 싸늘한 표정에 나는 가슴이 철렁했다.

"………? 무슨 말씀이신지요?"

"어제 차관인사 말입니다. 결정을 안했는데 왜 발표를 해버렸지요?"

"대통령님께서 '알았다'고 하셔서……."

"내가 '알았다'고 했지, 언제 결정했습니까?"

대통령은 좀 더 생각해보자는 뜻으로 '알았다'고 한 것인데 나는 그것을 동의로 받아들인 것이다. 얼굴이 후끈 달아올랐다.

"대통령님, 제가 크게 잘못했습니다. 번복 발표를 하겠습니다. 그리고 대통령님의 말씀을 제대로 읽지 못하는 보좌관은 책임을 지고 물러나겠습니다. 정말 죄송합니다."

대통령의 표정이 조금 풀렸다.

대통령의 메시지를 잘못 읽은 것은 참모의 큰 잘못이다. 설령 대통령이 모호한 표현을 했다손 쳐도 의중을 짚는 것이 참모다. 벽창호 같은 참모를 인사보좌관으로 두었으니 대통령께서 얼마나 답답했을까 하는 생각이 든다. 대통령께서 좀 더 생각할 수 있도록 자료를 드리고 시간을 기다리는 것이 옳은 일이었다.

내가 인사수석을 그만둔 뒤 B는 후일 결국은 그 자리에 올랐으나 물의를 일으키고 금방 물러나고 말았다. 나는 대통령께서 당초에 내가 왜 반대했는지 이해하셨으리라 생각한다. 사람을 능력만 갖고 판단할 일은 아니었다.

중국에 충신(忠臣)과 양신(良臣)의 고사가 있다. 당 태종 시절 명재상 위징은 "폐하께서 저를 충신이 되게 하지 마시고 양신이 되게 해주십시오"라고 했다. 태종이 그 차이를 물으니 위징은 "양신은 자신도 명성을 누리면서 군주에게도 명성을 가져다주는 사람이고, 충신은 결국 미움을 받아 죽기 십상이고 군주에게는 악명을 남기는 신하입니다. 충신이 얻는 것은 공허한 이름뿐입니다"라고 했다. 나는 위징이 말한 '양신'이 되려고 노력했었다.

대통령과의 독대, 특혜는 아니고요

대통령은 독대를 하지 않았다. 측근 위주의 밀실 운영이 많은 폐단을 낳는다고 믿기 때문이었다. 국정상황실장이나 국정기록비서관을 배석시키고 자동카메라를 작동시켜 대통령의 국정수행행위를 명명백백하게 기록하면서 업무를 보았다. 그래서 청와대 비서진은 물론 국가정보원장의 독대도 허용하지 않았다. 노 대통령은 독대에 대해 이렇게 말했었다.

"독대는 아주 위험한 것입니다. 성격이 아주 냉정하고 사람을 믿지 않는 사람은 독대를 해도 괜찮습니다. 그러나 대부분의 사람들은 독대를 하게 되면 그 사람이 하자는 대로 결정하게 돼 있습니다."

그러나 노 대통령은 유일한 예외를 인정했다. 바로 인사보좌관인 나였다. 인사추천회의 결과에 대한 보고만큼은 독대로 했다. 인사담당자는 후보자에 대한 회의서류 작성과 회의 결과를 대통령에게 보고할 시, 바르지 못한 마음을 먹으면 서류와 회의 결과를 자의적으로 왜곡할 수 있다. 선호하는 후보의 장점을 약간 보태고, 싫어하는 후보의 단점을 조금만 과장해 부각시키면 인사권자의 판단을 바꿀 가능성이 크다.

하지만 나는 대통령의 눈을 흐리는 그런 짓은 결코 하지 않았다. 인사보좌관 내정자로서 첫 기자회견 뒤 노무현 당선자께 약속했고, 인왕산을 바라보며 다짐했고, 그리고 고향 조상들께도 맹세하지 않았던가? 대통령께서 나를 믿고 독대를 허용한 까닭도 거기에 있다고 생각한다.

그런데 그 예외적 독대가 잠시 깨진 적이 있었다. 어느 부처 차관 인사를 발표하고 "항명하는 겁니까?" 하는 질책을 들은 뒤였다. 그러나 곧바로 재개되었다. 다음은 그 내용을 담은 기사다.

정찬용 보좌관 '칼 같은 인사원칙' 고수
盧 '단독면담' 허용특혜?

거침없는 화법과 짙은 전라도 사투리로 잘 알려진 청와대 정찬용 인사보좌관이 '독대'를 허용하지 않는 노무현 대통령에게 이를 관철시켜 화제가 되고 있다. 정 보좌관은 8일 기자들과의 오찬자리에서 지난 3월 차관 인사 때의 일화를 소개했다. 당시 바쁜 일정으로 2개의 회의를 소집한 노 대통령은 두 회의장을 오가며 회의를 주재했다고 한다.

결재를 받아야 하는 정 보좌관은 두 회의장 중간에 서 있다가 이동 중인 노 대통령을 붙들고 인사결재를 요청했고 노 대통령은 "독대를 하지 말고 최소한 3명 정도가 함께 모여 결정하자"고 했다고 한다. 이에 정 보좌관은 "3명이라고 하면 비서실장과 민정수석 등을 의미하는데 3명이 함께 모일 수 있는 경우는 한 달에 한 번 정도가 될 것"이라며 "그러면 차관 인사가 늦어져 전체적으로 정부 인사가 엉망이 된다"고 반박한 뒤 그냥 물러나왔다고 한다. 다음날 노 대통령은 수석보좌관 회의를 주재한 자리에서 "인사보좌관은 독대를 하도록 하라"고 지시했다.

노 대통령이 주변에 알아본 결과 정 보좌관은 칼 같은 인사원칙으로 정실에 치우치지 않기 때문에 독대를 허용해도 된다고 판단했다는 것이 주변의 전언이다. 노 대통령의 정 보좌관에 대한 신뢰를 보여주는 단적인 대목이다.

정 보좌관은 또 노 대통령에게 들어온 인사 청탁에 대해서도 자신이 직접 청탁자에게 전화를 걸어 거절한 일화를 소개하기도 했다. 회의 때 자신의 거침없는 발언에 대해 관료 출신 수석이나 보좌관들은 간혹 '식은땀이 날 정도'라고 귀띔하기도 했다고 한다.

노 대통령의 청탁을 거부하는 청와대 보좌관으로는 그가 유일하다.

— 조용우 기자(「문화일보」, 2003년 7월 9일자)

청와대 참모들은 대통령이 나를 신임하고 있다고 생각했을 것이다. 내가 근무한 23개월여 중 20개월 정도는 그렇게 보고를 했다. 그러다가 김우식 비서실장이 온 뒤 김 실장이 보고를 했다. 이는 비서실장에게 힘을 실어주기 위한 조치였다고 생각한다.

나의 무기는 공선사후(公先私後)

인사추천회의가 끝나면 내가 대통령 재가를 받으러 간다. 1, 2, 3 순위를 매겨서 가는 경우도 있고, 우열을 못 가린 경우에는 대통령의 판단을 받기로 하고 그대로 가져가서 보고를 한다. 대부분은 그대로 재가하셨다.

"그대로 하시지요. 여러분들이 엄청난 토론을 거쳤잖아요?"

그런데 대통령과 인사추천회의 의견이 다른 경우가 간혹 있었다. 한번은 인사추천회의에서 올린 두 가지 인사안에 대해 대통령께서 두 가지 다 다시 논의해서 올리라고 지시하셨다.

그 하나가 어느 국립대 치과병원장 인선안이다. 인사추천회의 결과를 보고하자 노 대통령은 내게 '왜 후보자 순위가 바뀌었냐'고 물었다. 그 '기관장후보추천위원회'에서 올린 순위가 청와대 인사추천회의에서 바뀌었던 것이다. 기관장 후보추천위원회에서는 투표 결과 6:1로 현 병원장을 1순위로 올렸었다. 하지만 인사추천회의는 2순위자를 1순위자로 바꿨다. 현 병원장은 한 번 더 연임하면 8년이나 하기 때문에 재임기간이 너무 길어져 매너리즘에 빠질 위험이 크고, 병원 근무자들도 새로운 사람을 원한다는 의견이 우세했기 때문이다. 2순위자는 대통령 주치의였다.

노 대통령은 기관장추천위원회에서 올린 원안대로 하라고 지시했다. 병원의 후보추천위원회에서 절대 다수가 1등으로 뽑은 사람을 놓아두고 대통령 주치의라는 이유로 바꿀 수는 없다는 얘기였다. 나는 기관장추천위원회에서 6:1의 투표결과가 나왔다는 사실까지도 보고했다. 노 대통령이 이것을 몰랐다면 인사추천회의 안을 그대로 수용했을 가능성이 높았다.

또 한번은 1, 2, 3 순위가 매겨진 명단을 보신 뒤 나에게 설명을 다시 해보라고 했다. 내가 회의 상황을 설명했다.

"내가 보기에는 3번이 좋은데요? 다시 한 번 논의해보세요."

나는 그 안을 가지고 와서 다시 인사추천회의에 부쳤다. 그런데 이번에도 순위에 변동이 없게 되었다. 그 결과 그대로 다시 대통령께 보고를 했더니 인사추천회의 결론을 수용하셨다.

이번엔 모 공기업 사장의 경우다. 인사추천회의 결과를 가지고 대통령께 올라갔다.

"이 사람이 유능한 사람이지요?"

대통령이 가리킨 사람은 3등을 한 사람이었다. 대통령께서 그 사람에 대해 잘 알고 있고 또 마음에도 두셨나보다 생각하며 나는 다시 검토해 보고드리겠다고 하고 내려왔다. 그리고 사장추천회의 서류를 자세히 검토하고 인추를 거쳐 다시 보고를 드렸다.

"아무리 검토해도 3번은 아닙니다."

일주일 후에 올라가서 이렇게 보고한 결과 결국 1번으로 갔다. 이런 사례가 여러 차례 있었다. 그러다보니 대통령도 서운하셨을 것이다.

"나는 대통령만 되면 모든 걸 다 할 수 있다고 생각했는데 이렇게 밖에서는 언론이 사사건건 막고, 안에서는 인사수석이 다 해버리고……."

대통령은 이렇게 푸념을 하시기도 했다.

"아닙니다. 최종 인사권은 대통령님께 있지 않습니까? 대통령님이 쓰실 공직자를 고르는 일이니, 마음에 두신 분을 순위에 얽매이지 마시고 언제든지 선택하십시오."

그렇게 말하면서도 매우 송구스런 마음이 든 것은 사실이다. 원칙적으로 인사권은 대통령의 고유 권한이다. 1, 2, 3 순위는 참고 숫자일 뿐이다. 인사추천회의도 더 유능한 인재를 공정하고 투명하게 발탁하기 위해 대통령 권한을 위임한 보조기구에 불과하다. 대통령 권한을 유감없이 발휘한 사례가 기억난다. 김세옥 경호실장 선임 때 대통령은 "나와 가족의 신변 안전을 책임질 사람이니 내가 해도 되겠죠?" 하고 김 실장을 찍었다.

"에이~ 그럴 리가 있어요?"

과거 정권에 있던 분들에게 이런 얘기를 하면 '에이~' 하면서 믿지 않는다. 그렇게 인사권을 내주는 대통령도 없거니와, 설령 있다 한들 대통령이 의중을 밝힌 것인데 어떻게 감히 반대의견을 다시 올릴 수가 있느냐는 것이다. 그러나 이런 일이 있었던 게 사실이다. 한두 번도 아니고 자주 있었다. 노 대통령은 서운하기는 하나 인사시스템의 작동이 가장 중요하다고 믿고 산 분이다. 사실 인사권자가 그것을 수용한다는 것은 정말 대단한 일이었다.

또한 청와대 안에서는 내가 직선적인데다 무참할 정도로 청탁을 잘 라버리는 사람으로 정평이 나 있었다. 대통령의 위임을 받아 인사 시스템을 만들고 정착시켜야 하는 나로서는 그걸 지키지 않을 도리가 없었다. 참여정부의 실수를 노리고 있던 세력들에게 인사는 늘 주시 대상이었다. 인사란 원래 잘했다는 소리를 기대할 수 없는 영역이기도 하지만, 나의 사사로운 발언도 발 빠른 소문으로 퍼져 시끄러운 곳이 권력 주변이었다. 내가 삐끗 잘못이라도 저지르면 참여정부는 도덕적 상처를 입을 판이니 나는 늘 긴장해야 했다. 그러다보니 나와 가까워서 오히려 손해를 보는 사람들도 있었다. 가까운 친척에게도 상처 주는 일을 하기도 했다. 모두가 공선사후(公先私後)라는 철칙 때문이었으니 이 자리를 빌어 해량을 바라고 머리 숙여 용서를 빈다.

뼈저린 한계, 이기준 파동을 겪다

2004년 12월 말, 부분 개각을 준비하고 있었다. 부총리 겸 교육인적자원부 장관도 대상이었다. 당시 인도네시아에서 유례없는 초대형 쓰나미가 발생한 뒤여서 인사 제청권자인 이해찬 총리가 특사로 가기로 되어 있었다. 이 총리 출국일이 새해 1월 4일이어서 연말연시까지 감안해 인사를 서둘러야 했다. 가능하면 그 이전까지 인사를 마무리할 계획을 잡고 있었다.

국무총리, 비서실장, 민정수석, 인사수석과 함께 관저에서 저녁 식사를 하는 자리에서 대통령께서 "총리가 인도네시아를 다녀오면 공백이 너무 길어지니 가기 전에 인사를 하자"면서 교육부총리 후보자를 거론하셨다. 서울대학교 총장을 지낸 이기준 후보를 지명하면서 "문제는 없느냐"고 물으셨다. 이 후보자의 절친한 친구인 김우식 비서실장이 말을 받아 "청렴한 사람입니다. 재산도 크지 않은 아파트 한 채가 있을 겝니다"라고 했다.

2005년 1월 4일 6개 부처 장차관에 대한 인사를 발표했는데 그 가운데 이기준 부총리에 대한 집중적인 비판 기사가 쏟아지기 시작했다. 판공비 과다사용, 사외이사 겸직, 장남 병역기피 의혹 등 서울대 총장시절의 도덕성 문제가 터져나왔다. 정실인사 논란이 이어졌다. 이 부총리와 청와대 김우식 비서실장이 미국 유학을 함께했고, 공동저서 5권을 출간하는 등 40년간 이어온 관계가 인사에 영향을 미쳤다는 내용이었다. 특히 수십억 원대 부동산이 한국 국적을 포기한 장남 명의로 등기돼 있다는 사실이 드러나면서 비난의 봇물은 더 이상 막을 수 없을 정도가 되었다.

인사추천회의에서 유력한 후보자의 한 명으로 논의했지만 시간에 쫓겨서 그에 대한 검증과 토론을 소홀히 한 것은 커다란 실수였다. 인사추천회의에서 검증 결과가 제대로 보고되었다면 그가 후보가 되는 일은 없었을 것이다.

그리고 마지막에 대통령이 점검하는 자리에서 이기준씨를 잘 아는 김우식 비서실장이 왜 '청렴하다'고 보고를 했는지 지금도 이해가 되지 않는다. 이기준 부총리는 결국 4일 만에 사퇴를 한 최단명 교육부총리로 기록되었다. 이기준 파동 후 대통령과 수석 보좌관들이 식사를 함께한 자리였다.

"이기준 부총리 사태의 모든 책임은 대통령인 나에게 있습니다."
대통령께서 무겁게 얘기를 꺼내셨다.

"국민 여론이 이처럼 비등하면 그에 상응하는 조치를 취해야 합니다. 그런 후속 조치가 이전 정부와는 달라야 합니다. 그리고 인사에서 문제가 생겼으니 인사수석인 제가 책임을 지고 물러나겠습니다."

나의 말에 김우식 비서실장은 전체 사표를 내자고 제안했다. 그 결과 참모 전원이 사표를 냈다. 그 중 민정수석과 인사수석의 사표가 수리되었다.

이 부총리가 불명예스럽게 사퇴를 하고 정부의 체면은 땅에 떨어졌다. 이런 일이 벌어지자 동료 수석 가운데 한 사람이 "사실 이번 일뿐만 아니라 후보자들의 부정적인 면을 공개하기 어려워 우물쭈물 넘어간 적이 없지 않아서 미안하다"고 사과했다. 이기준에 대해 자신도 어느 정도는 알고 있었지만 차마 회의에서 말하기 곤란했다는 것이다.

나는 시스템의 한계를 느꼈다. 역시 사람이 중요했다. 이는 아무리 훌륭한 시스템을 갖춰놓은들 제대로 된 정보를 공유하지 않으면 시스템이 제대로 작동할 수 없음을 뼈저리게 깨달은 경우다.

내 인생의 변곡점, 청와대를 떠나다

참모들이 사퇴를 하기로 한 뒤 후임 인사수석에 대한 논의가 있었다. 지역균형과 적절한 견제를 위해서도 인사수석은 호남 쪽이 하는 것이 좋겠다는 의견을 대통령께 피력했다. 그리고 추천된 세 사람의 호남 출신 가운데 대통령께서는 김완기 소청심사위원장을 낙점했다.

나와 함께 김 위원장을 만난 자리에서 대통령께서는 이렇게 말씀하셨다.

"한 가지 걱정이 있습니다. 인사수석은 대통령에게 '아니오'라고 할 수 있는 배짱이 있어야 하는데, 김완기 위원장은 평생 공무원으로 살아와서 그렇게 할 수 있을지 모르겠네요."

"저는 고졸로서 그간에 대학 학력을 보충할 기회가 몇 번 있었습니다. 그러나 학벌 아닌 실력으로 평가받겠다는 소신과 오기로 임했습니다. 저는 아닌 것은 아니라고 말씀드리는 것이 진정한 보필이라고 생각합니다."

김완기 위원장은 이런 내용으로 대답했다. 나는 대통령께서 인사수석의 자세를 환기시킨 것으로 생각했다.

2005년 1월 12일, 나는 대통령께 하직 인사를 하러 갔다.

"정 수석 미안합니다. 인사수석이 책임질 일이 아닌 줄 잘 압니다. 이렇게 돼서 정말 미안하네요."

대통령께서 서운해하셨다.

"무슨 말씀이십니까? 제 잘못이 큽니다. 비록 몸은 청와대를 떠나지만 밖에서 마음으로 응원하겠습니다. 그동안 많이 배우고 떠납니다. 대통령님을 모셨던 것이 제겐 영광이었습니다. 저는 시골로 다시 내려가겠습니다. 안녕히 계십시오."

사실상 청와대 시절은 내 인생의 변곡점이자 도전의 장이었다. 대통령의 위임을 받아 건국 이래 가장 바람직하고 효과적인 인사 시스템을 구축하고자 최선을 다한 2년이었다. 참여정부에 대한 평가와

대통령 내외를 모시고 무등산에서

함께 훗날 역사가들의 평가를 받겠지만, 나는 다음 어느 정부라도 준용하고 참고할 만한 충분한 가치가 있는 틀을 짰다고 자부한다. 인사 관련 법령의 제정과 개정, 적소적재를 고르는 인사기구의 설치, 민관을 망라하는 인재DB의 구축, 전자인사시스템(PPSS) 개발 등은 나 스스로 평가해도 자부할 만하다. 이는 국민의 정부 김광웅 중앙인사위원장 주도 아래 닦아놓은 기초작업에 힘입은 바 크다.

그리고 청와대 근무를 전후해 세상을 보는 나의 시각과 시야는 많이 달라졌다. 권력의 최정점에서 조망을 한 덕분이다. 정부와 민간, 중앙과 지방 정부, 행정부와 입법 사법부의 시스템과 업무의 흐름을 속속들이 알게 되고 맥점이 어디인지도 쉽게 파악이 되었다. 산 중턱에서 내려다보는 풍경과 정상에서 보는 모습은 확실히 다른 것이었다. 보는 것이 다르니 생각도 많이 달라지게 되었다. 국가 전체의 일을 다루다보니 앞으로 어떤 일이 주어져도 제대로 할 수 있겠구나 하는 강한 자신감도 얻게 되었다.

대한민국과 세계 정상급 인사들을 만나고 사귀면서 많은 것을 경험하고 배웠다. TV 사극에서나 보았던 권력의 생리도 체감했다. 인재를 키우고 발굴하고 싶었던 내 꿈이 어느 정도는 실현되었고 큰 밑천을 얻게 되었다.

청와대 시절 '넓은 인맥'을 쌓은 것도 큰 자산이라고 생각한다. 이보다 값진 수확도 없을 것이다. 그때의 인연으로 퇴임 이후에도 경향 각지의 곳곳에서 중요한 역할을 하고 있는 인사들과 자주 연락을 하는 편이다. 정부 인사와 직접적 관련이 있건 없건 도움을 주고받은 많은 분들과의 만남과 사귐의 기회였음을 귀하게 여기고 있다.

인사업무는 사람을 좋아하는 내 적성에 아주 딱 맞는 일이었다. 오만 가지 일 가운데 사람 만나는 일처럼 힘든 일이 없다는 사람들이 많지만 나는 항상 즐거운 마음으로 일했다. 끝없이 이어지는 회의와 서류와 사람들을 보면서 마치 해일처럼 밀려오는 부담감과 동시에 끝없는 보람을 맛본 세월이었다.

노무현 대통령과의 인연이 파노라마처럼 스쳐가면서 가슴이 아릿하게 저려온다. 정말 이런 대통령은 우리 국민이 다시 만나기 어려울 것이라는 생각이 시간이 지날수록 더 커지고 있다. 나를 도와준 많은 분들의 얼굴도 떠오른다. 그분들 모두에게 마음속 깊이 감사를 드린다.

내가 본 정찬용

막걸리 좋아하는 사람치고 악동 없다

　사람이 사람을 평가하는 것은 참 어려운 일이다. 특히 살아 있는 사람에 대해 이러니저러니 평하는 것은 무척이나 조심스런 일이다. 너무 칭찬이 잦으면 다른 사람 눈에는 아부하는 것으로 보이기 때문이다.
　정찬용 선배, 그를 떠올리면 '막걸리를 즐겨 마시면서 소탈한 너죽웃음을 안겨주는 친밀한 사람'이라는 이미지가 우선 스쳐지나간다.
　나는 그가 시민단체 활동가에서 청와대로 자리를 옮긴다고 했을 때 무척 안타까운 생각이 들었다. 우선 온갖 술수가 난무하는 정치판에 아까운 사람을 빼앗겼다는 서운함이 앞섰다. 갈수록 마땅한 어른이 드문 NGO 세계에서 다양한 의견을 아우르고 조정해나가면서 의견을 모으고, 그 결론대로 적극 추진할 수 있는 사람으로 정 선배만한 분을 찾기가 쉽지 않았기 때문이었다. 나는 그가 관록을 먹고 있는 기간 동안 단 한 번도 연락을 취하지 않았다.
　그가 녹 먹기를 그만두었을 때 비로소 다시 만난 그는 여전히 막걸리를 즐겨 마시며 만나는 사람을 편하게 해준다는 사실을 확인하게 되었다. 그때서야 나는 그가 의욕적으로 추진하고 있는 서남해안포럼에 기꺼이 참여했다.
　나의 참여에 대해 많은 사람들이 우려했다. 나는 이전에 그렇게 혐오하던 정치판에 이미 뛰어든 상태였다. 더 이상 정치를 시정잡배들에게 맡겨서는 안 된다는 생각에 죽마고우인 황광우, 선배인 박관석 교수, 치과의사인 정담원장 등 8명을 꼬드겨 남원의 한 폐교를 3,000만 원씩 갹출, 매입하여 두동공동체를 결성해 당시 막 태동한 민주노동당 중앙연수원으로 사용케 했다. 그리고 가장 취약한 환경위원회를 결성해 초대 환경위원장으로서 그 역할을 끝내고 대안사회를 위한다는 명분하에 다른 일거리를 찾아나선 상태였기 때문이다.
　정찬용 선배와는 1993년에 풀빛출판사 나병식 선배 등이 주동하여 김중배, 송기숙, 박현채 선생이 참여한 '균형사회를 여는 모임'의 구성원으로서 인연을 맺었다. 나는 사회를 바꾸어보겠다는 그의 헌신적 의지를 오랫동안 옆에서 지켜보았기에 그가 절대 헛된 일을 하지 않을 것이라는 확신을 갖고 있다. 그랬기에 이번 서남해안 포럼 일에도 한국은행 입행동기인 정순철 등을 포함해 주변사람들을 동참시켰다.

정 선배를 다시 만나 그간 3년간 끊었던 술 아니 막걸리를 즐겨 마시게도 되었다. 막걸리 좋아하는 사람치고 악동 없다는 내 말에 악동도 끼어주라면서 너털웃음을 터트리는 모습을 보면, 목사직을 교단에 반납하고 현재 무주에서 농사를 지으면서 녹색대학에서 나와 함께 생태사상 수업을 진행하시는 허병섭 선생이 떠오른다. 예수께서 어린아이를 닮지 않고는 하늘나라에 들어갈 수 없다고 한 말의 신앙적인 의미를 일상생활에서 나에게 일깨워주시는 허병섭 목사를 뵙는 것 같은 착각을 일으키게 한다.

이전에는 NGO 역할이 비판하는 것만으로도 충분했지만 오늘날엔 비판과 동시에 대안제시를 하고, 현장에서 구체적인 실천을 위한 조직을 엮어야 하며, 그 결과에 대한 책임까지도 감수해야 한다. 나는 이런 상황에서 정 선배가 시민단체에 계속 남기를 개인적으로 소원해보았다.

그러나 주변에선 기존 정치문화를 바꾸는 일도 중요하다고 해 그에게 또 다른 일거리들을 주문한다. 이에 대한 선택은 정 선배 자신이 해야겠지만 어떤 결정을 하더라도 그는 주위 사람을 실망시키지 않을 거라는 확신을 갖고 있다.

정 선배와는 특정사안에 대해서는 의견이 대립되어도 인간적으로는 절대 그렇게 되지 않는다. 돌아서면 다시 만나고 싶은 매력이 그에겐 물씬 풍겨나온다. 많은 균형사 회원들이 그가 펼치고자 하는 취지에 동감해 낙후된 지역에 대한 그의 고민 대열에 기꺼이 동참하는 것도 그가 갖는 이런 매력, 즉 그의 넉넉한 마음에 연유했다고 본다.

학교에서 나는 학생들에게 한 가지 사항만을 강조한다. 생각과 말과 행동이 일치하는 사람이 되도록 노력하라는 것이다. 나는 내가 지금까지 접했던 사람들 중에 내면의식과 언행이 일치하는 사람을 세 사람 꼽는데, 그 중 한 분이 정 선배다. 나머지 두 분은 허병섭 목사, 고현석 전 곡성군수다. 자신도 확신이 없고 책임질 수 없는 말들을 하는 사람들은 많지만 자신이 생각한 바를 말로써 알리고 이를 행동으로 실천하는 사람들은 매우 드문 게 오늘날의 사회다.

내가 다국적기업인 IBM 초대 노조위원장으로 5년간 활동을 마치고 광주에서 새로운 일을 모색할 때 다시 만난 정찬용 선배는 거창 YMCA 총무(현재는 사무총장으로 호칭)에서 광주 YMCA 간사로, 현장에서 실무자로 봉사하고 있었다. 이전보다도 낮은 직책에서도 그는 자신의 소임을 충실히 이행하면서 만나는 사람을 편하게 해주었던 기억이 지금도 생생하다. 지구에서 인간을 제외한 다른 동식물은 자신을 해체하면서 생태계를 보존해가지만 인간만이 모든 사안을 자기 중심으로 집중해간다. 이런 일상적인 주변 모습에서 그가 자신을 해체해가는 모습은 기존 운동가들의 강한 자기주장, 남의 의견을 무시하고 끼리끼리 파벌을 만들어가는 행태들이 횡행한 당시에 나에겐 신선한 충격이었다. 당시에도 그는 막걸리를 즐겨 마셨다.

막걸리 좋아하는 사람치고 악동 없다는 민초들의 오랜 믿음을 절대로 실망시키지 않는 그의 영원한 모습을 계속 기대해본다.

– 이무성(녹색대학교 교수 · 소설가 · 경제평론가)

2장

내 가슴속 노무현

"내 머릿속에선 늘 청와대 풍경이 새롭고 내 가슴속엔 언제나 노 대통령이 살아 있다. 나는 김대중, 노무현 두 거인이 필생의 과업으로 노력해온 지역갈등 해소와 화해, 전라도 땅의 균형발전에 내 남은 평생을 바칠 생각이다. 전라도 출신이면서 경남 거창에서 17년 넘게 살았던 내가 그 일을 하지 않으면 누가 하겠는가."

"내 방엔 감시카메라가 있소"

참여정부가 출범한 지 한 달도 되지 않은 2003년 3월 어느 날이었다. 새천년민주당의 중진들이 상견례 겸 점심을 하자고 해서 만났다. 워낙 정당과 인연이 없던 사람인 나로서는 TV에서만 보던 주요 인사들이었다. 정권창출에 기여한 여당측 인사들은 기대에 부풀어 있었다. 그러나 대통령의 '인사청탁 땐 패가망신' 발언에다 '원칙'을 강조하는 내 발언이 자주 보도되자 걱정스러워진 여당측 인사들은 선거에 기여한 적도 없는 '촌닭'을 '교육' 좀 시키려고 부른 것 같았다. 선거 무용담이 한 차례 돌고 나서 누군가 말문을 열었다.

"정 보좌관, 우리 당에서 추천하는 분들을 잘 받아주셔야 할 겁니다."

신호탄이었는지 그의 말에 다른 인사들도 거들고 나섰다. 원칙도 좋지만 선거과정에서 기여한 공로까지 무시해서는 안 된다는 것이었다.

"그 얘기는 다음에 천천히 하고 식사나 하시지요."

나는 부담스러워서 화제를 돌리고 싶었다. 이런 나의 태도가 거슬렸던지 그들은 미국 엽관제의 예를 들기도 하며 충고 겸 압박을 가해왔다. 어물쩍 넘어가서는 안될 것 같았다.

"대통령께서 가장 중시하는 것이 인사원칙입니다. 노무현 대통령을 만든 일등공신들이시고 참여정부 성공을 바라는 여러분들이 노 대통령께서 밝히신 인사원칙, 곧 공정·투명·자율·균형인사가 이루어지도록 도와주십시오. 인사가 만사 아닙니까? 인사에서 이 원칙이 깨지면 국가기강이 다 흔들립니다. 여당에서도 추천할 인물이 있으면 정식으로 추천양식을 갖춰서 보내주십시오."

나는 분명히 잘라 말했다. 그들은 답답하게 생각하는 것 같았다. 서로 주장을 주고받다보니 언성이 높아지기도 하다가 한 분이 벌컥 화를 내며 나가버렸다.

"그러면 여러분들이 인사보좌관 하십시오. 저도 일어나겠습니다."

나도 같이 자리를 박차고 나와버렸다.

이런 나의 태도가 알려지면서 여당 내에서는 나를 매우 괘씸하게 생각하는 사람들이 많았지만 원칙 중심의 인사에 동의하는 분들도 많았다. 이런 상황에서 한번 원칙을 무너뜨리면 나는 도처에서 날아드는 이력서 해결사 노릇이나 하고 말았을 것이다. 내가 휘둘리지 않고 인사를 할 수 있었던 것은 초기에 정면으로 대처했기 때문에 가능했다고 생각한다. 그 뒤 여당은 결국 내가 요구한 대로 당내에 인사추천위원회를 만들어서 추천서를 정식으로 보내왔다. 우리는 그 명단을 개혁성, 헌신성, 전문성에 따라 분류해 필요한 인재는 기용했다.

하지만 시절 바뀐 줄 모르고 여전히 '청탁'을 하는 사람들이 있었다. 초기에 있었던 일이다. 내 방에 두 사람이 찾아왔다. 봉투를 슬그머니 내밀었다. 직원들과 회식이나 하라는 것이다.

난감했다. 대통령이 그렇게 '패가망신'을 외치고 그 메아리가 울리고 있던 때에 이렇게까지 나올 줄은 몰랐다. 나는 천장을 손가락으로 가리켰다.

"내 방엔 요 위에 감시카메라가 있소, 찍히면 우리 둘 다 죽습니다."

그 사람은 얼굴이 노래지며 재빨리 봉투를 다시 주머니에 쑤셔넣었다. 물론 내 방에 감시카메라는 없었고 그 사람은 거론조차 되지 않았다. 그 후 인사문제로 봉투를 내미는 일은 거의 없었다. 참여정부 인사의 공정함과 투명함, 그리고 엄격함이 널리 알려진 덕택이었다.

그런데 한번은 초등학교 동창들과 저녁을 먹은 날 밤 집에 가서 옷을 벗으니 저고리 안주머니에 봉투가 하나 들어 있었다. 사업에 크게 성공한 동창 한 사람이 나를 자랑스럽게 여겨 공무원 월급으로 서울 생활이 힘들 거라며 '아무런 꼬리를 달지 않을' 후원금을 넣은 것이었다. 다음날 즉시 직원을 통해 그 봉투를 되돌려보냈다. 그 봉투엔 내가 쓴 글도 동봉했다.

'성의를 표해줘서 고맙긴 하나 청렴하게 공직을 수행하는 것이 내 자랑거리다. 이 봉투를 받으면 나는 내 자랑거리가 없어지고, 자네에게는 중요한 돈이 없어진다.'

이런 글은 만년필로 직접 쓰고 그 편지와 봉투는 직원을 시켜 인편으로 보냈다. 그리고 편지는 복사를 해두었다. 이렇게 하지 않고는 나를 지켜낼 도리가 없어서다.

다른 사례 하나. 두툼한 봉투를 내놓으며 청탁을 하는 사람이 있어서 여비서를 불렀다.

"공직기강비서관실에 연락해서 이 사람 잡아가라고 하시오! 본보기를 보여야지 정말 안 되겠소."

그는 얼굴이 납빛이 되어 나를 붙잡았다.

사실 과거 정권에 비해 나에게는 인사청탁이 많지 않았던 것 같다. 노 대통령께서 큰 우산이 되어준 덕분이다. 대통령의 '패가망신' 발언도 있었고, 실제로 청탁이 먹히지 않자 점차 줄어든 것 같다. 나중에는 대통령 자신께 전달된 이력서 뭉치를 몽땅 태워버리도록 지시한 적이 있었는데 이런 일도 청와대 내에 퍼져 있었다. 당시에는 나에게 부탁하신 분들에게 새 정부의 의지를 말해주고 삼고초려 추천절차를 거치도록 이해를 구했으나 미안하고 마음이 편치 않았던 것은 사실이다.

진흙 속의 진주 찾기

나의 청와대 생활을 한마디로 요약하면 '인재 찾기'였다. 인재를 찾기 위해 사람을 만나다보면 여러 유형의 사람을 만나게 된다. 그 중에는 무리하게 뛰어드는 부나방형이 있는가 하면, 아무리 공을 들여도 마다하는 고사(固辭)형, 수차례 노력해야 겨우 응하는 삼고초려형 등이 있다. 또 적극적인 자기홍보형이 있는가 하면, 겸양형도 있다.

이 중 인사담당자에게는 적극적이고 자기를 잘 설명하는 사람이 좋다. 그런 사람들이 현실적으로 기용될 가능성이 높다. 물론 실력도 없이 인맥을 동원하고 사술을 쓰며 덤비는 형은 오히려 손해다. 한번은 미국에서 박사학위를 받은 회사 경영자가 삼고초려에 자천을 해서 자신의 이력을 올려놓았다. 그는 자기소개서를 아주 잘 썼다. 자기의 학력과 경력, 자기가 이룬 성공과 실패 사례, 자신 있는 분야와 희망하는 직위를 썼다. 그러고는 마지막에 이렇게 써놓았다.

"제가 공부를 같이한 미국인 친구는 미국의 경제대통령 그린스펀의 총애를 받습니다. 그러니 제가 그 직책을 맡으면 이 친구를 징검다리로 해서 좋은 교섭을 할 수 있습니다."

우리는 최종적으로 그가 말하는 미국 친구와 전화로 접촉해서 사실 여부를 확인했다. 그 미국인은 우리의 확인 전화에 깜짝 놀라면서 시시콜콜한 얘기까지도 다 들려주었다.

'그 친구와 나는 한 방을 쓰는 룸메이트였다. 잠을 잘 때 그 친구는 코를 심하게 골았고 나는 이를 많이 갈아서 서로 고생했다. 그 사람 지금 어디 있느냐. 알려달라. 보고 싶다.'

우리는 또 그린스펀 쪽에도 알아보았다. '총애'까지는 몰라도 잘 아는 사이인 것만큼은 분명했다. 나는 이 내용을 보고 '흙 속의 진주'를 발견한 느낌이었다. 그의 자기소개서는 모범 샘플로 '삼고초려'란에 게시를 해놓기도 했다. 그는 중요한 직위에 등용되었다.

자신을 요령 있게 홍보하는 것은 중요하다. 다만 직위에 걸맞은 실력을 입증해야 하고 내용이 진실해야 한다. 거짓 내용은 검증과정에서 들통이 나고 후일에도 나쁜 영향을 미치니 조심해야 한다.

-삼고초려형

인수위원회가 정보통신부 장관 후보로 욕심을 냈던 이는 진대제 삼성전자 디지털미디어총괄 사장이었다. 그는 그 분야 세계 최고 전문가다. 5,000만 국민을 먹여살릴 정보통신산업을 왕성하게 발전시킬 것이라는 기대를 갖고 정보통신부 장관 후보에 뒤늦게 올렸다.

"삼성전자 사장으로서 꽃을 활짝 피우고 재미있게 일하고 있는 중입니다. 정통부 장관은 영광스러운 자리죠. 그러나 제겐 지금 이 회사를 잘하는 것이 정말 중요합니다."

거절이었다. 내가 설득을 계속하자 다른 얘기도 꺼냈다. "사실 내 연봉 문제도 있습니다. 나는 연봉이 많고 스톡옵션이 130억 원입니다. 그런데 장관으로 가면 스톡옵션은 날아갑니다. 장관 연봉은 1억도 안 되지 않습니까? 130억 원은 큰돈입니다."

진 사장은 아주 적극적인 성격에 사리가 분명한 사람인 것 같았다. 그래서 대통령께서 직접 전화통화를 해서 설득하기도 했다. "130억, 큰돈이지요. 그러나 한 나라의 성장동력을 만드는 일에 비하면 작은 돈이라고 생각합니다."

이런 설득이 오가는 사이 언론에 인사내용이 새나갔다. 그러자 기자들이 한밤중에 신발도 안 벗고 진 사장 집에 들이닥치는 소동이 벌어졌다. 놀란 부인이 내게 "우리 아이들 아빠 장관 좀 안하게 해주세요. 우리는 가족을 위해서도, 회사를 위해서도, 국가와 사회를 위해서도 열심히 잘살아왔습니다. 그런데 왜 장관 말이 나오면서 벌써부터 우리 집이 쑥밭이 돼야 합니까?"라고 하소연했다. 언론의 속보경쟁 생리를 잘 모르는 그의 부인은 기자들의 '무례한 침입'에 기절초풍했던 모양이었다. 나는 상황을 이해시켰다. "부인, 죄송합니다. 나라를 위한 일 때문이라고 생각해주십시오. 잠깐 소란이 벌어지는 것이니 조용한 곳으로 가 계시지요."

고심 끝에 진 사장이 결단을 내렸다. 그러자 이번에는 언론에서 그의 재산이 엄청나다고 문제를 삼았다. 나는 즉시 반박했다. "정통부 장관은 10년, 100년 후 나라를 먹여살릴 사람입니다. 교육부장관이라면 문제가 될지 모르지만 정통부 장관은 그렇게 경제적으로도 돈 많이 버는 모범생이 돼야 한다고 생각합니다."

하지만 그의 재산에 대한 논란은 수그러들지 않았다. 진 장관은 도중에 사퇴할 뜻까지 비쳤다. 이에 노 대통령은 "무슨 소리요? 먹을거리 장만하는 일은 시작도 안했는데?" 하고 말렸다.

나는 진 장관에게 "장관 하느라 200억 가까운 돈을 포기했으니 앞으로 IT 발전시켜서 200조 원 만들기 전에는 장관직 그만둘 생각 마시라"고 용기를 불어넣어주었다. 사실 진 장관은 1주일만 늦게 장관 임명장을 받았더라면 스톡옵션으로 7만 주나 되는 삼성전자 주식을 가질 수 있는 상황이었다.

재산이 많다는 자체가 자본주의 사회에서 무슨 죄가 되겠는가. 사마천은 가난하고 천하면서 인의(仁義) 말하기만 좋아한다면 역시 부끄러운 일이라고 했다. 하물며 자본주의 사회에서야. 진 장관은 정말 일을 열정적으로 했으니 그의 눈부신 족적은 대한민국 정보통신 산업 역사로 기록될 것으로 믿는다. 그는 참여정부 최장수 장관으로 남았다. 그것이 그에게 큰 위로가 되었으면 좋겠다.

-칠고초려형

2004년쯤 실물경제에 큰 어려움이 닥쳤을 때다. 경제팀이 약하다는 비난이 쏟아졌다. 카리스마 있고 시장이 신뢰하는 사람이 경제팀을 이끌어야 한다는 여론이 비등했다. 각종 자료를 검토하고 평판조회를 해봤더니, 이헌재 전 재정경제부 장관이 적격이었다.

나는 가끔 이헌재 전 장관을 만나서 나라 안팎 상황이나 국가인재 운용 등 얘기를 나누곤 했다. 그분도 내가 찾아가는 의도를 어느 정도 짐작은 했겠지만 나라의 원로로서 허심탄회한 조언을 아끼지 않았다.

"제가 저녁 한번 모시겠습니다." 나는 슬슬 보따리를 풀 생각으로 식사자리를 요청했다. 유인태 정무수석이 함께 어울렸다. 넉넉한 반주를 곁들인 식사를 하면서 여러 차례 자문을 구했다.

"지금 경제가 매우 어려운데 어떻게 생각하십니까? 이런 상황에서는 어떤 사람이 좋을까요?"

"50대 후반도 안 됩니다. 이미 구세대입니다. 쉰 살 안팎이 좋습니다. 새로운 경제를 소화할 수 있는 젊은 인물이 좋아요." 등등의 조언을 했다. 물론 나는 다른 후보들도 접촉하고 있었다. 대통령께 지금까지 만나본 인물들에 대해 종합적으로 보고하고 그를 다시 만났다.

"정부 일을 좀 해주시죠."

내가 드디어 제안을 했다.

"아이고, 정 수석! 나는 이미 그런 상황을 벗어났어요. 이제는 나이도 적잖아서 편안하게 골프도 치고, 잡기(雜技)도 하고 그렇게 살고 싶습니다. 새벽같이 출근해서 하루 종일 일과 씨름하면서 그렇게 살고 싶지 않습니다."

"나라가 어려운데 큰 인물이 일신만 편하게 살면 되겠습니까?"

하지만 거절이었다. 어느 날 다시 만나러 갔더니 술이나 한 잔 사라고 했다. 유인태, 김진표(현 국회의원), 최경원(전 법무부장관)과 함께 다섯 명이 술을 했다. 그 자리에서 그는 나더러 누가 먼저 취하는지 보자고 했다. 나는 즉시 좋다고 응수했다. 폭탄주가 열댓 잔 돌았다.

나보다 연세가 많고 체구도 작지만 그의 주량은 대단했다. 그러나 단단히 각오를 한 사람과 칠고초려 대접을 받은 사람의 술내기 결과는 정해져 있었다. 그가 일어서는데 다리가 휘청했다. 내가 이 순간을 그냥 놓치겠는가.

"아이고, 술 실력이 소문만 못하시구만요."

술자리는 재미있게 끝났다. 대화 도중에 나는 그가 어느 정도 마음을 돌리고 있음을 감지했다. 다음날 나는 대통령께 이헌재 전 장관이 반승낙한 셈이니 그가 참여정부의 국정철학, 특히 경제정책에 맞춰갈 수 있는 인물인지 직접 만나보심이 좋겠다고 보고했다. 바로 그 다음날 두 분이 만났고 경제부총리 인선은 마무리되었다. 칠고초려였다.

그는 자신이 좋아하는 술도 못 마실 만큼 정부와 국회, 시장을 설득하며 끌고 나갔고, 덕택에 시장은 크게 안정되었다. 야당의 공격도 다 막아냈다. 그는 내가 이기준 파동으로 청와대를 떠날 때 "나하고 같이 물러나든지 나보다 늦게 가야지, 그럴 수 있느냐"면서 매우 아쉬워했다. 뒤에 그가 부동산 문제로 억울하게 몰매를 맞을 때 가슴이 아팠다. 재산이 많아 시빗거리가 될 소지가 있지만 매도당할 것을 각오하고 나라를 위해서 정부에 들어온 그분에게 몹시 미안했다. 그 뒤 한번 만나 통음했다.

–고사형

고사형은 인사담당자에게는 제일 힘든 사람들이다. 서로 해보겠다고 경쟁이 치열해야 인사담당자가 어깨 힘도 좀 줘보고 하는 건데 고사형은 갑과 을이 바뀐다. 설득하기 위해서는 자료를 모아 고민도 많이 하고 사전에 자문자답하면서 상황별 시나리오를 짜야 한다. 최대한 조심스럽고 정중하게 설득했는데 '못 하겠소'라는 답을 들으면 정말 맥이 빠진다. 나 개인이 아니라 '청와대' 체면도 있기 때문에 더욱 난감하다.

나는 소설가 송기숙 전남대 교수를 방송통신위원회 위원장으로 모시려고 했다. 그는 근현대사를 다룬 역사소설을 써오셨기 때문에 역사의식과 함께 세상을 큰 틀에서 조감하는 눈을 가지고 계신 분으로 알려져 있고 독재정권 시절 민주화운동으로 고초를 겪은 분이기도 하다.

방통위원장은 방송국의 허가여부까지 관장하는 직위다. 방통위원장은 방송의 프로그램 구성이나 기술적인 측면을 아는 것도 좋지만 그것은 잔가지에 속한다. 역사적 안목을 갖고 사회 전반의 흐름을 진맥하면서 이 시대 방송의 역할과 가치, 통신문화에 대해 철학적 접근을 할 수 있어야 하는 막중한 자리다.

화순에 있는 그의 집으로 찾아갔다. 그분은 첫 마디에 "못하겠다." 하셨다. 내가 계속 설득해도 막무가내였다. 구체적인 이유는 분명했다.

"첫째, 내가 아는 분야는 그 누구에게도 꿀리지 않고 자신만만하게 적극적으로 나서는 사람이지만, 방송통신은 전혀 모르는 분야라서 무엇을 어찌 해야 할지 도무지 알 수가 없다. 그러니 못하겠다. 둘째, 평생 동안 써온 글들을 모으고 손봐 송기숙 전집을 출판하고자 한다. 높거나 낮거나 정부 일을 할 시간이 없다. 그래서 못하겠다. 셋째, 모처럼 광주를 벗어나 화순에 와서 집 한 칸 지어놓고 하루하루를 즐기고 있는데 복잡한 세상일에 끼이고 싶지 않다. 나 좀 놔다오."

그 다음날 화순 집으로 다시 찾아갔다. 아예 문이 잠겨 있고 인기척도 없다. 미리 연락을 하고 왔는데 일부러 나를 피한 것이다. 이런 일에는 나도 만만치 않은 사람이다. 집 마당 앞에 차분히 자리를 잡았다. 신문지를 바닥에 깔고 소주 한 병을 사다가 오징어를 안주로 홀짝거리며 느긋하게 기다렸다. 그런데 서너 시간이 지나서도 소식이 없다. '우리가 가기를 기다리며 어디서 엿보고 계시나?' 하고 둘러보는데 우리가 물러날 기미가 없다고 생각했는지 결국 나타났다.

이번에도 그분은 "죽어도 못 가겠다"고 했고 나는 "체포해서라도 모시고 가겠다"고 하면서 실랑이를 벌였으나 결국 내가 손을 들고 말았다. 그분은 나중에 비상근직인 문화중심도시조성위원회 위원장 자리는 맡았다.

나의 마지막 인사 에피소드는 국립박물관장 선임 때의 일이다. 이 인사를 앞두고 아주 말이 많았다. 그래서 우리는 삼고초려를 해서 한 분을 모시자는 것으로 결론을 냈다. 대상자는 최완수 간송미술관 학예연구실장이었다. 조선시대 예술사에 정통하고 1966년부터 40년 가까이 간송미술관과 함께 외길을 걸어온 미술사학자다. 결혼도 하지 않고 우리 역사와 문화연구를 위해 온몸을 던진 분이었다. 나는 좀처럼 응하지 않을 것이라는 주변 얘기를 들은 바 있었기에 단단히 마음을 먹고 만나러 갔다.

"최 실장님, 차 한 잔 주실랍니까?"

이런 저런 얘기를 나누면서 그가 한국의 역사와 문화를 바로 세우는 데 얼마나 심혈을 쏟는지 가슴에 와닿았다. 그는 그동안 해온 일들을 회고하면서 "내가 몇 년만 더 하면 내 몫의 일, 즉 겸재 정선과 추사 김정희에 대해서만큼은 제대로 정리할 수 있겠다"는 말을 했다. 나는 더이상 깊은 얘기는 꺼내지 않았다.

대통령께 보고했더니 "잘 설득해보라." 하셨다. 그런데 두 번째 찾아갔더니 그는 외출을 해버리고 없었다. 내가 찾는 이유를 짐작하고 피해버린 것이다. 그래서 세 번째는 연락도 하지 않고 불쑥 찾아갔다.

"국립박물관장은 한 나라의 문화적 얼굴이라고 배웠습니다. 영국 대영박물관장은 장관보다 그 위상이 높고, 나라다운 나라는 다 그런다고 들었습니다. 최 선생님이 그 일을 맡아주십시오."

그러나 여전히 거절이었다.

"한국의 문화 역사를 바로 보는 눈을 세우려고 노력하고 있습니다. 몇 년 만 더 있으면 이것을 다 정리할 수 있을 것 같습니다. 그런데 박물관장 3년을 하다보면 이 일에서 손을 놓게 돼버립니다. 나는 내 평생 해왔던 일을 해야만 합니다."

나는 다시 네 번째 만나러 갔다. 지난번에 대답했는데 왜 또 왔느냐며 이번엔 차도 안 줬다. 문전박대받은 청와대 인사보좌관 신세가 참 초라했다. 결국 나는 포기했다. 자신이 평생을 바쳐 이룩해야 할 선명한 목표와 그것을 향한 열정은 그 어떤 것으로도 대체할 수 없는 것이었다. 훌륭한 인재를 참여정부에서 모시지 못해 아쉬웠지만 나는 그 열정에 탄복했다. 정부부처가 아니라도 그가 대한민국을 위해 할 일은 무한할 것이고 나는 그분에게 큰 성과를 기대하고 있다.

공모제 너무 좋아하지 마라

참여정부가 역점을 두었던 것 중의 하나가 공모제였다. 참여정부 공모제를 100% 성공한 제도라고는 생각지 않는다. 그러나 이 제도는 어떻게든 공정하고 투명한 인사를 하려는 노력의 결과이며 과거보다 진일보한 것은 분명하다고 생각한다. 옛 정부의 측근인사 밀실인사는 낙제점 이하이고, 참여정부의 공정 투명 자율 균형 인사는 낙제점 이상이라고 자평한다. 이는 먼 훗날 학자들이 판단할 일이다.

그런데 공모제는 투명성과 공정성을 살릴 수 있어서 좋으나 두 가지 문제점이 있다. 최고의 인물이 기피하는 경우가 있고 충성도가 떨어지는 경향이 있다. 공모제를 통과하려면 이런 저런 서류를 갖춰야 하고 번잡스런 절차를 거쳐야 한다. 특히 면접을 봐야 한다는 데서 해당자는 강한 거부감을 갖는 경우가 많다. 후배들에게 평가를 받는다는 사실에 자존심 상해한다. 응모했다가 안 되면 체면까지 깎이게 된다. 우리가 욕심내는 인물들 가운데는 그런 부담을 안으면서까지 지원할 뜻이 없는 경우가 있었다.

공기업의 경우 '기관장추천회의'에서 추천한 인물이 정말 최고의 선택이었는가에 대한 의문이 들곤 했다. 해당 공기업 이사들이 그 기구에 많은 비율로 참여하고 있기 때문에 아무래도 팔이 안으로 굽는 선택을 할 가능성이 있는 것이다.

정부기관으로서 막강한 힘을 가진 소위 '빅4'라는 것이 있었다. 검찰, 경찰, 국정원과 국세청이다. 권위주의 정부에서는 이 자리를 대통령의 측근으로 채워 정권을 지탱하는 축으로 활용해왔다. 이들 자리는 정권의 무기로 쓸 수 있는 자리다.

참여정부는 '빅4'에 대한 인사에서도 그런 통념을 깨뜨렸다. '4대 권부론'을 '국민 권부론'으로 바꿨다. '정권을 쳐다보지 말고 국민을 보고 봉사하라'는 것이 대통령의 당부였다. 그래서 측근을 그 자리에 심지 않았다.

하지만 이런 원칙에 따른 인사는 대통령에 대한 충성도가 떨어지는 결과를 초래했다. 자신이 적임자이고 잘나서 뽑힌 것으로 생각하는 경향이 있는 것이었다. 이렇게 되면 국정을 끌고 가는 대통령의 의지가 먹히지 않고 머리와 손발이 따로 노는 상황이 벌어질 수 있다. 예컨대 시위문화에 대한 판단이 청와대와 검·경이 제각기여서 국민들을 혼란스럽게 할 수 있는 것이다.

청와대 수석들 가운데 대표적인 공모제 회의론자가 유인태 정무수석이었다. 그는 '공모제 너무 좋아하지 마라'면서 밀실인사보다는 낫지만 최선은 아니라고 강조했다. 대통령이 명단에 오른 후보자 외의 인물도 찍을 수 있도록 해야 그 인물이 보은을 하기 위해서라도 더 열심히 일하고 정책의 일관성도 유지된다는 것이었다. 그래서 우리는 인사추천회의에서 뽑은 명단 외에 1명을 추가할 수 있도록 방침을 고쳐서 응모자가 아니더라도 최종 후보자 명단에 새로운 후보를 추가 작성하기도 했다.

충성심이 있는 사람은 위기 상황이 오면 자신을 희생해서라도 조직을 살려내기 위해 혼신의 노력을 한다. 하지만 능력이 뛰어나더라도 충성심이 없는 사람은 제 살 길부터 찾는다. 정무직의 가장 중요

미국의 인사교육제도를 돌아보며, 백악관에서

한 요소 가운데 하나가 충성심이다. 따라서 공모제는 추천기구의 의견을 최대한 존중하되, 대통령 고유의 인사권임을 감안하는 탄력적인 제도로 보완해나갈 필요가 있다고 생각한다.

고위공무원단 제도도 의미 있는 참여정부 성과 가운데 하나다. 이는 고위직의 개방과 경쟁을 통해 공직사회 성과를 높이고 부처이기주의를 줄이자는 취지에서 도입한 것이다. 나는 2004년 미국을 방문해 공무원 인사제도 등을 살펴보는 등 사전 준비를 했었는데, 이 제도는 미국과 뉴질랜드 등에서 이미 시행되고 있었고, 국민의 정부에서 부분적으로 시행되기도 했었다.

이 제도를 도입하면서 나는 고위 공무원을 꿈꾸는 사람들이 갖춰야 할 몇 가지 요건을 생각해보았다.

첫째, 요즘 유행하는 '통섭(通攝)'의 개념에 어울리는 인재가 되어야 한다. 그러기 위해서 'エ'자형의 경력을 쌓을 필요가 있다. 'エ'자에서 아래의 '一' 획은 신입 직원에 해당한다. 이때는 다양한 분야에서 경험을 쌓는 것이 좋다. 가운데 획은 중견 간부로서 고유한 전문 역량을 갖추는 일이다. 맨 위의 '一'자는 정부로 말하면 정무직이나 고위 공무원단, 회사로 말하면 임원이 되려면 두루 알아야 하고 높은 곳에서 조망할 줄 아는 안목이 필요하다는 것이다.

둘째, 강한 열정을 가져야 한다. 그것이 눈에 띄도록 적극적으로 나서면 더욱 좋다.

셋째, 역시 통솔력이 좋아야겠다. 과거 권위적 리더십이 아니라 설득력 있고 솔선하는 리더십이 필요하다.

넷째, 후배들에게 존경받는 사람이 상사가 되는 것도 중요하다. 후배들을 혹독하게 가르치면서도 따뜻한 가슴을 지닌 사람들이 대개는 고위직에 오르는 것을 알 수 있다.

2004년 참여정부가 발간한 '고위공직자 공직 적응 매뉴얼'에는 장관이 갖추어야 할 역량을 다음과 같이 정리하고 있다. 리더십, 통찰력, 전문성, 추진력, 민주성, 친화력, 청렴성, 기획력, 정치력, 대통령의 신뢰, 정치적 기반 등이다.

요즘 공직자는 자기 관리에도 철저해야 한다.

'A교수, 국외 이주를 통해 장·차남의 병역을 회피한 사실이 드러나 대통령 직속위원회 위원장 임용에서 배제. 정부 부처 1급 공무원

B씨, 두 차례 음주운전 적발 등으로 차관 승진기회 박탈. C변호사, 80여 차례에 걸친 투기목적의 부동산 거래와 위장전입에 의한 농지 매입 사실이 밝혀져 정부 산하 위원회 위원 임용에서 제외. 정부산하 기관 간부 D씨, 수년간 소득세액을 탈루한 사실 때문에 이사 승진에서 탈락.'

위의 사례들은 모두 참여정부 인사추천회의에서 내려진 결정들이다. 이런 결과가 나오는데 가장 결정적인 역할을 한 것은 민정수석실 산하 공직기강비서관실에서 실시한 인사검증이었다. 민정수석실에서는 병역부터 부동산, 음주운전, 탈세에 이르기까지 공직자의 비위·비리 사실에 대해 낱낱이 조사를 했다.

이때 가장 우선적으로 살피는 것은 병역 및 국적사항이다. 분단국인 우리로서는 이것은 '헌법 위의 법'이니 빠져나갈 생각은 말아야 한다. 전과 및 징계 전력, 부동산 투기 및 편법 증여, 세금이나 공과금 미납여부, 기타 도덕성과 친일행적과 같이 사회적 물의를 일으킬 만한 문제 등이다.

재미있는 것은 인사추천회의 검증 결과보고를 듣고 있노라면 의외로 대학교수들이 병역과 부동산 투기에서 걸리는 경우가 많다는 것이다. 상대적으로 개인적이고 자유스러운 활동을 하는 환경 영향이리라 생각한다. 특히 외국 유학생활 중 낳은 자녀들이 속지주의 원칙에 따라 당연하게 시민권을 얻게 되면서 생기는 일이다. 나는 병역이나 입학특례 등을 악용하는 경우가 아니라면 글로벌 시대에 걸맞게 자녀들의 이중국적도 허용하는 의견에 찬성하는 편이다.

코드 인사 논란

참여정부 인사에서 관용사처럼 따라붙은 것이 소위 '코드 인사'라는 것이다. 나로선 진저리가 나는 용어다. 보수언론은 참여정부의 모든 인사를 코드 인사라고 비난할 준비가 되어 있었던 것 같다. 그들은 인사 자체가 아니라 노무현대통령을 비난하려 했기 때문이다.

첫 조각 때 강금실 법무부, 김두관 행자부, 이창동 문광부 장관이 코드 인사의 대표적인 사례로 비판받았다. 나는 이것을 코드 인사라고 일방적인 비판을 가하는 주장을 수긍할 수 없다. 이 인사내용은 얼마든지 긍정적 측면에서 기술할 수 있다. 최초의 여성 법무부 장관, 최초의 이장 출신 행자부 장관, 최초의 대중예술계 출신의 문화관광부 장관. 새로운 세상을 제대로 맞이하려면 새로운 시도를 해야 한다. 이건희 회장의 '마누라와 자식만 빼고 모두 바꾸라'는 메시지에 다들 공감하지 않았는가? 그리고 이 장관들의 업무수행에 무슨 큰 잘못이 있었는가?

좋다, 백보를 양보해서 코드 인사라 하자. 그렇다면 '코드 인사'는 무조건 잘못된 것인가? 나는 그렇지 않다고 생각한다. 정당정치, 책임정치를 하는 세계 모든 정부의 인사는 사실상 '코드 인사'다. 대통령이건 수상이건 정권을 잡으면 집권자의 의지에 따라 국정 방향을 정하고, 그 정책을 가장 잘 집행하리라고 판단된 사람을 집권자 뜻에 따라 임명하는 것은 당연지사다. 미국의 새로운 대통령은 취임 즉시 거의 4,000명을 자기 사람 즉 '코드 인사'로 교체한다. 정권이 바뀔 때마다 워싱턴 DC의 이삿짐센터가 특수를 맞을 정도다.

나는 이것을 전선의 코드에 비교해서 '220V에 110V를 꽂으면 타버린다'고 한 적이 있다. 정권은 국정 철학을 제시해 국민의 선택을 받은 것이다. 그것을 실행하기 위해서는 당연히 그 철학을 잘 이해하는 적임자를 찾아야 한다.

대통령이 임명할 수 있는 자리가 460개 정도가 있다. 나는 인사를 추천하면서 늘 '국민들이 어느 정도 만족할까?'를 생각하면서 일했다. 참여정부 초대 내각을 보면 19명 가운데 강금실, 김두관, 이창동, 윤영관 장관은 노무현 코드의 색깔이 강하다고 할 수 있다. 내 짐작으로는 19명 장관들 가운데 대통령선거에서 노무현 후보를 찍지 않은 사람도 여럿 될 것이다.

보수언론의 논리를 그대로 적용하자면 '노무현 대통령 선출'은 국민이 '코드 인사'를 한 것이다. 이 '코드 인사'라는 고약한 표현은 상왕처럼 군림하길 바라고, 대통령에게 항복을 요구하는 보수언론의 속내에서 나온 것이다. 노 대통령이 비굴한 처신을 하지 않는 성격이라 좀 시끄러웠을 뿐이다. 대통령께서는 그런 소란에는 꿈쩍도 하지 않으셨다. 그것이 보수언론을 더 자극했는지도 모르겠다.

그 코드 인사 논란 속에서도 참여정부 참모들은 자기주장이 강했다. 대통령이 매일 주재하는 수석보좌관회의를 하다보면 관료출신과 아닌 사람은 큰 차이가 있다. 관료출신들은 거의 말이 없다. 침묵이 특기인 것 같다. 말을 하더라도 대통령이 듣기 좋은 얘기만 한다. 대통령의 뜻과 엇갈리는 의견 제시는 주로 재야출신들이 나서는 편이다. 이것은 국무회의에서도 똑같다. 권위주의 정권에서는 대통령의 일방적인 지시만 있었기 때문에 더했다고 한다.

유인태, 박주현 수석과 나는 자기 의견을 분명히 내놓는 편이었다. 예를 들면 우리들은 이라크 파병에 적극 반대했고, 김희상 국방 보좌관은 강력 찬성했다. 박주현 수석은 FTA도 반대했다. 일반적으로 대통령이 방침을 정하면 이의 없이 따르는 것이 관행이었다는데 참여정부에서는 그렇지 않았다. 그러면 노 대통령은 "여러분 의견도 충분히 일리가 있다"면서 토론하고 또 토론했다. 그리고 대통령의 생각을 진지하게 설명하고 설득했다. 사실 이게 정상적인 회의가 아니겠는가?

반기문 외교보좌관(현 UN 사무총장)이 나에게 해준 말이 있다. 외교보좌관과 인사보좌관 좌석이 붙어 있어 우리는 항상 나란히 옆자리에 앉았다. 그는 직업외교관답게 예의 바른 신사였고 부드러웠다. 항상 미소 띤 얼굴에 남에게 거슬리는 소리도 듣기 좋게 하는 좋은 품성을 가진 분이다. 어느 날 행사 끝에 총리 공관 부근 작은 술집에서 맥주를 한 잔 했다.

"나는 정찬용 수석하고 유인태 수석이 회의 때 마이크 스위치를 누르면 가슴이 조마조마해집니다. 대통령님 의견에 반대하는 얘기도 마구 해버리니까 또 무슨 말을 하려고 하나 생각이 들어서 사실 좀 겁이 납니다."

웃음이 나왔다. 반대를 하더라도 좀 에둘러서 해야 한다는 뜻으로 새겨들었다. 그러나 그것이 마음대로 되는 건 또 아니었다.

언론 소통이 제일 힘들어

인사 담당자와 언론은 황새와 우렁이 같은 사이다. 언론은 정보를 캐내야 하고 우리는 비밀을 지켜야 한다. 기자들은 예리하고 특종을 하려는 직업정신이 매우 강하다. 나를 공격해댈지라도 치열한 그들의 프로의식만큼은 존중한다. 털끝만한 단서라도 흘리면 무섭게 추적을 해온다. 이 게임에 잘못 걸려들면 곤란하다.

2003년 12월쯤이다. 저녁식사를 하고 있는데 대통령으로부터 전화가 걸려왔다.

"지금 언론에 인사 내용이 누출되었는데, 관련자를 찾아서 구속시키시오."

격노한 목소리였다.

가슴이 철렁했다. 밥 먹다 말고 관저로 급히 올라갔다.

"대통령님, 제가 잘못했습니다. 우선 경위부터 자세히 알아보고 보고를 드리겠습니다."

대통령을 우선 진정시켜야 했다. 조사를 해보니 비서관이 기자들의 유도심문에 넘어간 사례였다. 그는 매우 유능한 비서관이었다. 연말 청와대 비서실에서 유일하게 훈장을 받게 되어 있을 정도로 능력을 인정받은 사람이었다.

기자들은 연말 인사와 관련된 정보를 캐기 위해 온 신경을 곤두세우고 있었다. 그 과정에서 장관들의 업무성적표 관련 내용이 조금 샌 것이다. 조그만 단서를 가지고 기자들은 여기저기 전화를 하고 그 조각들을 맞춰서 기사를 써버렸다. 그 비서관이 언질이라고도 할 수 없는 내용으로 말한 것을 기자들이 모자이크한 것이었다. 비서관은 억울했다. 대통령께 다음날 보고를 드렸다.

"대통령님, 그 비서관은 정말 유능한 사람입니다. 사실을 알아보니 굳이 따지자면 비서관이 충분히 조심하지 않은 작은 잘못은 있을 수 있습니다. 그러나 유출을 한 것은 아닙니다. 기자들이 쓴 것은 추측성이 대부분입니다."

그러나 대통령의 엄벌 지시가 내려진 이상 인사위원회 회부는 불가피했다. 비서실장 주재로 인사위원회가 열렸다. 위원회에서는 비서관에 대한 그간의 업무능력과 기여도 등 공로를 인정해서 예정되어 있던 대통령 훈장포상을 취소하고 원 부처로 복귀시키는 선에서 마무리를 했다. 인사위 결과를 보고받은 노 대통령은 "본인이 열심히 일했고 업무 성적이 우수하다는 인사위 평가 결과에 난감하고 안타깝다"고 했다. 그러면서도 "형사고발 지시는 거두겠지만 일벌백계 차원에서 조치할 수밖에 없다"며 정보유출 방지를 주문했다.

인사는 보안이 매우 중요하다. 철통 보안을 해도 새나가는 수가 있다. 기자들은 이른바 '찌라시'라고 불리는 증권가 정보지나 각종 하마평 등의 소식을 듣고는 수시로 확인전화를 해온다. 이것은 입만 다물면 막을 수 있지만 '인사시스템'에서 유출되는 경우는 어쩔 도리가 없었다.

인사정보유출은 주로 검증과정에서 벌어졌다. 검증을 제대로 하자면 다양한 채널을 동원하게 마련이다. 유력한 후보에 대해서는 고향집이나 친척들에게 넌지시 물어보게 되는데 여기서도 샐 위험성이 크다. 더 골치 아픈 것은 서류 검증과정에서 유출된 경우다. 국세청, 병무청, 건강보험공단 등 유관기관에 보낸 검증 요청 공문을 중간에서 기자가 알아버리는 것이다. 실제로 차관 인사 때 한 신문에서는 정확히 예측을 해 청와대가 발칵 뒤집힌 적이 있었다. 여러 기관에 보낸 검증의뢰 공문 중에 경찰청에 보낸 공문을 기자가 입수한 것이었다. 이는 참여정부가 검증을 강화하고 공정 투명인사를 하다 보니 생긴 일이다.

지금 생각해봐도 언론과의 관계는 정말 어려운 문제다.

나는 업무 성격상 많은 사람을 만나고 다녀야 했다. 대개는 인사수석을 만나면 사람들은 맞선 보듯 긴장한다. 그런 분위기 속에서는 사람을 파악하기 어렵다. 서로 편안한 가운데 얘기를 나누기 위해 술을 마시는 경우가 있다. 술자리를 파하면 12시가 다 되는데 그때까지도 기자들이 집 앞에서 기다리고 있을 때가 많았다. 날도 추운데 덜덜 떨면서 더구나 여기자가 기다리고 있으면 공연히 미안하다.

"정 수석님, 네 시간을 기다렸어요. 대답을 못 들으면 회사에 들어오지도 말라고 선배들이 그래요. '모릅니다'라는 말이라도 듣고 오래요."

기자들은 주로 이렇게 묻는다.

"한마디만 해주세요."

"이것은 맞습니까?"

"안 맞습니까?"

나도 사람인지라 안쓰러운 마음이 왜 없겠는가만 내 대답은 늘 단호했다.

"말할 수 없습니다."

"결정되지 않았습니다."

"내일 발표를 들으세요."

인사와 관련해서 말해줄 수 있는 것은 이 세 문장이 전부였다. 이래서 기자들이 나를 미워할 것 같았지만 반대로 이래서 좋아한 측면이 있다. 특종은 없었지만 낙종도 없었다. 나는 거짓말은 안했다. 그러니 최소한 오보는 없었다. 그것이 나 자신을 지켜준 비법이라면 비법이었다.

인사를 하다보면 이해할 수 없는 보도가 나오기도 했다. 국립박물관장에 네 명의 후보를 놓고 고심을 거듭하고 있을 때다. 그 자리를 놓고 서울 인사동이 시끌벅적했던 모양이다. 인사동에서 오가는 인물평과 뒷얘기가 거의 매일 신문에 중계되다시피 했다. 민감한 사안이었다.

어느 날 한 신문에 '000 국립박물관장 내정'이라는 기사가 났다. 나도 모르는 내용이었다. 비서관에게 오보이니 정정하라고 지시를 했다. 전화를 하고 들어온 비서관이 매우 난처한 표정이었다. 그 기자가 "신문에 나가버렸는데 어떻게 정정하느냐. 정정은 못한다"고 버틴다는 것이었다.

납득키 어려웠다. 내정한 사실이 없는데 확정된 내용인 양 기사를 써놓고 정정을 요구하는데 '정정보도를 못하겠다'니 이것은 언론사가 오만의 극치임을 보여주는 사례가 아니겠는가? 나중에 그 신문은 정정보도를 하긴 했다. 추후 그 신문이 추측보도한 인물이 임명되긴 했지만 그건 뒤의 결과가 그리됐을 뿐, 당시엔 명백한 오보였다.

아무튼 인사를 하면 언제든지 언론에 매 맞을 준비를 해야 한다. 인사배경과 원칙을 자세히 설명하고 인사내용을 발표하더라도 언론이 자기 판단에 따라 인사를 평가하는 것은 자유다. 잘못된 인사라고 혹평하는 것도 언론의 자유다. 그러나 사실 자체를 왜곡하는 것은 평가나 자유의 영역이 아니다. 나는 이러한 왜곡보도에 대해서는 시시비비를 가렸지만 그 밖의 사안에 대해서는 기자들과 적대적인 관계였던 것 같지는 않다. 전라도 사투리를 쓰는 '촌닭'이 웃기기도 하고 고생도 한다는 마음이 기자들에게 있었는지도 모르겠다.

2003년 10월, 나는 청와대 춘추관에서 기자들을 위한 홍어파티를 연 일이 있었다. 광주 김치축제에서 후배가 대통령상을 받았다고 해서 "자랑 좀 하게 가져와봐라." 했다. 곡성과 달성에서 가져온 화합 막걸리, 광주 '처갓집 반찬'의 돼지고기와 묵은 김치, 강원도 홍시, 신안 수협에서 흑산도 홍어를 사와서 잔치를 벌였다. 청와대 인터넷 사이트에 공지를 했더니, 청와대 출입기자가 200여 명(참여정부 들어 출입제한을 다 풀어서 이렇게 많아졌다) 되는데 거의 다 참석을 했다. 직원들도 많이 와서 자리를 즐겼다. 날카로운 신경전을 매일 벌이는 춘추관에서 모처럼 즐거운 웃음소리가 퍼져나갔다. 음식이 동이 나서 나중에 온 사람들은 못 먹었을 정도로 인기가 있었다. 1인당 1만 원도 안 되는 비용으로 행사를 치렀지만 기자들은 매우 좋아했다. 매년 이 행사를 하고 싶었다.

'기사를 빼달라고 언론에 술과 밥을 사지 말라'고 지시한 대통령께서도 특별히 이 행사를 뭐라 하시지 않았다. 기사를 빼달라고 한 것이 아니라 내 고향 전라도 음식 자랑도 하고 감성적 홍보를 하고 싶어서였다. 다른 지역 출신 참모들도 철따라 각자 고향 음식으로 두루 즐겁게 해주면, 소통에 도움이 되리라 믿는다.

청와대 출입기자들은 총리 관저 옆 김치찌개 식당을 애용하곤 했다. 1인분에 6~7천 원 하는데, 나는 가끔 이 식당에 들러 '골든 벨'을 울리기도 했다. '다음 주일에 산행할 생각이 있는 분은 같이 갑시다.' 하고 공지를 해서 등산도 같이했다. 산을 오르면서 봉급도 물어보고 인사정책에 대한 의견도 들었다. 때로는 기자들이 막걸리 값을 치르기도 했다. 나는 소위 '조중동' 할 것 없이 기자들과 자연스럽게 어울리고 인사 철학도 홍보했다. 싸울 때는 싸웠어도 인간적인 적대감까지는 없었다.

공관 유감

청와대로 들어간 이후 나는 개인적으로 숙소를 구해야 했다. 서울에서 살던 사람들은 문제가 없지만 지방에서 활동하던 사람들은 살 곳이 없었다. 하여 막상 집을 구하려고 해도 쉽지 않았다. 대구나 부산의 아파트는 서울의 반값이고, 광주의 아파트는 1/5 값이다. 시골인 담양 집을 팔아봐야 강북에 30평 아파트 전세값 반의 반도 안 되니 참 막연했다. 윤덕홍 교육부장관, 이정우 정책실장, 김두관 행자부장관, 권기홍 노동부장관, 허성관 해수부장관도 같은 사정이었다. 알고보니 장차관 중에서 서울에 공관이 제공되는 경우는 국무총리와 대통령 비서실장, 경호실장, 국방장관, 외교부장관 정도밖에 없었다. 나머지 장관들과 청와대 수석들은 주거문제를 각자 해결해야 한다.

참여정부 이전까지는 공관이 별 문제가 되지 않았다. 서울에 집 한 채라도 가지고 있는 사람들이 장차관을 하고 요직을 차지했기 때문이었다. 그런데 참여정부가 들어서 지방 사람들이 중용되면서 이런 일이 발생한 것이다. 나는 서대문구 영천동에 아파트를 전세로 얻었는데 전세자금 때문에 고통을 겪었다. 김두관 장관은 목동에 있는 후배 집에서 더부살이를 했다.

나는 잘 이해가 되지 않았다. 중앙부처 관리들이 지방에 내려오면 대개는 공관이 제공된다. 시·도지사는 물론이고 중앙부처의 지방 사무소 기관장급에게도 공관이 있다. 이것도 사실은 지방차별이라고 볼 수 있다. 개인적 불만이 아니라 이런 서울 위주 사고방식이 공관에까지 적용되고 있는 현실이 문제라는 것이다. 일정한 기준을 만들어서 형평을 맞춰야 마땅하다.

또 청와대에 들어가서 사무실을 살펴보니 매우 좁았다. 내 방이라야 대여섯 평 남짓인데 집무용 책상 하나에 회의용 원탁을 놓으니 응접의자 둘 자리가 없을 정도였다. 직원 네 명이 쓰는 공간도 협착했다. 작은 책상 사이에 칸막이를 쳐서 사무를 보는데 내가 오래 일하던 시민단체 YMCA보다 낫지 않았다. 심하게 말하면 고시원 같았다.

직원들의 사무공간을 좀 넓혀주고 싶어서 내 방을 더 줄이라고 했다. 그런데 안 된다는 것이었다. 차관급 사무실 규정에 어긋난다는 것이다. 이런 답답할 노릇이 있나? 일정 평수 이상의 넓은 공간을 쓰지 말라는 얘기지 그 이하로 한다는데 문제는 없을 것 같아 직원들에게 목공을 불러 내 돈으로 고치라고 했다. 그제서야 시정이 되었다.

청와대 공간이 다 그렇게 좁다. 기초자치단체장인 군수실 공간이 오히려 내 자리의 서너 배쯤 될 것이다. 대통령 집무실도 집단적으로 회의를 하거나 식사를 하기에는 좁다. 청와대에서 제일 큰 방이 영빈관으로 300명을 수용할 수 있다. 비서실장이 회의실로 쓸 방이 별도로 없었다. 그래서 구내식당을 빌려 쓰거나 실내체육관 운동기구를 치우고서 회의·교육실로 사용하곤 했다.

사무기기도 낡았다. 컴퓨터도 용량이 작고 프린터는 흑백용이며 게다가 수시로 고장이다. 대통령께 드릴 보고서를 만들어 인쇄 버튼을 눌러놓고 '프린트 작업이 잘 되어가고 있겠지.' 하고 다른 일을 하다 확인하면 '고장'인 것이다. 보고 시간은 다가오는데 이런 일이 벌어질 땐 정말 답답할 일이었다.

바꿔달라고 하면 또 '규정'이 어떻고 할 것 같아서 "내가 돈을 줄 테니 빨리 가서 새 것으로 사오라"고 했더니 총무팀에서 바꿔주었다. 식사는 구내식당에서 점심을 먹는 경우가 많다. 위아래 없이 길게 줄을 서서 뷔페식으로 5,000원짜리 식사를 하고 다시 사무실로 돌아가 일하는 게 대한민국 최고권부 청와대의 한 단면이었다. 다시 말해서 청와대는 근무여건이 생각보다 매우 열악했다.

나는 나랏일을 기획하고 진두지휘하는 대한민국 심장부인 청와대의 업무환경은 크게 개선해야 한다고 생각한다. 보고서 한 장을 만드는 일이라도 정확하고 분명하며 편리하게 처리할 수 있도록 하는 것이 중요하다. 청와대는 메가톤급 이슈들을 수시로 통제하고 관리하는 곳이다. 청와대만 특별대우하자는 게 아니라 직원들이 업무에 전념할 수 있는 환경을 만들어줘야 한다는 것이다. 후에 부속 건물이 한 동 더 지어져서 인사수석실이 그리로 옮겨갔고, 대통령의 배려로 초기보다 업무환경도 많이 개선되었다.

변호사 노무현과의 첫 만남

1985년쯤이었던 것으로 기억한다. 거창 YMCA 총무로서 나는 시민과 농민 대상 교육 프로그램을 함께 진행하고 있었다. 하루는 부산 YMCA 전점석 시민사회부장으로부터 전화가 왔다.

"부산에 좋은 변호사가 한 명 있는데 노동자들을 몇 십 명 모아서 풍광이 좋은 곳에서 연수를 하고 싶어합니다. 안내 좀 해주세요."

노동자들도 깊은 산속에서 자연과 호흡하며 호연지기를 길러야 한다는 것이 그의 생각이니 나더러 좋은 장소를 안내해주고 농업문제에 대해 강의 좀 해주라는 것이었다. 당시는 대학생들이 위장취업을 하고 대기업 노조가 막 생겨나기 시작할 때였다. 노동문제가 들불처럼 번지면서 탄압도 점차 심해지고 있었다. 그 변호사는 부산 YMCA 시민중계실 자문변호사를 맡고 있었다. 그 변호사 이름이 노무현이었다. 전점석 부장이 말하는 노 변호사는 이런 사람이었다.

'정의감이 투철하고 성실하기 짝이 없는 젊은 변호사다. 판사생활 1년도 안 되어 변호사가 되었는데 바다와 관련된 해사 변론을 아주 잘 해 돈을 벌어서 요트도 탔을 정도였다. 만나보니 참 좋은데 세상 물정을 아직 잘 모르는 것 같다. 시민권익변호인단으로 알게 되었는데 노동문제에 관심이 많아 계속 사회과학서적을 주었다. 주면 또 달라고 하고, 또 주면 또 달라고 하면서 이틀 만에 한 권씩 읽어내더라.'

노 변호사가 노동자 60여 명과 함께 거창으로 연수를 왔다. 첫인상이 매우 겸손하고 진지했다. 나는 거창 위천면 수승대라는 유명한 계곡으로 그와 일행을 안내했다. 나는 '한국 농업의 현황과 전망'이라는 주제로 1시간 30분 정도 강의했다. 공식 행사를 마치고 그와 식사를 같이했다.

그와 나는 부조리한 세상과 불의한 정권에 대해 같이 불같은 분노를 토해냈다. 노동자와 농민과 약자들의 서러운 삶에 대해 얘기하면서 각자 위치에서 길을 뚫어가자고 의기투합했다.

그날 밤 나는 그의 진정성을 알았다. 그는 소위 '부림사건'이라는 사건을 우연히 맡으면서 놀라운 경험을 하게 되었다고 말했다. 『난장이가 쏘아올린 작은 공』이라는 소설만 보아도 죄가 된다는 사실을 그제서야 알았고, 고문이 실제로 그토록 일상적으로 자행되고 있다는 사실도 그때 알았다고 털어놓았다.

그러면서 그는 많은 책을 읽게 되었다고 말했다. 그는 불의한 현실에 무감각했던 자신을 자책하고 있었다. 나는 내가 하고 있는 농민운동과 비참한 삶을 살 수밖에 없는 구조적인 농민 현실에 대해서도 그에게 많은 얘기를 해주었다.

나는 그날 밤 거창읍으로 들어가는 막차를 놓치고 캠프에서 잤다. 그는 나에게뿐 아니라 노동자들을 대하는 태도 또한 공손했다. 변호사치고 참 희한하다는 생각이 들었다. 아침에도 일찍 일어나서 캠프를 돌면서 먼저 아침인사를 건네고 있었다. 하여간 그는 보통 변호사는 아니었다.

이 시기는 그가 소위 '부림사건(釜林事件)' 변론을 맡고 인권 변호사로서 삶의 방향을 튼 직후였다. '부림사건'은 1981년 9월 부산지역 민주인사들을 정부 전복집단으로 조작해 22명을 구속한 제5공화국 최대의 용공조작 사건 중 하나다. 노무현의 삶을 완전히 바꿔놓은 사건이기도 하다. 그는 이흥록 변호사와 함께 이 사건에 대한 무료 변론에 나서면서 시국사건, 노동사건 등 인권 변론에 치중하게 된다. 그 뒤 잘나가던 조세전문 변호사의 길도 접고 요트를 타는 일도 그만두었다.

2003년 10월 한국 YMCA 기념행사에 대통령을 수행하고 가는데, 노 대통령은 그 시절의 나를 나보다 더 분명히 기억하고 있었다. 강의 내용도 나는 다 잊어버렸는데 노 대통령은 요점을 되짚어냈다.

"혹시 기억납니까? 그때 정 수석 강의가 엄청 가슴에 와닿습디다. 서울의 고급식당에서 회사 임원들이 먹는 점심 한 끼 값이 구로공단 여성근로자 한 달 월급보다 많다면서 목소리를 높입디다. 정말 열정에 가득 찬 강의였지요."

노 대통령은 그날 공식 기념사에서도 이렇게 말했다.

"내가 세상살이에 눈뜬 것은 YMCA와 전점석 부장 덕택이었습니다. 정찬용 인사수석도 YMCA를 통해서 만났습니다. 내가 그때 세상살이에 눈을 떴으니 YMCA하고는 특별한 인연인 셈입니다."

내가 노무현 변호사를 다시 본 것은 1992년 대통령 선거 때였다. 3당 합당으로 탄생한 민자당의 김영삼 후보와 민주당의 김대중 후보

양강 구도로 치러진 선거였다. 그해 치러진 총선에서 민주당적으로 부산에서 출마해 낙선한 뒤다. 무관으로 김대중 후보의 선거지원유세를 위해 거창에 온 것이었다. 영호강 둔치에서 열린 유세라고 해서 가보니 민망했다. 청중이래야 조무래기들을 포함해서 20명 정도였다. 선거판이라고 그 숫자 속에서도 야유가 나오니 코미디 같아서 웃음이 나왔다. 그 이전 장날에 열린 김영삼 후보 유세에는 2만 명이 운집한 자리였다.

나 같았으면 맥이 빠져서 대충하고 일찍 도망을 가버렸을 것이다. 하지만 그는 둔치 아래서 둑에 앉은 청중들을 올려다보면서 젖은 장작에 성냥불 붙이듯 공들여서 정말 열심히 유세를 했다. 청중 수에 아랑곳하지 않고 진지한 열변을 토하니 점차 인원수가 불었다. 그래 보았자 100여 명이었지만.

유세가 끝나고 내가 다가가서 물었다.

"이런 상태에서 유세가 가능합니까?"

"어쩝니까? 김대중 선생밖에는 대통령감이 없지 않습니까? 다섯 명이라도 데리고 유세를 해야죠."

나는 그 진실함과 진정성에 새삼 감동했다. 그 자리에서 나는 자신의 신념과 양심을 그대로 행동에 옮기는 '바보'의 맑은 영혼을 보았다.

그 후 나는 거창에서 광주 YMCA로 자리를 옮겼다. 그는 지역주의를 타파하겠다고 서울 종로 대신 부산을 선택해 국회의원 선거에서 떨어지고, 부산시장선거에서 또 떨어졌다. 나는 마음이 아파서 이 바보 정치인을 위로해주기 위해 광주 강연에 초청을 하곤 했다. 그가 품고 있는 꿈을 광주 시민들에게라도 접할 수 있는 기회를 만들어주고 싶었기 때문이다.

1995년 부산시장 낙선 후엔 정말 분노에 차서 광주에 왔다. '악마의 주술' 같은 지역주의를 타파하고, 사람 사는 세상을 만들어보겠다는 그의 꿈이 자꾸 좌절되는 현실 앞에서 울분에 찬 그는 한 마리 범처럼 포효했다. 그도 떨어지는 선거에 나서고 싶지 않았다고, 그러나 자신마저 그럴 수는 없었다고, 그러나 현실은 또 이렇게 떨어졌다고, 좌절감과 배신감 그리고 정치에 대한 절망감을 폭포처럼 쏟아냈다. 술을 많이 안하던 평소와는 달리 그날 강연 후 폭음을 했다. 나는 그를 위로해줄 말이 없었다. 그저 술잔 부딪쳐주고, 고개를 끄덕여주는 것밖에는. 그의 결정과 진정성에 나는 눈시울이 뜨거워졌다.

그는 계란으로 바위를 치고자 한 정치인이었다. 그의 진정성은 강력한 자석처럼 많은 동지를 끌어들였다. 문재인, 이호철, 이광재, 안희정, 서갑원, 김병준 같은 헌신적인 '노무현 사단'이 자연발생적으로 생겼다.

그는 여러 사람이 앉은 자리에서 "2003년도에는 반드시 내가 대통령이 되어 청와대에 들어간다"며 확신에 찬 어조로 말하곤 했다. 나에게 그 말을 전해준 분들 가운데는 "미쳐도 아주 야물게 미쳤더구만." 하는 사람도 있었다. 이회창 민자당 후보가 여론조사에서 줄곧 선두를 달리고 있었고, 민주당에선 이인제 대세론이 우세해서 당내 경선도 못 넘을 상황이었다.

'어떤 말을 10만 번 하면 그 일이 이루어진다'는 인디언 속담이 있다. 그는 '광주 경선'에서 역전의 드라마를 연출한 뒤 건곤일척의 기세로 승리를 낚아챘다. 그리고 2002년 12월 19일 마침내 '제16대 대통령 당선!'이라는 '야물게 미친 꿈'을 이룬다.

대통령에 당선될 때까지 과정을 나는 잘 모른다. 대선이 치러질 당시 나는 최열, 지은희씨 등과 함께 '시민사회단체연대회의' 공동대표를 하고 있었다. 나는 공공연히 특정후보를 지지하거나 반대할 입장이 아니었다. 그러나 한 유권자로서 나는 그의 당선을 간절히 기원하고 있었고, '노무현 당선'이라는 꿈같은 뉴스에 감전된 것처럼 몸서리쳤다. 현실이거나 한지, 허벅지도 꼬집어보았다.

권위주의는 가라

참여정부 첫 국무회의 때다. 회의 도중 중간 휴식 시간이 있었다. 노 대통령이 차를 마실 수 있도록 해놓은 다탁으로 뚜벅뚜벅 걸어가더니 자신이 직접 일회용 커피를 타서 마시는 것이었다. 주위 참모들이 놀라면서 난처한 표정을 짓고 만류라도 할 듯한 몸짓을 보였다.

"앞으로 자기가 마실 차는 자기가 타서 먹읍시다."

대통령은 흔연스럽게 말했다. 다른 참석자들에게도 차를 각자 타서 마시라고 권했다. 회의장 한쪽 다탁에 커피와 녹차, 크림, 설탕, 쿠키 등이 비치되어 있었다. 그걸로 보아 대통령은 첫 국무회의 때부터 그런 문화를 만들려고 준비를 해두었던 것 같았다. 과거엔 물론 이런 일이 없었다.

그런데 차를 마시던 강금실 법무장관이 한 술 더 떴다.

"대통령님 고맙습니다. 기왕 하는 김에 커피 종류를 좀 늘려주세요. 원두만 드시는 분도 계실 겁니다."

"아, 그렇네요."

그 뒤로 차의 종류가 다양해졌다.

국무회의 좌석배치도 달라졌다. 국무회의장 앞줄 본 좌석은 국무위원만 앉도록 배치가 되었다. 과거에는 국무위원이 아닌 청와대 비서실장이나 힘 좋은 수석들이 국무위원석에 같이 앉고, 어떤 경우에는 비서실장이 대통령 옆 상석에 앉았었다는 것이 몇몇 참석자들의 경험담이었다. 참여정부에서는 국무위원이 아니면 모두 뒷좌석에 앉았다. 사실 그것이 당연한 것인데도 말이다.

전해들은 얘기다. 경호실장은 대통령을 그림자처럼 수행한다. 어느 날 사석에서 대통령이 김세옥 경호실장에게 술을 한 잔 권했다.

"경호실장 형님, 한 잔 하세요."

김 실장은 대경실색했다.

"대통령님, 이러시면 안 됩니다."

"공석에서는 안 되지만 지금은 나와 사석인데 어떻습니까? 예전에는 내가 형님이라고 불렀잖습니까?"

노 대통령은 사람은 기본적으로 동등하다는 생각을 강하게 갖고 있던 분이었다. 단지 맡은 역할이 달라서 자신이 대통령이지 별다른 사람이 아니라는 것이다.

그분의 평등의식은 몸에 배어 있는 것 같다. 노 대통령은 사람을 절대로 앉아서 맞는 법이 없었다. 청와대 부하들이라고 해도 마찬가지다. 나 혼자 들어가도 언제든지 자리에서 일어나 맞는다. 이것은 중요한 관계 설정이다. 상대를 수직적인 상하관계가 아니라 수평적인 평등관계로 여기는 것이다. 부하이기 전에 동료로서 대하는 사고 방식이 이런 행동으로 나타난 것이다. 내가 처음 거창에서 변호사 시절의 노무현을 만났을 때도 그랬다. 노동자들에게 매우 공손하고 깍듯이 대하는 것을 보았다. 이러면 상대는 자신이 매우 존중받고 있다는 느낌을 갖게 된다. 이는 나도 노 대통령에게 배운 뒤로 실천하는 좋은 품성이다.

노 대통령은 국민에게 피해를 주는 행사나 쇼맨십도 싫어했다. 대통령이 차량으로 이동할 경우 경호상 교통통제가 불가피하니 육로 이동을 되도록 피했다. 그래서 주로 헬기를 이용했다. 경호 측면에서 헬기는 위험하므로 가능하면 피하자고 경호실에서 건의를 했지만 소용없었다. 전시적이고 과시적 행위는 매우 쑥스러워했다.

"대통령님, 남대문 시장에서 순대에 막걸리 한 잔 하면서 서민들 한번 만나보시죠."

내가 한번 이렇게 건의하자 대통령은 '좋겠다'고 했다. 그런데 다음날엔 안 가겠다고 했다.

"내가 거기를 가면 경호원 수십 명이 뜨고, 그 자리에 있는 진짜 손님은 쫓아내고 대신 경호원들이 손님을 가장하고 앉아서 연출하는 거 그 일은 못하겠습니다."

기본적으로 그것은 거짓이라는 것이다. 나도 더 이상 권하지 않았다.

또한 노 대통령은 어린아이 같은 탐구심과 호기심을 갖고 있다. 일찍부터 컴퓨터를 배워서 자신이 직접 만든 프로그램을 시장에 팔았던 적이 있다고 한다. 편하게 책을 읽을 수 있도록 만든 독서대를

대통령 내외분과 청와대 뒷산(북악산) 산행

제작해서 특허를 취득하기도 했다. 그 독서대를 참모들에게는 하나씩 선물로 줘서 나도 가지고 있다. 하여간 특이한 분이고 매사를 늘 문제의식을 갖고 바라보는 생래적 탐구가다.

한번은 대통령께서 청와대 정원의 나무에 대해서 경호원들에게 물은 적이 있다.

"청와대 정원에 왜 나무들이 이렇게 띄엄띄엄 심어진 겁니까?"

경호원들은 나무 배치는 침입자에게 장애물 역할을 하게 되어 있다고 설명했다. 하지만 대통령의 의견은 달랐다. 오히려 반대로 침입자에게 좋은 은폐물이 된다는 것이었다. 나무가 없으면 노출되기 때문에 오히려 못 들어온다는 것이다. 그 뒤 일부 나무는 옮겼던 것으로 기억한다. 노 대통령은 무슨 일이든 깊이 생각했다가 옳다고 생각하면 바로 실행에 옮기는 성격이었다.

당시 청와대 경내에는 외래종 청설모가 급격히 늘어서 골치였다. 급기야 청설모가 토종 다람쥐를 공격하고 죽이기도 하면서 청와대를 장악(?)해버렸다. 토종 다람쥐는 귀엽고 빤히 쳐다보는 선량한 눈이 참 예쁘다. 그런데 청설모는 험상궂게 생긴데다 사람을 노려보기까지 하는 놈이다. 그 얘기를 들은 대통령은 동물학자와 환경학자들에게 자문을 받은 다음 즉시 청설모를 퇴치해버렸다.

청와대에는 토끼도 많이 키웠다. 우리가 회의를 하려고 비서동에서 본관동으로 가는 도중에 깡충깡충 뛰는 토끼들이 많았다. 대통령께서 청와대 분위기를 바꾸고 직원들의 정서순화를 위해서 키우도록 했다. 거창에서 토끼몰이도 했던 나인지라 그 토끼들을 보면 정말 마음이 평화로워졌다. 대통령께서 가끔 팔짱을 끼고 토끼를 보면서 편안하게 미소를 머금고 있던 모습이 눈에 선하다.

내가 만난 영웅 김대중

노무현 대통령께서는 김 전 대통령에 대해 항상 각별히 예우했다. 2004년 12월 1일 영국 방문 동포간담회에서도 다음과 같이 존경을 표하는 발언을 했다.

"(김 전 대통령은) 한국의 행정이나 정치가 가져야 할 기본틀, 인권이나 사회복지, 역사문제에서 적어도 기본적인 틀은 마련해 자리를 잡아줬다고 생각한다. (김 전 대통령이) 인권지도자, 민주적 정치지도자로서 명성이 있고 남북관계와 북핵문제를 푸는 데 큰 방향을 잡아 세계 지도자들의 공감을 얻고 있어 그 덕분에 내가 외국을 다닐 때 대접을 잘 받는다."

노 대통령은 참모들과의 자연스러운 대화에서도 김 전 대통령을 'DJ'라고 불러본 적이 없다. '김대중 대통령' 아니면 '김 전 대통령'이다. 김영삼 전 대통령에 대해 종종 'YS'라고 호칭하는 것과는 큰 차이였다. 이런 노 대통령의 존경심은 청와대 내에서도 무언의 기준처럼 지켜졌다. 노 대통령은 현안이 있을 때마다 정부 고위관계자를 동교동에 보내 경과를 세세히 설명하곤 했었다. 김 전 대통령의 유럽순방 전에는 반기문 외교부 장관을 보내 1시간 동안 국제정세를 브리핑하도록 했다.

김 전 대통령은 서거하기 두 달여 전인 생애 마지막 연설에서 노무현 대통령에 대한 애정을 이렇게 밝힌 바 있다. 6월 11일 서울 여의도 63빌딩에서 열린 '6·15 남북공동선언 9주년 기념식' 연설에서다.

"이제 고인이 되신 노무현 대통령과 나는 이상하게 닮은 점이 많다"며 "전생에 노 대통령과 나는 형제간이 아니었나 하는 생각이 든다"고 언급했다. 함께 남북정상회담을 했고, 같은 농민의 아들이며, 둘 다 상고를 나왔다. 자신은 이승만 정권, 노 대통령은 박정희 정권 등 독재정권에 분개해 본업을 버리고 정치에 들어갔고, 반독재투쟁을 같이했고, 당도 같이했으며, 국회의원도 같이했다는 것이다.

김 전 대통령께서 노 대통령의 서거 소식에 '내 몸의 반이 무너진 것 같은 심정'이라고 한 말은 많은 사람들의 심금을 울렸다. 영결식 때 권양숙 여사의 손을 붙잡고 어린아이처럼 우는 모습은 그가 얼마나 노무현 대통령을 사랑했는지 잘 보여주는 장면이었다.

그러던 김 대통령께서도 지난 8월 19일 서거하셨다. 그날 저녁 나는 서울 세브란스 병원에 설치된 김 전 대통령의 빈소로 달려갔는데, 유독 가슴 아픈 장면에 하염없이 눈물만 나왔다. 이희호, 권양숙 여사가 서로를 껴안고 한참 동안 흐느껴 우는 모습은 차마 지켜보기가 힘들었다.

내가 김 전 대통령을 처음 만난 것은 1987년이었다. 평민당 대통령 후보로서 유세 차 경남 거창에 오셨을 때였다. '선생님'을 좋아하고 존경하는 경상도 골수 지지자들과 함께 인사를 했다. 그날 밤 늦게 유세를 마치고 도착해 식사하는 자리에서 그는 이렇게 나를 격려했다.

"정 동지, 농민운동하기 힘들지요? 정당 민주화운동도, 언론운동도, 학생운동도, 노동운동도 다 힘이 듭니다. 그러나 머지않아 민주화된 세상이 올 거외다. 멀리 내다보고 힘을 냅시다."

그때 굳건한 악수의 느낌이 지금도 되살아난다. 우리들은 거인의 격려를 받은 것처럼 힘이 불끈 솟았었다. 기어이 그 세상을 만들어 내겠다는 다짐을 새삼 했었다.

2006년 동교동 사저를 방문했다. 내가 청와대를 그만두고 난 후 벌이고 있었던 '서남권발전특별법' 제정 경과를 보고하러 간 자리였다. 19년 전 거창에서 내게 들려주셨던 낙관론을 떠올리고 감회가 새로웠다. 그때 내가 상임대표로 있던 '서남해안포럼'의 취지를 설명했더니 '정말 훌륭한 일'이라면서 이렇게 격려를 해주셨다.

"전라도는 아껴놓은 약속의 땅입니다. 30억 인구의 아시아 여러 나라들과 협력하고 상호발전을 도모할 동북아시아 허브가 전라도예요. 또 광주와 전남은 사실상 한 몸입니다. 서로 기대고 의지하며 함께 발전하는 길이 눈앞에 놓여 있어요. 비록 진행이 원활하지 못하더라도 좌절하지 말고 힘을 내세요."

김 전 대통령은 손을 잡아주면서 선뜻 '서남해안포럼'의 회비도 내놓으셨다. 그 따스하던 손길이 그립다.

'김대중', 그 이름 석 자 없이 대한민국 현대 정치사는 쓰일 수 없다. 그는 하늘이 특별히 내린 영웅이다. 그러지 않고는 그의 파란만장한 삶과 거대한 족적을 설명할 길이 없다. 그는 불세출의 정치인이자 위대한 사상가였다. 누구라서 그의 영전에 바칠 헌사가 없겠는가. 나의 찬사는 군더더기가 될 뿐이다.

우리 역사에 한 편의 장대한 서사시를 남기고 이제 거성(巨星)은 홀연히 하늘로 떠났다. 남은 우리들이 할 일이 많다고 생각한다. 특히 나는 김대중, 노무현 두 거인이 필생의 과업으로 노력해온 지역갈등 해소와 화해에 관심이 많다. 다행히 김 전 대통령의 서거가 영호남 갈등해소의 실마리가 되고 있는 것 같아서 큰 기대를 갖고 있다. 나는 전라도 출신이면서 경남 거창에서 17년을 넘게 살았고, 영남의 정치인과도 많은 교류를 하고 있다. 지역갈등 해소 문제만큼은 내게도 중요한 과업인 것이다.

아무튼 이제 나는 하늘에서 두 분 영혼이 형제처럼 다정하게 지내고 계시는 모습을 가끔 그려보곤 한다. 이승에서 못 다한 얘기를 나누고 계실 것이다. 최고수 논객들이 전라도 경상도 사투리로 벌이는 고담준론으로 그곳도 시끌벅적하지 않을까 싶다.

정치적 발명품, 지역감정

나는 거창에서 전라도 사투리를 많이 썼다. "왔다메, 날씨 한번 좋아부네." 하면 다들 웃는다. 서로 사투리를 쓰면 웃을 일도 많다. 내가 경상도 말을 쓰면 그들이 도리어 야단이다. 나는 전라도 사투리가 어울린다는 것이다.

객지에서 살다보면 가끔 지역감정을 겪는 일이 생긴다. 한번은 동료교사 두 명과 과수원에 갔다. 나이 든 부부가 작은 사과농사를 아주 단정하게 짓고 있었다. 평소에 밥도 해주고 꿀물도 타주던 친절한 분들과 이런 저런 얘기를 나누다가 '전라도 사람' 말이 나왔다. 내가 평소에 전라도 말을 많이 썼지만 전라도 사투리라고 인식도 못하고, 또 내가 전라도 사람이리라고 상상도 못했던 과수원 할머니가 '전라도 것들' 욕을 마구 했다.

"아짐, 언제 전라도 가본 적 있소?"

"서울 큰아들네하고 부산 둘째집밖에는 아무 데도 못 가봤다 아입니까!"

"그래요? 그럼 거창에서 전라도 사람한테 돈 떼인 적 있소?"

"싸움하다가 맞은 적 있소?"

연이은 물음에 그 할머니는 '없다, 없다, 없다'고 했다.

동료교사가 옆에서 거들었다.

"정 선생이 전라도 분이에요."

"아이라, 무시기 소리를 하노! 정 선생은 전라도 사람 아일끼라."

갑자기 무안해진 할머니는 손사래를 치면서 그렇게 말했다.

사연을 들어본즉, 자기 둘째아들이 군대에서 전라도 사수에게 많이 맞았다는 것이었다. 또 선거 때만 되면 읍에서 온 사람들이 전라도 사람은 불량하고 의리 없는 나쁜 사람들이라고 말하는 것을 들었다는 것이다.

나는 17년 4개월 거창에 살면서 지역감정의 실체를 보았다. 그러나 막연한 얘기들이 정치인의 선동으로 부풀려진 것이 대부분이었다. '실체 없는 실체'로 존재하는 것이다. 정치인들이 득표수단으로 '악마의 주술' 같은 지역감정을 부채질한 것이 큰 이유라고 생각한다.

충청남도 청양 출신 박상훈 박사가 분석한 바로는 지역주의는 그야말로 '정치적 발명품'이다. 그의 주장을 요약해보자.

옛 문헌에 호남에 대한 부정적인 기록이 많다고? 아니다. 기록으로만 따지면 모든 지역이 다 해당된다. 영남의 경우를 찾는 것은 쉬운 일이었다. 인조반정 이후 영남 사대부는 오랫동안 차별받았고, 영조 때는 무신란을 계기로 '반역향'으로 낙인찍혔으며, 정조 때는 대구에 '평영남비(平嶺南碑)'를 세우면서 이 지역 출신의 과거응시를 금지시키기도 했다.

반대로 호남을 좋게 평한 옛 문헌을 찾는 것도 아주 쉬운 일이다. 윤선도나 정철의 글이 대표적이지만, 그밖에도 전주는 조선 왕실의 고향이라고 해서 '어향'으로 칭송되었고, 이순신은 '호남이 없으면 나라가 없다(若無湖

南 是無國家)'라고 했으며, 김정호는 호남을 '전국팔도에서 가장 축복받은 땅', 정조는 '가장 어질고 충성스러운 고장'이라고 했다. 민란의 발생빈도는 호남이 아니라 영남이 압도적으로 많았다.

지역감정이 오래된 것이라고? 아니다. 투표결과를 보면 알 수 있다. 저자는 지역주의의 출발을 1971년 대통령선거 이후라고 보고 있다. 김대중은 1961년 강원도에서 국회의원으로 당선되었다. 박정희는 1963년 대선 당시 경북에서 61%를 얻은 반면 전남에서는 62%를 얻었다. 전남 덕분에 당선이 된 것이다. 1971년 대선 때 김대중은 부산에서 42.6%를 득표했다. 김대중에 놀란 집권 세력들은 이후 자신들의 기득권을 강화하기 위해 호남 때리기에 나섰고, 김대중 김영삼 두 사람이 각각 대선에 출마한 1987년 대선에서 더욱 강화되어간 것이다.

호남과 영남지역 사람들이 본래부터 감정이 있었다고? 그것도 아니다. 1977년 조사(김진국)에 따르면, 호남 출신에 대해 가장 부정적인 태도를 보인 지역민은 영남이 아니라 서울과 충청 출신이었다. 반면 호남 출신자가 가장 호의적인 태도를 보인 지역민은 영남 출신이었고, 호남에 대한 기피증이 가장 덜한 쪽이 영남인들이었다.

— 박상훈, 『만들어진 현실』 중에서 요약 인용

나만 해도 본관이 경상도 하동이다. 나는 또 경남 거창에서 17년이나 살았다. 내 아이들은 경남 거창에서 태어났다. 그런 것처럼 우리와 후손은 언제든지 다른 지역에서 터를 잡아 살아갈 것이다. 스스로 지역을 지정해서 태어나는 사람은 없다. 국민이 우리처럼 동질적인 민족으로 구성되어 있는 나라도 흔치 않다. 땅덩이나 넓다면 또 모르겠다. 미국이나 중국의 100분의 1밖에 안 되는 작은 나라에서 그러는 것은 속 좁은 일이다.

정치인들이 우선 반성해야 한다. 정치인들이 쳐놓은 이데올로기 그물에서 국민들이 반목하고 국가 경쟁력은 떨어지고 있다. 그리고 국민들 스스로도 지역주의 그물을 찢는 노력을 해야만 한다. 그렇지 않으면 감정의 골은 점점 더 깊어지게 될 것이다.

지역감정은 비단 우리나라만의 현상이 아니라 어느 나라에나 있는 것이다. 그것이 한편으로는 애향심으로 표출되고 위기 앞에서는 결속력을 강화하는 기제가 되기도 한다. 다만 우리의 경우 그 정도가 심해져서 문제인 것이다.

그것이 심해지면 모두 다 손해다. 국가적으로는 얼마나 큰 역량의 손실인가. 특히 정치인들은 조심 또 조심해야 한다. 최근에도 경기도 광명시장 이모라는 자가 전라도 비하발언을 공공연하게 한 일이 있다. 스스로도 '그런 발언을 했다'고 마치 용기 있는 처신이나 한 것처럼 행세하니 참으로 천박하다 말하지 않을 수 없다.

이런 자들에겐 공통적인 특징이 있다. 물의를 빚은 개인이 호남 출신이면 호남인 전체의 특징으로 덮어씌운다. 아니면 그 사람 개인의 잘못으로 치부한다. 그런 자들은 이렇게 이중적 두뇌구조를 갖고 있기 때문에 틀림없이 그때그때 재빨리 권력에 빌붙고, 시세에 영합하는 이중적 행태를 보인다. 일종의 정신질환이라 하겠다.

지역감정은 단시간에 풀리는 문제가 아니다. 인간적, 문화적 교류와 경제적 정치적 형평을 찾아가는 것이 해소의 첩경이 아닌가 한다. 외국에서 어느 정도 위험수위에 도달하면 인종차별이나 성차별을 처벌하듯 나는 지역감정을 자극하거나 차별하는 일에 일정한 법적 제약을 가하는 일도 공론화할 필요가 있다고 생각한다.

노무현, 담쟁이가 되었는가

내게 노무현 대통령에 대한 기억은 날이 갈수록 새록새록 또렷해진다. 명리학자 조용헌씨에 따르면 '쟁이불항(爭以不降)', 다투되 항복하지 않는 사주를 갖고 태어난 대통령의 운명에 문득문득 가슴 절절해지는 것이다.

나는 노무현 대통령께서 검찰 출두하시던 날 봉하마을 사저를 찾았던 그때를 잊을 수 없다. 2009년 4월 30일, 그날 아침 7시가 좀 넘은 시간에 도착을 했다. 사저 주위에는 많은 지지자들 그리고 언론사 중계 차량과 보도진들이 진을 치고 노 대통령이 나오는 순간만을 기다리며 취재경쟁을 하고 있었다.

나는 문재인, 유시민 등 10명 정도의 전직 장차관들과 사저 응접실에서 대통령을 만났다. 10여 평 남짓한 응접실엔 탁자와 10개 정도의 의자, 한쪽엔 컴퓨터 책상이 있었다. 대통령께서는 수척했으나 밝은 표정을 지어보이고 있었다. 침통한 분위기 속에서 다들 한 마디씩 위로의 말을 건넸다.

"대통령께서 충분히 생각해두셨겠지만, 국민들에겐 죄송스럽고 검찰에겐 당당하신 것 아닙니까? 너무 심려 마십시오."

나도 그렇게 말씀을 드렸다.

우리가 얘기를 나누는 동안 한쪽에서 권양숙 여사께서 계속 울고 계셨다. 우리들 가운데 마음 깊이 눈물 흘리지 않는 이가 없었다. 착잡한 표정을 짓던 대통령은 우리에게 정치는 하지 말라고 하셨다.

"정치인의 길이 참으로 험난합니다. 끝없이 신세를 져야 하고 후원금을 얻어 써야 하는 것이 정치인의 숙명입니다. 후원회를 열면 구멍가게 하면서 어렵사리 몇 십만 원 쥐고 온 어릴 적 친구는 저쪽 귀퉁이에서 빙빙 돌다 돌아가고, 나는 돈 많은 사람들과 서 있어야 하는 것이 정말 슬펐습니다. 정치는 안하는 게 좋습니다."

대통령께서 문을 나서니 방안에서 권양숙 여사의 울음소리가 더욱 커졌다. 대통령이기 이전에 한 남편으로서 그 흉중이 어떠했을까. 대통령이 주춤하고 다시 문 안으로 들어가는 모습이 마음을 더욱 아프게 했다.

계단을 내려온 노 대통령은 카메라 포토라인에 섰다.

"국민들께 면목 없습니다."

"그냥 면목 없는 것이지요."

기자들의 거듭된 질문에 두 마디만 하시고 노 대통령은 차에 올랐다. 이것이 내가 뵌 당신의 마지막 모습이 될 줄 어찌 알았겠는가.

나는 그날 대통령 사저 벽에 걸린 도종환의 시 「담쟁이」를 잊지 못한다.

저것은 벽
어쩔 수 없는 벽이라고 우리가 느낄 때
그때

담쟁이는 말없이 그 벽을 오른다.
물 한 방울 없고 씨앗 한 톨 살아남을 수 없는
저것은 절망의 벽이라고 말할 때
담쟁이는 서두르지 않고 앞으로 나아간다.
한 뼘이라도 꼭 여럿이 함께 손을 잡고 올라간다.
푸르게 절망을 다 덮을 때까지
바로 그 절망을 잡고 놓지 않는다.
저것은 넘을 수 없는 벽이라고 고개를 떨구고 있을 때
담쟁이 잎 하나는 담쟁이 잎 수천 개를 이끌고
결국 그 벽을 넘는다.

노 대통령은 잔인한 세월을 홀로 견디며 '잎 수천 개를 이끌고 벽을 넘는 담쟁이'가 되고자 했으리라. 덮쳐오는 사슬 끊어버리고, 바위 깨뜨리고, 뚜벅뚜벅 흙으로 돌아간 지금 그는 담쟁이가 된 것인가!

내가 본 정찬용

익숙한 것들과의 결별을 위하여

노무현 대통령께서는 생전에 정찬용 수석을 무척이나 좋아하고 아끼셨다. 살아온 바탕이 서로 같고 말이 통하며 추구하는 이상이 서로 비슷해서인지 무슨 일이든 의기투합해 같이 해볼 만한 사람이라고 생각하신 듯했다.

정 수석이 청와대를 떠난 뒤 한번은 노 대통령께서 내게 그의 근황을 묻고는 이렇게 말씀하시는 것이었다. "그 사람은 풍운아로 태어난 사람이라 그냥 쉬지는 못할 겁니다. 바람이 구름을 모아 비를 내리듯 그 사람은 바람을 일으켜 사람을 모으고 일을 만들어내는 스타일이지요. 결국 정 수석은 정치를 해야 할 사람입니다. 정치의 본질이 바로 무(無)에서 유(有)를 창조해내는 기술 아닙니까."

그래서인지 노 대통령께서는 정 수석에게 인사수석으로 있을 때나 그만둔 뒤에도 광주·전남을 위한 중요한 과제들을 많이 맡기셨다. 그리고 그 일들이 제대로 돌아갈 수 있도록 힘을 실어주고 수시로 챙겨주셨다. 광주문화수도조성사업이라든지 S프로젝트를 비롯한 서남권발전 종합계획, 여수엑스포 유치 등이 모두 그러한 배경에서 성과 있게 이루어졌다. 내가 정 수석의 천거로 후임 인사수석이 되어 청와대에 들어가보니 정 전 수석의 위상과 진면목은 새삼 돋보이는 것이었다.

내가 정 전 수석을 처음 만나 교분을 쌓은 것은 1990년대 후반이었다. 내가 민선시장을 모시고 광주시청의 기획관리실장, 행정부시장으로 5년 반을 지내는 동안 정 전 수석은 시민운동가로서 광주 YMCA에서 일하고 있을 때였다. 우리는 시정운영이나 지역사회 문제를 놓고 때로는 대립하기도 하고 때로는 협력하기도 하면서 미운 정, 고운 정이 깊어져갔다.

그로부터 십 수 년, 흐르는 세월과 함께 나는 자연스럽게 그의 열렬한 '팬'이 되었다. 정 전 수석의 올곧은 품성과 질박한 언행, 남다른 자질과 역량을 높이 평가하게 된 나는 연치(年齒)를 떠나 그를 존경의 염(念)으로 지켜보게 되었다. 그는 분명 새롭고 큰일을 할 역량이 충분한 인물이다.

마침 광주는 지금 일대 전환기를 맞고 있다. 광주는 이제 새로운 지역 패러다임, 새로운 지역 리더십을 요구하고 있다. 구태에 찌든 판을 바꾸어 새 판을 짜야 할 때가 된 것이다. '그 밥에 그 나물', '그 사람이 또 그 사람' 식으로 대처해서는 광주의 침체와 낙후를 쉽게 벗어날 수 없다. 이제 과감하게 익숙한 것들과의 결별을 감행해야 한다. 지금 이 시기에 정찬용 전 수석에게 희망과 기대를 걸어보는 이유도 바로 여기에 있다 하겠다.

정 전 수석은 우선 의롭고 깨끗하고 정직한 사람이다. 그는 대학시절부터 지금까지 학생운동이나 농민운동, 시민운동을 거쳐 정부직을 수행하기까지 일관되게 의로우며, 깨끗하고, 또 정직하게 살아왔다. 그것이 그의 가장 큰 무기요, 오늘의 광주가 요청하는 지도자로서의 가장 큰 덕목이기도 하다.

또한 정 전 수석은 폭넓은 경험을 쌓아 경륜을 갖춘 사람이다. 그는 대학시절에는 반독재투쟁으로 징역살이를 했는가 하면, 거창에 정착해서는 후진 양성과 농민운동에 헌신했고, 광주에 돌아와서는 전업적 시민운동가로서 몸을 아끼지 않고 지역사회의 고질적 문제 해결에 앞장섰다. 그리고 정부 운영에 참여해 대통령의 참모로 두각을 나타내기도 했으며, 세계를 누비면서 여수엑스포 유치 활동을 성공적으로 주도했고, 현대그룹의 사장급 임원으로 기업경영의 일익을 맡아본 경험도 있다.

아울러 정 전 수석은 큰 그림을 그릴 줄 알고 그것을 현실화시키는 폭발적인 돌파력과 추진력의 소유자이기도 하다. 단적으로 서남권발전 계획의 수립과 입법화, 여수엑스포 유치에서 보여준 그의 집념과 뚝심은 어느 누구도 따라하기 어려울 만큼 독보적인 것이었다. 멀리 보는 안목과 통찰력도 탁월한 것이었지만 물불을 가리지 않고 뛰고 또 뛰는 그의 열정은 두고두고 찬사를 받아 마땅하다고 본다.

외람된 얘기지만 이제 내 나이도 어느덧 60대 중반을 넘어서고 있다. 40년 가까운 공직생활을 별 탈 없이 마감하고 조용히 은퇴 생활을 꾸리고 있는 나로서는 공사간에 이제 더 이상 욕심이 있을 리 없다. 다만 광주가 좀 더 역동적으로 새롭고 크게 발전해나가기를 염원하다보니, 그동안 뻔지르르하게 때가 묻어 익숙해진 것들과 과감하게 결별해야 할 때가 되었다는 생각이 들고, 그래서 지금이 정찬용 전 수석과 같은 인물이 광주에 필요한 시기가 아닌가 생각하고 있다.

— 김완기(전 광주시 행정 부시장 · 전 청와대 인사수석 비서관)

3장

폭풍 같은 역사 속으로

" '역사를 보는 눈깔'. 광주일고 시절 세계사 선생님이 강조한 이 말은 내게 아주 신선하게 다가왔다. '시험지 보는 눈깔' '여학생 보는 눈깔'만 가지고 있던 나는 충격을 받았다. 역사인식의 틀과 비판적 사고에 대한 눈이 트이기 시작한 것. '눈깔'이 하나 더 생긴 나는 가난 밖의 역사를 보기 시작했다."

전란 속에 태어나다

청와대 인사보좌관으로 내정되어 서울로 올라가기 전 고향을 찾았다. 부모님 산소와 세 분의 조상을 모신 사당 월지사(月池祠)에 들러 경건한 마음으로 의관을 정제하고 고유제(告由祭)로 의식을 치렀다. 한 점 부끄럼 없이 국사를 집행할 수 있도록 굽어살피시고, 처음과 끝이 한결같도록 도와달라고 간절히 기도하고 또 다짐했다. 명절마다 찾는 곳이지만 그날의 감회와 마음가짐은 또 달랐다.

내가 태어난 곳은 영암군 신북면 월지리 회통골, 고만고만한 덩치의 산들이 어깨를 맞대고 꼬막 같은 초가집 10여 채가 도란도란 둘러앉은 곳이다. 기와집 두어 채가 구색을 갖추고는 있었지만 궁벽한 시골마을이다.

'절하고 싶다 저녁연기 자욱한 먼 마을'이라고 딱 한 줄짜리 시를 지은 이는 고은(高銀)이다. 나는 문득 고향을 떠올리며 시인에게, 그리고 회통골에 절하고 싶다.

나는 본관이 하동(河東)이다. 나의 12대조 모암공께서 신북면 월지리 산소동이라는 시골로 이거해 일가를 이루셨다. 선조들을 보건대 우리 집안은 무골(武骨)이 많다. 고려 말 수군을 처음으로 창설한 정지(鄭地, 광주시 북구 경열사에 위패가 봉안되어 있다) 장군, 이순신 장군의 우부장으로 부산 다대포 해전에서 전사하신 정운(鄭運, 부산시 사하구에 추모비가 있다) 장군 등과 의병장으로 돌아가신 분들이 많다.

아버지는 빈농의 아들이셨다. 목포상고를 졸업하셨는데 김대중 전 대통령 2년 후배였다. 광주사범과 쌍벽을 이루던 학교인 목포상고에 합격하신 아버지의 긍지는 대단히 높았고 집안 어른들은 물론이고 마을 사람들 모두가 잔치를 열어 축하해주었다고 한다. 목포상고를 졸업한 아버지께서는 요즘으로 치면 농협쯤 되는 금융조합에 취직했다가 일본인 상사와 다투고는 사표를 내던졌고 얼마 뒤 국민학교 교사가 되어 한평생 아이들 가르치는 일을 하셨다.

어머니는 나주군 세지면 송제리 부잣집 딸이었지만 옛날 방식대로 초등학교 문턱도 밟지 못한 여성이었다. 성품이 괄괄하고 솔직담백하셨다. 내 위로 누나 찬순, 아래로 남동생 찬대, 여동생 찬희 찬하 찬미 2남 4녀를 힘겹게 키우고 가르치셨다.

나는 6·25 전란 속에서 태어났다. 전쟁이 터진 지 넉 달 된 그 즈음에 영암에도 전화(戰禍)가 미치고 있었다. 인민군이 들어온다는 흉흉한 소문에 이웃 사람들은 피난 짐 챙겨서 부랴부랴 빠져나가 적막해진 동네에 인민군들이 소란스럽게 집으로 들이닥쳤다. "동무들, 지금 뭐하는 거요?" 그들이 험악하게 소리를 질렀지만 이제 막 시작된 진통에도 불구하고 어머니는 신음소리를 내지 못했다. 그러자 옆에서 산파가 되어준 큰어머니가 "우리 집 산고 들었소. 아이고오! 사람 죽네!"라고 용을 써주어서 나를 낳았다고 한다. 당장 사단이라도 벌일 기세였던 인민군들도 그 상황을 이해했는지 감 몇 개 따가지고 물러가서 화를 당하지는 않았다고 한다.

"큰어머니께 고맙다고 해라, 그분이 너를 반은 낳으신 거여." 하시던 어머니의 말씀이 새롭다.

　유년시절을 떠올리면, 우선 가난과 이사가 먼저 떠오른다. 아버지의 전근지를 따라 국민학교를 세 곳이나 다녔다. 나주군 왕곡면 양산국민학교로 입학을 했고, 광산군 비아동국민학교를 거쳐서 송정서국민학교에서 졸업을 했다. 마침 친구들과 정이 들 만하면 헤어지는 일이 어린 마음에도 몹시 섭섭하고 아팠다. 그러나 진짜 괴로운 것은 그다음이었다. 예나 지금이나 텃세라는 게 있게 마련이라 새 학교를 가면 분위기 파악부터 해야 했다. '잘못하다가 못된 놈들한테 두들겨 맞지나 않을까' 조심스러웠다. 그러나 새로운 환경에 적응하고 도전하는 역량이 어려서부터 자연스럽게 커졌고, 그 덕분에 산전수전을 겪는 험난한 세상살이를 헤쳐나갈 수 있었다는 생각이 든다.

　아버지 근무지인 나주군 왕곡면 양산국민학교에 입학한 나는 학교까지 매일 왕복 12km를 걸어서 다녔다. 하루에 3시간 이상 걸었다. 아버지는 자전거를 타고 다니셨는데 한 번도 태워주신 적이 없었다. 조무래기들 20여 명이 같이 걸어서 통학을 했다. 그 무리에도 나름의 규율이 있었다. 6학년으로 나이가 스무 살 가깝던 상길이형이 우두머리격으로 우리를 보호도 하고 가르치기도 하면서 '통학대'를 이끌었다.

　학년마다 수업이 끝나는 시간이 다르기 때문에 고학년 형들이 올 때까지 기다리며 신언등 부근에서 모여서 놀았다. 여름철엔 그 옆 방죽에서 멱을 감고, 자맥질을 해서 캔 연뿌리를 씻어서 먹기도 했다. 악동들의 서리질이야 기본이었다.

힘든 건 겨울철이었다. 신언등 고개를 넘을 때는 코끝이 떨어져나 가는 것 같았다. 어머니는 '손난로'를 만들어주셨다. 밥솥 아궁이에 돌멩이를 구워서 천에다 싸주는 것이다. 귀마개는 토끼를 잡아서 가죽으로 만든 것이었다.

내게 어릴 적 기억은 단연 가난이다. 큰집도 작은집도, 친구 집도 우리 집도 가난했다. 국민학교 교사였던 아버지가 매달 월급을 받으셔서(때로는 안남미 쌀로 현물 봉급을 가져오신 기억도 있다) 이웃들보다는 나았지만 6남매를 건사하기엔 어림없었다. 가끔 양은 도시락을 열면 거무튀튀한 보리밥과 반찬은 시큼한 김치 한 가지뿐이었다. 하지만 그것도 맛있게 먹었다.

한번은 달걀이 몹시 먹고 싶었다. 달걀은 내다팔면 곧바로 현금이 되는 귀한 거라 생일이나 명절과 같은 특별한 날에나 먹을 수 있었다. 닭이 알을 낳으면 외숙모가 볏집 꾸러미에 열 개씩 모아 시렁에 얹어놓으셨다가, 장날 가지고 나가서 파시곤 했다.

어느 날 사촌동생을 꼬여서 무동을 태운 다음 시렁에 있던 달걀 두 개를 꺼냈다. 달걀 양끝을 바늘로 작게 뚫어서 힘껏 빨아 먹었다. 흰자위에 이어 어느 순간 노른자가 나오는데, 혀 끝에 닿는 그 고소름한 맛이라니……. 내친 김에 네 개를 먹어버리고 껍질만 남은 것을 올려놓았다.

며칠 뒤, 장에 가셨던 외숙모가 화가 잔뜩 나서 돌아오시더니, "어떤 놈이 달걀을 돌라묵었냐?"며 우리들을 닦달하는데 가슴이 콩닥거리기 시작했다. 내가 단연 제1의 용의자였다. 실컷 맞는 것으로 대가를 치렀다. 말씀을 들어보니 맞아도 싼 일이었다. 외숙모는 그날 말할 수 없는 수모를 당하셨다 한다. 시장에 나가 달걀을 팔았는데, 빈 달걀이 네 개나 섞인 달걀꾸러미를 산 식당주인으로부터 온갖 욕설을 들어야 했던 것이다. 시골 장이라야 다 얼굴을 아는 처지들인데 그 창피가 얼마가 크셨겠는가. 나는 맞으면서도 아프다는 생각보다 무안해서 죽을 지경이었다.

'보릿고개가 태산보다 높다'는 속담처럼 그때는 초근목피(草根木皮)를 먹었다. 삐비를 뽑아 껌처럼 씹고, 소나무 껍질을 벗겨 생키를 하모니카 불듯 이빨로 훑어서 먹었다. 찔레꽃대며 진달래꽃도 꽃 이전에 먹을거리였다. 겨울방학 때면 참새잡이도 곧잘 했다. 초가집 지붕 이엉 속에 참새가 산다. 구멍에 손을 쏘옥 넣으면 따듯한 온기, 참새다. 한 주먹에 들어오는 작은 파닥거림, 불쌍한 참새도 배고픔 앞에서는 아이들의 먹을거리에 불과했다.

절대 가난과 궁핍의 시대였다. 모든 것을 먼저 '먹을 것'과 '먹을 수 없는 것' 두 가지로 구분했다. 1960년대 초는 우리의 GNP가 100달러가 채 못 됐었다. 지금도 기아에 허덕이는 아프리카 나라를 상상하면 될 것이다.

나의 첫사랑, 달덩이 여선생님

국민학교 2학년 담임선생님을 잊을 수 없다. 박부덕 선생님. 초임 여선생님이셨다. 달덩이처럼 예쁜 분이었다. 거기다 신식 양장을 날렵하게 입고 정성을 다해 우리를 가르치던 선생님은 시골 학교 전체에 활력을 불어넣는 매력 만점의 존재였다.

반장이었던 나는 선생님이 수업을 들어오시면 인사 구령을 했다. "차려어엇! 경례에엣", 이 네 마디였는데 그 선생님이 오신 뒤로 나도 모르게 목소리 톤이 높아져 옆반 애들에게까지 웃음거리를 제공하곤 했다.

봄이 되면 선생님과 가정방문을 했다. 학생들 집이 이곳저곳 떨어져 있어 선생님은 반장인 나를 데리고 다니셨다. 안내 겸 길동무다. 꾀꼬리 같은 목소리로 노래를 부르시며 길가에 핀 꽃을 구경하고 따면서 해찰을 많이 하는 편이었는데 그걸 보는 것만으로 나는 마냥 좋았다.

사실 이 가정방문 동행이 나로서는 수지가 맞는 일이기도 했다. 선생님이 방문하면, 없는 살림에도 부모들은 삶은 달걀이며 쑥떡, 삶은 콩 같은 것을 내놓았기 때문에 일석이조였던 것이다.

한번은 우리 반 짓궂은 녀석들 사이에 말다툼이 벌어졌다. '살다비'라고 부른 스타킹 때문이었다. 스타킹은 당시만 해도 신기한 것이었다. 선생님 종아리 뒤쪽으로 가느다란 매듭이 있는 걸 보면 양말을 신은 것도 같고, 앞이나 옆에서 보면 안 신은 것도 같아 이를 알아맞추는 것으로 마침내 이마 열 대씩 맞기 내기를 했다. 두 사람이 직접 확인하기로 했다. 그 중 한 명은 당연히 나였다. 칠판에 글씨를 쓰고 계시는데 뒤에서 살금살금 다가가서 발꿈치 매듭 부분을 가만히 당겨보았다. 선생님은 자지러지듯 비명을 질렀다. 나는 더 놀라서 심장이 떨어져나가는 줄 알았다. 혼 좀 났다.

그분은 일 년도 못 돼 이웃 영산포로 전근을 가셨다. 공부 잘 가르치고 예쁜 선생님이 갑자기 떠나시니 공부도 놀이도 다 시들해졌다. 어느 날 혼자서 선생님을 보러 가기로 마음을 먹었다. 영산포읍은 우리 집과는 반대 방향이었다. 6km를 걸었다. 그 학교 앞까지는 도착했으나 뵙고자 하니 또 망설여졌다. 용기를 불끈 내서 교무실로 갔다.

"찬용아, 니가 웬일이냐?"

선생님은 갑작스런 나의 출현에 눈이 화등잔만해지면서 영문을 몰라 했다.

"그냥이요. 한번 와본 거예요."

선생님은 빵을 주셨다. 촌놈이 생전 처음 보는 크림빵이었다. 선생님은 나를 버스 정류소로 데려다주고 크림빵을 한 봉지 더 사주셨다. 지금 생각하면 어린 것이 어떻게 그런 용기를 냈었는지 모르겠다.

공부는 잘하는 편이었다. 4학년까지 다녔던 시골 국민학교에서 제법이었다. 김승철(성균관대학교 교수), 김석원(광주광역시 남구의회 의사국장), 안재섭(소나무 대표), 김윤섭(해남군 교육장), 김윤례(주부), 정정자(주부) 등이 친구였고 이한걸(장성 진원 용산가든 대표), 문흥주(1974년 동아마라톤에서 2시간 16분 15초로 한국신기록 수립), 나의갑(언론인) 선배가 기억에 남는다. 그런데 5학년 때 광산군의 송정서국민학교로 전학을 가서는 학급에서 5, 6등을 했다. 충격을 받았다. 김장곤 원장, 박철수 선생, 고성백 원장, 백형환 사장, 정국열, 배웅영 사장 이런 친구들과 놀면서 경쟁도 했고, 6학년에 가서는 좀 회복을 했다

송정서교에서 만난 친구 정국열을 잊을 수 없다. '백선육아원'이라는 곳에 사는 고아였다. 아버지가 경찰간부였는데 6·25 때 전투 중 돌아가셨다고 들었다. 국열이는 나보다 공부를 잘했고 나하고 사이

가 좋았다. 자주 고아원에 가서 같이 공부하고 함께 자기도 했다. 고아라는 어려운 환경에서도 열심히 공부하는 국열에게 자극을 받아 나도 열심히 공부했다. 6학년이 되면서 나는 드디어 1, 2등을 했는데 친구 국열의 성적이 뚝뚝 떨어지기 시작했다. 공부를 계속할 수 없을 것이라는 처지를 비관해 희망의 끈을 놓아버렸던 것이다. 그의 추락이 정말 슬펐다. 그는 이름 없는 중학교에 진학했고 나는 광주 서중학교에 합격했다. 지금이라도 국열이를 꼭 한 번 만나고 싶다.

시골에서 어린 시절을 보낸 것은 내겐 큰 행운이다. 지금도 나는 걷기를 좋아하는데 시골에서 학교를 오가며 걷던 습관 때문이다. 구불구불 좁지만 부드럽고 먼지 풀썩이는 그 살아 있는 길이 그립다. 직선으로만 뻗어나가려 하고 잡초 하나 키워내지 못하는 도시의 길과는 비교할 수 없다.

봄날 신언등 언덕에 서면, 감미로운 미풍이 나를 부드럽게 감쌌다. 넓은 세상에 대한 막연한 동경이 아지랑이처럼 피어올랐다. 푸른 하늘의 뭉게구름은 한없는 상상력을 키워주었다. 메기와 붕어가 살던 맑은 개울은 마음까지 맑게 해주었다. 이것들은 명문학교나 강남의 학원에서는 누릴 수 없는 것들이다. 시골은 자체로 위대한 교사다.

광주 '공부 기계들'과 씨름하다

중학교 때는 키가 작았다. 키순으로 매긴 번호가 6번이었다. 성적도 처음엔 좋지 않았다. 우리 반에서는 서세원(현 서울대 화학과 교수)이가 항상 1등이었고 워낙 실력 차이가 커서 넘보기 어려운 장벽처럼 느껴졌다. 나는 ABC도 모르는데 공부 좀 하는 녀석들은 한결같이 영어를 줄줄 읽어대니 기가 죽는 수밖에……. 영어뿐 아니라 수학, 과학, 국사에 이르기까지 이미 1학년 과정을 다 배우고 들어온 듯했다.

첫 시험을 보니 60명 중에 나는 30등, 겨우 중간치기였다. 충격이었다. 시골학교에서 모두들 1, 2등 했던 학생들이 합격하는 서중학교여서 어느 한 녀석도 만만치 않았다. 벼락치기로 따라잡기도 어려웠다.

공부만 할 수 있는 형편도 못 되었다. 생활력이 강한 어머니는 닭을 200여 마리쯤 키웠다. 나는 모이 담당이었다. 학교에서 돌아오면 시장에 나가서 배추 시래기를 줍고, 조개껍데기를 주워 빻고 야산에서 아카시아 잎을 훑어왔다. 닭장 청소 등 잔일을 거들고 나면 피곤해서 책상 앞에서 꾸벅꾸벅 졸기 일쑤였다. 다음날 새벽 6시에 통학기차를 타러 나가야 하니 공부를 잘 하지 못한 핑계로 삼을 만했다.

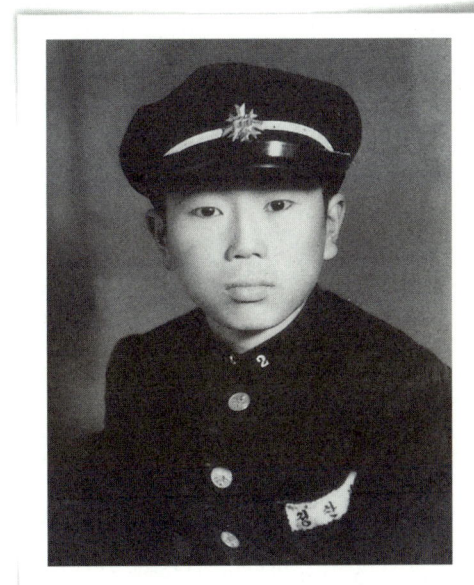

광주서중 2학년 때(1967년)

어느 날 하교길에 서중학교 앞 사진관에서 내 눈을 의심케 하는 한 장의 사진을 보았다. 가슴이 쿵쿵거렸다. 한참을 보고 나서는 사진관 주인아저씨에게 용기를 내서 물었다.

"이분 어디에 사시는지 아세요?"

"쬐끄만 놈이 뭐할라고 그래? 가서 공부나 해라."

그 사진 속의 주인공은 국민학교 2학년 담임이었던 박부덕 선생님이었다. 좋아했던 선생님을 5년 뒤에 사진관 사진으로 만난 셈인데 국민학교 2학년 꼬맹이 시절 첫사랑이 좀 무안하고 쑥스러워 더 이상 선생님을 찾지 않았다.

나는 일고로 진학했다. 당시에는 서울대학교 합격자 수가 명문고 순위였다. 전국적으로 경기고가 항시 1위였고 일고는 '베스트 5' 안팎이었다. 일고는 학생들도 우수했지만 일제시대 학생독립운동 발상지로 자랑스러운 전통을 갖고 있는 학교였다. '광주학생독립운동기념탑'이 교내에 자리 잡고 있어서 은연중 그 기상을 본받게 되었다.

그곳에는 잊을 수 없는 선생님들이 많았다. 멋진 전라도 사나이 되라시던 주기운 선생님, 옥풍선골 명강 문병란 선생님, 단정하게 빗어넘긴 헤어스타일처럼 꼼꼼한 선비 김정수 선생님…….

학교에서는 우리들을 강당에 모아놓고 일고 출신 선배들 가운데 고위 공직자나 유명한 사람들을 불러서 초청 강의를 하곤 했다. 그 선배들은 우리를 분발시켰다. 선배들은 늘 경기고생들과 우리를 견주었다. '경기고생들도 하루에 잠을 4시간밖에 자지 않고 노력하고 있다.' 그 외에도 '서울에 무서운 놈들이 많으니 촌놈들이 지방에서 공부 좀 한다고 방심하지 말라'는 것이 강의 요지였다. 그때마다 두 주먹을 불끈 쥐면서 마음을 다잡곤 했다.

대학 목표를 서울대, 전공은 언어학으로 세웠다. 서머셋 몸의 「달과 6펜스」로 원서강독을 하며 혹독히 영어를 가르쳤던 최갑진 선생님 영향이 컸다. 선생님은 간혹 "학문 중의 학문은 철학이고, 철학의 바탕은 언어학이다"라고 하시며 언어학에 대한 설명을 해주셨다. 그 말이 나에게는 매우 인상적으로 들렸다. 국어나 영어는 제법 했기에 '언어학'이라는 최고 학문의 전문가가 되고 싶은 생각이 커져갔다. 당시 우리나라에서 언어학과를 둔 대학은 서울대학교가 유일했다.

새로 얻은 '역사를 보는 눈깔'

김용근 선생님은 정말 잊을 수 없다. 일고 2학년 때였다. 새로운 교사가 부임하면 교장선생님께서 전교생을 모아놓고 소개를 하는 시간이 있다. 김 선생님은 체격이 좋고 목소리는 우렁찼다.

"김용근이오. 별명은 소도둑놈이오. 교실에서 봅시다."

첫 인사를 이렇게 짧고 무뚝뚝하게 한 교사는 없었다. 일고 교사로 부임해서 자기소개를 할라치면 "호남의 영재들이 모인 일고에 온 것이 교사로서 무한한 영광……." 이렇게 나오는 것이 '정답'이었다. 그분은 후줄근한 콤비를 입고 황소걸음으로 올라와서 세 마디 던지고서는 쿵쾅거리며 단상을 내려갔다. 우리는 무시당한 느낌이었다.

드디어 김용근 선생님의 첫 수업시간. 그분은 교단에 올라오자마자 버럭 화부터 냈다. 출석부를 들더니 먼지가 나도록 교탁을 탁탁

내리쳤다.

"이 버릇없는 놈들아, 수업을 받으려면 칠판도 깨끗이 닦아놓고 교탁도 정돈해놓아야지, 공부를 배우기 전에 자세부터 다시 배워라. 알았어?"

첫 수업을 이렇게 한 선생님은 없었다. 한 방을 먹은 우리들이 반전의 기회를 엿보고 있는데 그분은 칠판에 직선 하나를 가로로 주욱 그었다. 그러고는 한 명씩 가리키며 물었다.

"이것이 뭐라고 생각하냐?"

'직선'이라고 대답하기도 그렇고 정말 모를 일이었다.

"아니 이것을 몰라? 이것이 직선이제 뭐여! 넋 빠진 놈들뿐이구만."

혀를 끌끌 차시더니 이번엔 그 직선 오른쪽 끝에 조그만 동그라미를 그렸다.

"그럼, 이것은 뭐겠냐?"

이번엔 '동그라미'라고 대답하는 녀석이 한두 명이 있었다.

"이것은 역사를 보는 눈깔이라는 거여, 눈깔! 알아?"

그리고 역사에 대한 설명으로 들어갔다. '역사를 보는 눈깔', 그 말은 우리들에게 아주 신선하게 다가왔다. '시험지 보는 눈깔' '여학생 보는 눈깔'만 가지고 있던 나는 충격을 받았다. 그래서 지금도 그 광경을 선명히 기억하고 있는 것이다.

그분은 세계사 과목을 담당했는데 역사와 르네상스를 주제로 수업을 많이 했다. 시험에 나올 내용은 유인물로 주면서 외우도록 하고선 수업시간 50분 중 30분은 사람의 도리와 올바른 삶 그리고 민족에 대한 내용으로 채웠다. 그때 비로소 역사인식의 틀과 비판적 사고에 대한 눈이 트이기 시작했던 것 같다. '눈깔'이 하나 더 생기기 시작한 셈이다.

그분이 수업을 하면 옆반이 수업을 못할 정도였다. 목소리는 쩌렁쩌렁한데다, 큰 손으로 교탁을 탕탕 때리고 발로는 교단을 쾅쾅 찍어대니 요란하기 그지없었다. 그분의 독특한 언행은 내겐 강렬한 자극이었다. '세상을 어떻게 살 것인가.' 인생과 철학에 대해 진지한 사색이 나의 내면에서 시작되었다.

그분은 '향토반'이라는 동아리 지도교사를 맡으셨는데 그 제자들 – 나와 동기로는 박영규(공무원), 주석중(전남대교수), 이양현(사업), 정상용(전 국회의원), 김영신(작고), 김희택(전 평통 사무처장), 이철규(재미) – 은 대부분 독재정권 시절 '민주투사'로 나서게 된다. 나는 회원은 아니었다. 선생님께서는 광주일고와 광주고, 전주고, 여수고, 전남고 등에서 교편을 잡으셨는데 그분을 따르는 제자들이 뜻을 모아 매년 5월 광주에 모여 유족들과 함께 추모식을 15년째 갖고 있다. 주로 김양래(청소년서포터스 상임이사), 오정묵(오 미디어넷 대표), 은우근(광주대 교수), 조현종(광주박물관장) 등 후배들이 앞장서 선생님 뜻을 새긴다.

또 평생 외길(주로 평교사)로 교육에 종사한 분들을 칭송하고 감사하는 '김용근 민족교육상'을 제정해서 시상식까지 하고 있다. 2009년에는 강진 성요셉여고에서 80세가 넘도록 영어를 가르치셨던 미국인 양 노린 수녀가 수상했다. 제자들이 뜻을 모아서 고교 은사를 추모하며 이렇게 독특한 상을 만들고 기리는 일은 유례가 없지 않나 생각한다. 그분은 우리들의 영원한 스승이다.

언어학도를 꿈꾸다

1969년 서울대 언어학과를 지원했으나 낙방을 하고 말았다. 정신을 추스리자 먼저 떠오른 것은 부모님이었다. 부모님은 아들이 서울대를 당연히 합격하고 졸업 후 집안의 기둥이 될 거라 기대하고 계시는데……. 낙방 사실을 어떻게 말씀드릴 것인가, 집안사정이 어려우니 대학은 포기하고 돈을 벌 것인가, 집에 들어가지도 못하고 친구 김재만(경기도 파주시 봉일천중 교장) 집 골방에 처박혀 좌절과 고민에 빠졌다.

서울대 지질학과에 합격한 김영호(현 인하기연 회장)가 골방으로 찾아왔다. 가까운 친구였던 두 사람이 이제 낙방생과 합격생으로 만난 것이다. 머쓱한 표정으로 "합격을 축하한다"고 말했다. 그러나 그 녀석은 나에게 매우 고약한 말을 불쑥 던졌다.

"축하해줘서 고맙다. 그런데 명심해라. 나는 너에게 오늘 이겼다. 그리고 너는 졌다."

위로는커녕 내 자존심을 우지끈 꺾어놓는 그에게 부아가 났다.

"그래, 졌다 임마. 하지만 대학이 인생의 종점은 아니다. 나는 재수할 돈도 없으니 장사나 하고 살란다."

화를 내는 나 자신이 초라해졌다. 자학하는 나에게 그는 또 한 방을 날렸다.

"1년간 너를 기다리겠다. 너에게 한번의 기회를 주지. 네가 다시 공부해서 도전한다면 나는 1년간 휴학하면서 기다리겠다. 서울대에 들어와서 나와 다시 우정어린 경쟁을 시작하자."

그러면서 씨익 웃었다.

그는 빈말이 아니라 실제로 휴학을 했다. 광주 송정리 비행장에서 통역 아르바이트를 하면서 나를 기다려주었다. 그러니 내가 얼마나 자극을 받았겠는가. 이듬해 나는 서울대 언어학과에 합격했다. 그 뒤 그와는 자취와 하숙을 같이하며 대학을 보냈고, 그는 고비 고비마다 나를 응원해주는 친구가 되었다. 우리 두 사람은 가는 길은 달라도 지금도 선의의 경쟁을 하고 있다.

서울대에 입학하자마자 입주과외를 했다. 그로써 의식주가 해결되었으니 용돈을 받으면 등록금에도 보태면서 열심히 공부하는 모범적인 서울대 1학년 학생으로 생활했다. 희랍어, 라틴어 등을 공부했고 특히 만주 몽골어를 많이 공부했다. 비교언어학자로서 몽골어 강의도 맡으셨던 김방한 교수님께서 "정군, 자네는 만주 몽골어를 열심히 공부해서 내 뒤를 잇길 바라네"라며 격려해주시기도 했다. 한 학년 입학정원이 열 명인 우리 학과는 참으로 가족적이었다. 현재 외대 그리스어과 교수 유재원, 파키스탄 대사 신언, 노동교육원장을 지낸 이선 박사와 열심히 사업하는 신용태, 송주상, 미국에서 사업하는 최재경 형이 그 당시 학우들이었다.

내가 본 정찬용

언제나 명쾌한 도전 '합시다, 해야지요'

새해가 되면 그로부터 늘 직접 조각해서 찍어 보내는 판화 연하장을 받았다. 한 해는 '호시우행(虎視牛行)'이라는 글을 받았다. 연하장이나 크리스마스카드를 보내는 일이 거추장스러워 그만둔 지 오래인 나로서는 미안하면서도 감사한 일이 아닐 수 없었다. 나는 보내지 않는데도 선배로부터, 그것도 정성스럽게 만든 연하장을 매년 받으니 말이다. 광주 YMCA라는 만만치 않게 바쁜 곳에서 일하는 처지에 어떻게 그런 일이 가능했는지 지금도 상상이 되지 않는다. 평소에 생각지 못했던 그런 꼼꼼함을 가지고 있었다니.

정찬용 전 수석에 대한 이야기를 하자니 호시우행이 떠오르지 않을 수 없다. 나에겐 그가 늘 뚜벅뚜벅 앞서서 걸어가는 소중한 선배였다. 학생운동을 거쳐 시민운동으로, 다양한 지역사회운동을 함께 해오면서 그가 늘 앞서 가고 있다는 믿음, 그리고 그런 정신을 결코 놓치지 않고 살아가리란 믿음으로 나는 늘 그를 바라보면서 든든한 수레를 탄 기분으로 살아왔다. 그렇다. 조금씩 돌아갈지는 모르나 그는 앞으로도 소처럼 뚜벅뚜벅 세상의 변화를 위한 짐을 끌고 나아갈 것이다. 망설이며 주저하는 후배들을 가끔 뒤돌아보면서 "어서 오소." 하면서 말이다.

2000년 15대 총선 당시 광주전남 총선연대를 구성해 낙천낙선운동을 펼칠 때 기억이 아직도 생생하다. 당시 광주전남에서도 쟁쟁한 현역의원들을 낙선대상에 포함시켜 떨어뜨려야만 하는 상황이었다. 당시 영호남은 지역색이 강해 낙천낙선운동이 불가능할 것이라는 평이 있었다. 역대선거에서 특정 정당 후보는 무조건 당선되는 분위기였기 때문이다. 따라서 정치적 부담이 큰 운동이었다. 만약 낙선후보로 거론했다 떨어뜨리지 못하면 시민운동 위상이 심각하게 추락할 위험이 있었기 때문이다.

우선은 낙선대상을 고르는 일부터 쉽지 않았다. 객관적으로 누구나 공감할 수 있는 자료를 모으는 일부터 쉽지 않았기 때문이다. 설령 자료가 모아졌다고 해도 그 자료가 낙선대상에 포함시킬 만큼 다른 후보와 차별성을 갖느냐에 대한 판단이 모호했다. 더군다나 자칫하면 명예훼손으로 피소될 수도 있고 개인적으로는 원수를 살 수도 있는 일이었다. 많은 사람이 함께한 일이기는 하지만 정찬용 전 수석은 거의 실질적인 책임자로서 이래저래 타격을 입을 수밖에 없는 일이었다. 그래서 모두들 어떤 결정을 내릴 때마다 주저하거나 망설인 경우가 있었다. 그때마다 그는 늘 "합시다, 해야지요"라는 말로 결정을 내리며 밀어붙였다. 최종 책임은 본인이 지겠다는 그런 결의였고 그 힘이 우리로 하여금 망설이지 않고 일을 추진하게 했다.

살면서 배워서 할 수 있는 일이 있고 그럴 수 없는 일도 있는 것 같다. 나는 그를 보면서 늘 부러운 점이 두 가지가 있다. 조금 전에 말한 것처럼 늘 긍정적으로 판단하며 일을 밀어붙이는 힘이 그 하나다. 또 하나는 아무리 어려운 일이 벌어져도 '허허' 웃으면서 편하게 받아들이고 넘기는 그의 힘이다. 그와 함께 상의하면 세상사 아무리 어려운 일도 즐겁게 해낼 수 있을 것만 같다. 물론 그 또한 결정이야 신중하게 하지만 늘 편하고 즐겁게 일을 받아들인다. 긴장이 따르게 마련인 사회운동을 그는 늘 즐거운 놀이처럼 해나간다. 이런 일을 어떻게 쉽게 따라할 수 있겠는가? 그냥 동시대를 살아가면서 내 옆에 그런 분이 있어서 내 부족함을 채워주는 것만으로도 감사하고 감사할 따름이다.

선배님, 언젠가 장성이었던가 백양사 사거리였던가 출장 갔다 오면서 허름한 막걸리집에서 막걸리 마시던 일 기억하시나요? "어야, 우리가 지난 험한 세월엔 이렇게 맘 편하게 막걸리 한잔이나마 마실 수 있으리라고 상상이나 했겠는가. 참 좋네. 감사하면서 일해야것제이." 하던 말이 생생합니다. 지금 다시 세상이 어려워졌지만 앞에서 뚜벅뚜벅 걸어가주시면 후배들도 열심히 뒤따라가지 않겠습니까. 감사합니다. 늘 웃는 얼굴로 저희들에게 계속 힘 주십시오.

– 이학영(한국 YMCA 전국연맹 사무총장)

4장
격동의 시대, 신념으로 버티다

"청년시절, 민중의 현실과 인간적 삶에 대한 온갖 절규를 들으며 세상을 새롭게 보게 되었다. 시대의 격랑에 맞선 나는 하늘이 장차 큰 사명을 주려 할 때는 먼저 그의 마음과 뜻을 흔들어 고통스럽게 한다는 맹자의 말씀을 가슴에 새기며 살게 되었다. 그것이 크고 작은 실패와 좌절, 끊임없는 오해와 공격을 견딜 수 있는 힘임을 알았다."

사회냐 개인이냐, 그것이 고민

서울대학교 1학년 때다. 경기고 다니는 학생을 가르치는 가정교사를 했다. 학생 집에서 먹고 자고 용돈까지 받는 '입주가정교사'였다. 그 시절만 해도 서울대 학생들 가운데는 나처럼 시골에서 올라온 학생들이 많아 시간제건 입주제건 가정교사를 하는 경우가 많았다.

내가 들어간 학생의 집은 '지나치게' 잘살았다. 서울시 모 국장 집이었다. 집이 여러 채인데 하나는 그 집 아이가 공부하는 곳이었다. 가정교사를 과목별로 두어서 여러 명의 가정교사를 관리하는 사감까지 두고 한 아이를 집중적으로 가르칠 정도로 부자였.

우리 부모님이나 시골의 이웃들은 밤낮으로 죽어라 일을 해도 먹고살기조차 힘들 만큼 가난한 사람이 태반인데, 한쪽에서는 부정한 방법으로 이렇게 잘살 수도 있구나 하는 생각이 들었다. 나는 그때의 충격이 지금까지도 강렬하게 남아 있다.

그해인 1970년 11월에는 전태일 분신자살 사건이 세상을 흔들어 놓았다. 서울 청계천 평화시장 의류제조 회사의 한 노동자가 근로환경 개선을 외치며 투쟁하다가 현실의 거대한 벽 앞에 절망해 분신한 사건이었다. 세상이 온통 뒤숭숭했다. 노동자의 현실이 알려지기 시작했고, 우리들 사이에는 세상과 정치에 대해 비판하는 일이 많아졌다. '세상이 이토록 더러운데, 무언가 세상을 바르게 만드는 일에 나서야 하나, 아니면 훌륭한 언어학자가 되어 부모형제들에게 자랑스러운 사람이 되는 것도 사회를 위해 필요한 일이니 모른 척하고 도서관에나 다녀야 하나.' 고민이 깊었다.

우리 대학에는 당시 '후진국사회연구회'와 '문우회'라는 이념 서클이 있었다. 3학년 때 나는 문우회에 가입했다. 『스튜던트 파워(Student Power)』나 『들어라, 양키들아(Listen, Yankee)』 같은 책들도 보기 시작했다. 김효순(현 한겨레신문 주필)이 이와나미문고판 『아스팔트 위에서』로 일본어 공부 겸 이념학습을 이끌던 기억이 난다.

사실 그때 시위는 좀 낭만적이었다. 학교 앞 미라보 다리를 경계로 해서 몇 십 명의 학생들이 주로 의회민주주의를 압살하지 말라는 내용의 시위를 하곤 했다. 경찰이 최루탄을 쏘면 시위대가 물러나주고, 잡혀가도 꿀밤 몇 대 얻어맞고 나오면 그만인 경우가 많았다. 문리대는 법대와 같이 있기 때문에 시위를 함께했다.

노동운동과 빈민운동에도 잠시 동참했다. 중량교 뚝방에 방을 얻어 살면서 감리교 교단 인천 도시산업선교회 조승혁 목사의 지원을 받아 서울시내 중국음식점 종업원들의 가히 살인적인 노동환경을 개선하는 노동조합을 만들자고 나병식(풀빛출판사 경영) 등 몇몇 대학생들과 함께 그 일을 하기로 나섰다. 주인 몰래 종업원들을 만나느라 하루에 자장면을 열 그릇이나 먹은 적도 있다.

종업원들은 잠자리부터 음식까지 구역질이 나올 정도의 환경에서 살고 있었다. 거의 동물 수준이었다. 가난하고 배고프게 살아온 나지만 그렇게까지 비참하지는 않았다. 우리들은 그 종업원들을 교육

하다가 어떻게 꼬리가 잡혔는지 경찰에 발각돼 붙잡혀가 얻어맞고 노동조합결성은 하지도 못하고 말았다.

　나는 그 일을 하면서 노동자의 현실이라는 것, 그리고 인간답게 살고 싶다는 그들의 절규가 도처에서 터져나오고 있다는 사실을 새롭게 알게 되었다. 그리고 스스로의 몸에 불을 당긴 청년 전태일을 깊이 이해하게 되었다. 전태일 분신사건에 충격받고 노동자들 생활을 보면서 고등학교 때 김용근 선생님이 가르쳐주신 '역사를 보는 눈'을 다시 생각하게 되었다. 그때 비로소 나에게는 서울시 국장과 중국집 노동자들 삶이 극명하게 대비되었다. 그리고 그 상층부엔 거대한 권력이 똬리를 틀고 앉아서 고혈을 짜는 형국임을 외면코자 했던 나에게 세상은 비켜가지 않았다.

　1972년 10월 박정희는 소위 '10월 유신'을 단행하고 '유신헌법'이라는 것을 만들었다. 그것은 대통령을 종신제로 무제한 계속할 수 있도록 하고, 국회의원 3분의 1을 대통령이 임명해 입법부는 거수기로 만들고, 법관에 대한 재임명권을 쥐고 사법부를 무력화시켰다. 학교에서 배웠던 3권 분립이니 민주주의니 운운하는 것은 다 헛소리였다. 교과서와 현실은 그렇게 달랐다.

　'학생운동'이라는 저항적 잡지를 만드는 광주학생운동기념사업회의 일을 맡기도 했다. 이 '겨울공화국'과 함께 내 대학생활도 '겨울'로 향하고 있었다.

'민청학련' 사건으로 구속되다

4학년이 되어서는 공부는 아예 뒷전이고 시위에 줄곧 참여해 반미(反美) 횃불시위에 참여했다가 퇴학 처분 언저리까지 갔지만, 반미시위를 더 자극할 수 있다고 판단했던 박정희 정부의 유화책으로 다시 학교로 돌아갔다.

시위도 할 만큼 하고 나니 다시 언어학자라는 나의 애초의 목표가 떠올랐다. 교수가 되기 위해서는 대학원을 가야 했고 그동안 소홀했던 공부에 전념해야만 했다. 친구들이 못 찾아오도록 학교에서 멀리 떨어진 도봉구 방학동으로 자취방을 옮기고 1974년 대학원에 입학했다. 노엄 촘스키를 닮은 훌륭한 언어학자가 되고픈 생각에 공부에 몰두했다.

조용히 공부에 전념하는 중에 긴급조치 제4호라는 것이 공포됐다. 대학에 나붙은 긴급조치 4호 벽보가 눈에 선하다. 그 내용 중에는 '관혼상제와 종교행사 외에 5인 이상이 회동할 때에는 지파출소에 신고할 것'이라는 조항도 있었다. 헌법이 보장한 국민의 집회시위의 자유가 원천봉쇄되었다. 술자리에서 정부를 비판하면 그것은 정권 전복 기도요, 친구들과 몇 명이 다방에서 한 얘기도 불법집회였다. 박정희 정권은 아예 유치해지기로 작정한 듯했다.

언어학도의 길을 가기로 마음먹은 나였지만, 이러한 현실을 알게 된 이상 최소한의 저항이라도 하라는 것이 내 양심의 명령이었다. 문리대 학생회장이었던 강구철(감옥생활과 탄압으로 병을 얻어 사망), 최권행(서울대 불문과 교수), 권오걸(민주화 공제회 이사)을 불렀다. 네 명이 방학동 자취방에 모여서 '긴급조치 제4호를 반박한다'는 성명서를 5,000부 등사해서 서울 시내에 뿌렸다. 그때는 그것이 내 삶을 완전히 바꿔놓는 일이 될 줄 꿈에도 몰랐다.

문제의 긴급조치 4호 발표 이후 글자 그대로 '피바람'이 불기 시작했다. 1974년 4월 중앙정보부는 1,000여 명을 잡아가고, 비상군법회의 검찰부는 그 중 180명을 구속·기소했다. 긴급조치 반박문을 뿌린 나도 그 중 한 명이었다.

1974년 4월 30일이다. 수유리에 있는 친구 김승철(대한체육학회장, 성균관대 교수)을 만나러 갔다가 사흘째 잠복 중이라던 국군보안사령부 군인들에게 붙잡혔다. 서빙고에서 무자비하게 두들겨 맞았다. 김승철이도 친구 잘못 둔 죄로 모질게 맞았다. 수사관들은 취조를 하다 원하는 대로 진술하지 않으면 무조건 두들겨 팼다. 의자에 묶인 채 넘어지면 군홧발로 짓이기고 걷어찼다. 죽거나 말거나 신경도 쓰지 않는 것 같았다.

더 고통스러운 것은 옆방에서 새어나오는 고문 소리였다. 둔탁한 타격, 비명, 울음, 잠시 후의 정적. 몇 날이 흘렀는지도 알 수 없는 폐쇄된 공간에서 그 소리는 공포심을 몇 십 배 증폭시키는 것이었다. 그리고 또 하나의 공포는 며칠씩 잠을 못 자게 하는 것이었다.

취조의 최종 목표는 '너 빨갱이 맞지?' 이것이었다. 인민혁명당이 배후세력이요, 이철·유인태가 '민청학련'을 만들었고, 전남대는 윤한봉이 책임자라는 등등의 내용으로 구성된 도표가 이미 만들어져 있었다. 나를 종범으로 분류한 보고서도 이미 작성되어 있었다. 그 '설계도'에 맞도록 자백하라는 것이었다. 내용을 모르는 나는 자백하고 말고 할 것이 없었다.

'북괴의 지령을 받은 인민혁명당 재건위 조정에 따라 전국적 민중봉기 획책, 공산정권 수립기도를 했다'는 것이 기소장에 기재된 혐의였다. 모골이 송연한 내용이었다. 이것이 소위 '민주청년학생전국연맹' 사건이다.

이때 민청학련 배후로 지목된 인혁당 재건위 관련자 8명은 사형을 선고받았다. 이들은 대법원 확정판결이 내려진 지 불과 18시간 만인 1975년 4월 9일 전격적으로 형이 집행되었다. 제네바 국제법학자협회가 '사법사상 암흑의 날'로 선포한 사건이다. 세계사법사에 대한민국의 오명을 남긴 '사법 살인'이었다. 이 사건은 후일 김대중 정부 시절 무죄로 뒤집힌다.

구속된 180명 가운데 민청학련 주모자급은 무기징역, 그리고 나머지는 최고 징역 20년에서 집행유예까지를 각각 선고받았다. 나는 후자에 속했다. 재판은 비상군법회의에서 받았다. 육군대장 이세호가 재판장이었는데, 뒤룩뒤룩 살이 찐 자가 히죽히죽 웃어가며 재판을 하던 그 표정은 지금 생각해도 구토가 나온다. 주범이 아니라 종범이고 학생이라는 점을 감안해 나에게 언도한 형이 징역 20년이었다.

'징역 20년!'

2개월도, 20개월도 아니고, 물경 20년! 실감이 나겠는가. 재판장 이세호가 부른 '정찬용' 이름이 타인처럼 느껴졌다. 심각한 일이라기보다 오히려 우스꽝스러운 일이라고 해야 옳았다. 절망감이 든 것은 한참 시간이 흐른 뒤의 일이었다. 최종적으로는 12년형을 선고받았다.

나로 보아서는 '민청학련사건'엔 사실 아무런 '사건'이 없었다. 이런 우리들에게 정부와 사법부는 조롱거리에 불과했다. 이 패거리들이 이끄는 정권, 그 입으로 정의와 법과 질서를 강조하는 무리들을 나는 인정할 수 없었다.

콩밥과 건빵, 사는 것은 먹는 것

캄캄한 밤중에 철커덩 육중한 문이 열리고 승용차에 실려 들어가는데 으스스한 한기가 느껴졌다. '아, 세상과 단절이구나.' 절망감이 엄습해왔다. 말로만 듣던 악명 높은 서대문 교도소였다. '교무실'이라는 사무실에 들어가 지문을 찍고 점퍼와 옷을 벗었다. 하나씩 벗을 때마다 작은 무더기가 쌓였다. 겨울 잘 지내라고 따뜻한 점퍼를 벗어주던 후배 이상국의 얼굴도 떠올랐다. 그리고 파란 죄수복으로 갈아입었다. 2사 상층 8호실이 나의 새 집이 되었다.

'수번 607'

정신이 퍼뜩 들었다. 나는 이 숫자로 불렸다. 1.75평 독방에 군용 담요와 이불 한 장이 있었다. 그대로 쓰러져 죽은 듯이 깊은 잠에 빠져들었다. 며칠간 잠을 못 자고 고문에 시달려 심신이 지칠 대로 지쳐 있었다. 얼마나 잤을까, 눈을 뜨니 천장의 촉 낮은 빨간 전구가 내려다보고 있었다. 천천히 주위를 둘러보았다. 밥을 넣어주는 '식구통'에 거무튀튀한 밥 세 덩이가 있었다. 24시간을 꼬박 잤다는 뜻이다.

감방이 확실했고 꿈도 아니었다. 감방이라는 사실에 만감이 교차하고 회한이 밀려왔다. 어머니 아버지는 얼마나 마음고생하실까,

내 인생은 어디로 흘러가고 있는 것인가, 세상은 어찌 돌아가는 것인가, 이런저런 생각이 나를 괴롭혔다. 콩이 섞인 세 덩이 밥은 딱딱해져서 먹기도 어려웠고 입맛도 없었다.

'살아남아야 한다.'

며칠 후 중앙정보부로 이첩되어 조사를 받으러 가 거울을 보니 한보름 사이에 내 얼굴이 반쪽이 돼 있었다. 이래서는 안 되겠다는 생각이 들었다.

'이미 몸은 감옥에 있는데 가족 걱정해서 뭐하냐, 우선 건강해야 한다. 그래야 후일을 기약할 수 있다. 나는 살아남아야만 한다.'

나치의 강제수용소에서 살아남은 것으로 유명한 정신의학자 빅터 프랭클은 "나치 수용소에서 끝까지 살아남은 사람들은 가장 건강한 사람도, 가장 영양상태가 좋은 사람도, 가장 지능이 우수한 사람도 아니었다. 살아남아서 해야 할 구체적인 목표를 가진 사람들이었다"고 했다. 그의 말은 딱 맞다. 그런 목표를 갖고 있는 사람들이 감옥생활을 훨씬 더 잘 견딘다. 나의 경우를 봐도 그렇다.

나는 억지로 밥을 먹기 시작했다. 먹기 시작하자 이번엔 늘 밥이 모자랐다. 항상 저녁이 문제였다. 오후 4시에 저녁밥을 주니 밤이 엄청 길고 오후 7시쯤 되면 배가 고파오기 시작했다. 콩 섞인 보리밥 한 덩이에 우거지국 깍두기로 식사를 하니 이십대 청년이 배가 고픈 것은 당연했다. 면회와 영치는 금지되고, 잡힐 때 갖고 있던 돈은 별로 없으니 당장 묘안을 짜내야 했다.

우선 돈을 몽땅 털어 건빵을 사기로 했다. 건빵은 싸고 배부를 수 있는 것이다. 3,000원 어치를 사서 시렁에 수북이 쌓아놓고 건빵 봉지를 보고 있으니 흐뭇했다. 그날 저녁에는 물 한 모금에 건빵 한 개씩 입에 넣고 천천히 음미하면서 포식을 했다. 아주 행복했다. 아니 행복을 만들었다. 그런데 어느 날 건빵 봉지가 푹 줄어 있었다. 너무 많이 먹어버린 것이다. 징역 살 날은 많고 건빵은 줄고, 고민이었다. 그래서 꾀를 내서 건빵을 불려서 먹기로 했다. 건빵을 물에 불렸더니 거의 두부만큼 커졌다. 나는 그때 인간의 가장 본질적인 것은 사는 것이고, 사는 것은 먹는 것과 직결된다는 아주 평범한 '진리'를 뼛속 깊이 체험했다.

징역살이도 가능하면 즐겁게

징역을 살면서 나는 내가 퍽 낙천적인 사람이라는 것을 알게 되었다. 건빵을 불려서 배불리 먹고, 운동도 열심히 하고, 성경책 달라고 해서 읽고, 그러니 걱정도 줄어들었다. 나는 이 징역생활을 이겨내리라 마음먹었다. 힘들 때면 사마천이 궁형을 받고도 『사기』를 쓴 얘기, 루터가 감금되어 있는 동안 성경을 번역한 얘기를 하나씩 위안거리로 떠올렸다. 김대중 전 대통령도 '고전에 대한 지식과 영어 실력이 감옥 덕분'이었다고 회고하면서 '교도소는 나의 대학'이라고 한 바 있지 않은가.

감옥이 생각까지 가두지는 못한다. 오히려 누구에게도 방해받지 않고 내면 깊은 곳까지 침잠해 한 가지 화두에 몰두하게 해주었다. 시련이 아니라 전화위복의 시간을 주기도 한다는 사실을 경험할 수 있었다. 그러기에 손자는 '이환위리(以患爲利)'라 했을 것이다.

감옥살이도 즐길 필요가 있다고 생각했다. 가끔 중정으로 조사를 받으러 불려다니곤 했다. 박형규 목사, 김동길 교수와 같은 호송차를 탄 적이 있는데, 우리는 그렇다 치더라도 목사와 교수가 수의를 입고 수갑 찬 죄수가 된 모습이 좀 우스웠다. 김동길 교수는 핀으로 살짝 건드려 수갑을 푸는 의외의 재주를 갖고 있었다. 그것만으로도 몸이 편해졌다. 당시 존경받던 고매한 교수님이 범죄꾼의 '기술'을 부리니 그것도 참 웃겼다. 이런 '작은 행복'을 건빵 불리듯 크게 부풀려 누리면서 살았다. 교도소 내에서는 이렇게 자기최면을 걸지 않으면 견디기 어렵다.

사실 나는 넉살도 좀 있는 편인 것 같다. 중앙정보부 조사관들과 이제 안면도 익힌 사이가 되었다. 밥도 많이 달라고 해서 쓱쓱 비벼 먹고, 담배도 얻어 피웠다.

"아따 계장님, 영치금은 없고 면회도 안 되니 곱징역이요. 담배 한 갑 주시요. 당신들이 억지로 잡아넣었지만 건강 상하지 않고 세상에 나가자면 우선 배를 곯아서는 안 되잖소."

"징역에서 담배장사까지 할 참인가. 이 사람이 간덩이가 부었구만."

계장은 안 된다면서도 담뱃갑을 책상 위에 놔두고 나가버렸다. 갑째로 양말 속에 챙겼다. 교도소로 돌아와 소지(심부름을 하는 사람)에게 "어이 여기 한 갑 있소." 하고 건네니 활짝 반색이다. 그날부터 밥양이 달라졌다. 그 후론 중정만 가면 배가 부른 날이 되었다. '또 조사 안 받나?' 기다려지기도 했다. 절간에서 새우젓을 얻어먹는다더니 내가 그 격이었다.

교도소 안에서 제일 큰 범칙은 통방, 즉 다른 방 죄수와 의사를 교환하는 것이다. 범죄사실을 조작하고 공모할 우려가 있다는 것 때문이다. 나는 통방에 걸리면 내 쪽에서 더 세게 나갔다. 1사 상층에 있던 김지하 선배한테 배운 수법이다.

"아 이것 보시요, 내가 죄 지어 여기 온 것이 아니요. 박정희씨가 죄 없는 우리들을 잡아들인 줄 교도관님도 잘 알지 않소?"

잠자리에 들기 전에는 "빼빼(박 대통령을 가리키는 은어) 깨져라!" 다 함께 큰소리를 지르곤 했다. 이는 『나의 문화유산 답사기』로 필명을 드날린 '대한민국 3대 구라' 중 하나라는 유홍준(명지대 교수)씨가 먼저 시작한 밤인사로 알고 있다.

감옥에서 술 빚기

이번에는 술 이야기다. 육영수 여사 저격 사건 직후 안양교도소로 이감했으니 1974년 8월 말쯤이었을 것이다. 징역살이에 제법 이골이 난 나는 어느 날 술을 한 잔 마시고 싶은 생각이 들었다. 교도소엔 여러 가지 '첨단 기술'이 많이 전해진다. 재주를 피워서 담배가 돌고, 라이터 돌만 가지고 불을 붙여 담배를 피운다. 돈도 돌고 술도 돈다. 쌍무지개(무기징역을 두 번 선고받은 죄수를 일컫는 말. 대단한 거물 아니면 어찌 쌍무지개를 띄울 수 있겠는가)를 띄울 정도의 거물들은 마치 감옥을 자기 집 안방처럼 생각한단다. 테니스도 치고 술도 담배도 자유란다. 물론 돈 힘이다. 안양교도소에서는 김상현 선배(전 국회의원)가 테니스

치는 걸 봤는데, 이 양반은 돈 힘보다는 통 큰 인간스러움으로 교도소를 편한 곳으로 만들었지 싶다. 허나 내 형편에 금값 소주를 돈 주고 사서 마실 수는 없고 양조를 하기로 했다. 사과를 짓찧어서 플라스틱 병에 넣고 이스트를 섞어 햇볕이 잘 드는 창가에 세워두었다. 하루에 두어 번씩 쳐다보며 술이 익기를 기다렸다. 내가 요새 시조 외우기를 하는데, 그 당시 마룻바닥에 대자로 드러누워 술 익기를 기다리던 마음이 정송강의 시조에 담겨 있다.

재 너머 성권농 집 술 익단 말 어제 듣고
누운 소 발로 박차 언치노하 지즐 타고
아해야 네 권농 계시냐 정좌수 왔다 하여라.

그런데 갑자기 광주교도소로 이감을 가게 됐다. 교도소를 옮기면서 빼앗기느니 숙성이 덜 된 것이나마 이웃과 나눠먹기로 했다. 마시고 몇 사람은 배탈이 났다는데 나는 멀쩡했다. 하루에도 몇 차례씩 살피고 애써서 만든 술을 풍류 있게 마시지 못하고 나온 것이 나는 영 아쉬웠다.

대통령특사로 석방, 세상은 요지경

광주교도소에 이감된 직후 반가운 얼굴을 만났다. 병사 1층에 방을 잡았는데, 바로 위층에 김상윤 선배가 있었다. 운동 때 말고는 얼굴은 못 봐도 저녁 먹고 마실 나가듯이 창가에 붙어 이런 저런 얘기를 나누었다.

내 이웃들은 박정희 정권이 골수 좌익으로 분류한 죄수들 중에서 건강이 악화된 장기수들이었다. 그 중에는 유락진씨라는 죄수분도 있었다. 그가 요즘 인기 있는 연예인의 외할아버지라는 것은 최근에 알았다. 교도관 중에 교화사(미전향 장기수들의 사상을 전향시키는 사람들)가 있었다. 그들은 거의 죽어가는 미전향 장기수들에게 "전향서에 도장을 찍으시오"라고 권유했다. 도장을 찍으면 병원에 가서 치료받고 살 수 있다. 살려면 도장을 찍어야 하는 것이다.

그러나 그들은 왼고개를 저었다. 실로 무섭도록 섬뜩한 광경이었다. 아무도 알아주지 않는, 그것을 지킨다고 해서 어떤 보상이 주어지는 것도 아닌 신념을 지키는 일, 그 신념 하나를 붙잡고 모진 세월을 견디며 끝내는 죽음하고도 바꾸지 않는 사람들. 그들을 내 눈앞에서 보았던 것이다.

원칙을 갖고 살겠다고 다짐한 나였지만 정말 삶과 죽음의 갈림길에서 저런 선택을 요구당한다면 나는 과연 어찌해야 할까? 그 문제를 갖고 끊임없이 많은 생각을 했다.

"하늘이 장차 그 사람에게 큰 사명을 주려 할 때는 먼저 그의 마음과 뜻을 흔들어 고통스럽게 하고(天將降大任於是人也 必先苦其心志)"로 시작되는 『맹자』 구절이 있다. 나는 잘난 사람은 아니지만 생각만큼은 늘 맹자의 말씀을 새기며 산다. 그래야 크고 작은 실패와 좌절, 끊임없는 오해와 공격을 견딜 수 있기 때문이다.

징역살이를 10개월쯤 했을 때인 1975년 2월 15일, 대통령특사로

민청학련사건으로 옥고를 치르고 출감, 아버지와 함께

형집행정지처분이 내려져서 석방되었다. 12년을 다 채울 것이라고는 생각하지 않았으나, 그렇다고 이렇게 빨리 풀려날 것으로도 예상치 못했다. 고무줄도 아니고 세상이 도무지 요지경 속 같았다. 세상이 초법적인 존재인 '각하'의 뜻대로 돌아가고 있었다.

출옥하고보니 광주 주월동에 있던 제법 커다랗던 예전 집은 광주 목포간 도로로 편입되어 없어지고 부모님과 동생들이 이웃집 상하방에 세들어 살고 있었다. 부모님은 손수레를 끌며 연탄배달을 하고 계셨다. 적빈(赤貧), 말 그대로였다. '그래도 이놈이 서울대생이니 졸업하면 먹고 살겠지.' 하고 기대가 컸던 아들은 감옥을 갔으니 이제 그 희망도 없는 것이었다. 서울대 대학원에서는 제적됐다. 교수가 되고자 했던 청운의 꿈은 완전히 날아갔다. 부모님은 더 늙어버렸다. 어찌 살아갈 것인지, 현실은 암울했고 그 겨울은 더욱 황량했다.

아, 사랑하는 나의 부모님

시대의 격랑에 맞서던 이 시절, 내 버팀목이 되어준 건 역시 부모님이었다. 사랑하는 나의 부모님. 아버지는 성격이 매우 유하신 분이었다. 나는 한평생 아버지로부터 '네 이놈' 소리를 들어본 적이 없다. 사실이다. 내가 잘못을 저질러도 타이를 뿐 크게 혼을 내시지 않았다. 공부문제로 나를 닦달하신 일도 없었다.

나는 아버지에게 딱 두 번 지적받았다. 국민학교 1학년 때 아라비아 숫자 4자를 반대로 썼더니 "똑바로 써야지 이게 뭐냐"고 하신 것이 꾸지람의 처음이었다. 두 번째는 고3 때였다. 고3들은 졸업 무렵이면 담배를 피우곤 했는데 나도 그랬다. 양동에서 자취를 하는데 졸업을 앞둔 어느 날 자취방에 오셔서는 아들 윗옷을 걸치다가 호주머니에서 담뱃갑을 발견했다.

"앉어봐라, 내가 국민학교 선생 월급을 받아 너희 6남매를 어렵사리 가르치고 있는데, 등록금이나 책값은 빚을 내서라도 대주지만 담뱃값은 못 대주겠다."

아버지는 그러시면서 내 호주머니 속에 있던 '백조' 담배를 꺼내놓았다. 죽을 맛이었지만 아버지는 그 말씀으로 그만이셨다. 알아서 처신하라는 혹독한 꾸짖음이었다.

아버지는 술을 좋아하셨다. 왕복 12㎞를 자전거로 출퇴근하시는데, 퇴근길에 가끔 문제가 생겼다. 당신이 술을 즐기시기도 했고, 세상 호인이시라 술친구들이 이끌면 거절을 못한 술자리도 많으셨던 것이다. 자전거는 학교 소사나 길에서 만난 학부형들이 끌어다주기도 했던 기억이 난다. 학부형들은 자전거를 끌고 오면서 아버지에게 자식들 학교생활을 물어보고 상담을 하기도 했다. 요즘 같으면 신문에 날 법한 일이지만 학부형과 교사가 도란도란 얘기를 나누는 동행길이었다. 그때는 또 그런 시절이었다.

아버지는 겉으로 내색을 하지는 않았지만 나에 대한 기대를 많이 했고, 걱정도 많이 하셨다. 내가 수배를 받고 피신 중에 광주 서구 월산동 광주 MBC 뒤 야산에서 경찰의 눈을 피해 뵈었을 때도 돈을 쥐어주면서 "잽히면 많이 맞는단다, 잘 도망다녀라." 하시고 눈물을 훔치셨다. 내가 붙잡혀 감옥살이를 하자 멀리서나마 아들 얼굴을 한번 볼 수 있을까 해서 서대문 구치소 뒤 안산에 올라서 구치소 마당을 망연하게 바라보며 조용히 울고 가셨다고 한다.

내가 감옥에 있을 때는 아버지 형님뻘의 중앙정보부 국장이 있어 찾아갔다고 하셨다. 항렬만 같을 뿐 일면식도 없는 사이였다. 친척 소개를 받아서 그 국장과 어렵사리 면담을 했다. 서울에 올라와 그 건물을 찾았을 때 아버지는 오금이 저리시더란다. 중앙정보부라면 나는 새도 떨어뜨린다는 권부 중의 권부이자 공포의 대명사였으니 '불순'한 아들을 둔 시골 사람의 심정이 오죽했겠는가.

그 국장은 아버지 말씀을 듣고는 이렇게 말했다.

"사정이 정말 딱하게 됐네. 나는 박정희 대통령의 사랑을 받아 별을 달고 중앙정보부 국장자리까지 왔네. 그런데 자네 아들은 대통령 각하를 반대해 데모를 했는데 내가 어떻게 도와줄 수 있겠는가."

헛발길이었다. 큰 기대를 한 건 아니었지만 그래도 일말의 희망을 갖고 왔는데 빈손으로 돌아가야 했다. 너무 심하게 때리지만 말아달라고 부탁하셨단다. 그 국장은 그래도 안쓰러웠는지 기사를 불러 아버지를 서울역까지 모시게 하고 차표 한 장, 뱀술 한 병, 그리고 약간의 현금을 쥐어주시더란다. 아버지는 틀림없이 눈물을 머금고 조용히 돌아섰을 분이라는 걸 나는 안다.

부모님 늘그막에는 담양에서 내가 모시고 살았다. 늦게까지 일하고 집에 들어가면 반가워하셨다. 아버지는 날 기다리고 계셨던 것 같다. 술친구가 되어드리면 옛날이야기를 풀어놓곤 하셨다. 학창시절, 6·25 때 이야기, 금융조합 근무하시던 일, 국민학교 교사로서 보람 충만했던 경험들……. 아버지의 이야기는 참 재미있었다. 그런데 몇 달이 지나서 어느 날부터인가 아버지가 같은 얘기를 반복하시는 것이었다.

두 번 세 번 반복하시기에, "아따 아버지, 그 얘기는 지난번에 하셨잖아요?" 내가 무심코 그렇게 말을 했다. 아버지는 아주 당황하고 무안해하셨다. 그리고 드시던 술잔을 놓으시고 "그만 자자." 하시면서 방으로 들어가셨다. 아뿔싸! 연로하신 아버지의 기억력이 급속히 쇠하신 것이었다. 그리고 6개월 후쯤 아버지께서 돌아가셨다.

아들 따라 외딴 농촌으로 이사와 하루 종일 친구도 없이 나뭇가지 손질하고 풀 뽑는 일로 소일하다 퇴근하는 아들 기다리는 맛으로 사시던 아버지였다. 지금 생각해보면 좀 더 가깝게 대화를 나눠드리지 못했던 점이 안타깝다.

어머니는 아버지와 달리 여장부라 할 만했다. 외가 쪽 성품으로 매우 당차고 굳센 의지를 가진 분이셨다. 학교를 다녀본 적이 없고 겨우 한글만 깨친 분이었지만 매우 영민하셨다. 부지런하고 억척이셨다. 가난한 교사의 아내로 양계도 하고 채소도 가꿔가며 6남매를 키우고 가르치셨다.

나는 어머니가 주무시는 걸 본 기억이 없다. 밤늦게까지 공부하는 아들 옆에서 헌 옷을 기우셨고, 아침 밥상 차려놓고 새벽 통학기차를 타는 아들을 깨우셨다.

"죽으면 썩을 살신 아껴서 뭐한다냐." 늘상 이렇게 말씀하시면서 한 푼이라도 벌기 위해 노력하셨다. 내가 일을 마다하지 않는 성격은 어머니를 많이 닮아서인 것 같다. 그런 어머니는 남한테 지는 일도 없었다. 경우에 어긋나는 일을 한 자식들에게는 가차 없이 매를 드는 엄격한 분이었다.

내가 수배당할 때 벌어진 일이다. 나는 피신하고 없는데 경찰이 불쑥 우리 집에 들이닥쳐 수색을 했다. 구두를 벗지 않고 방에 들어왔다. 어머니는 경찰의 귀싸대기를 쳐올렸다. "이 불한당 같은 놈들아, 여기가 어디라고 방에 신을 신고 들어온단 말이냐!"

그렇잖아도 이미 자식 때문에 독해진 어머니였다. 같이 있던 이모도 합세해 경찰관 멱살을 잡고 뺨을 후려쳤다. "이놈들아, 니놈들은 느그 집 안방에 신 신고 들어가냐? 내 자식이 무슨 죄를 지었느냐, 죄를 지은 놈은 박정희란 놈 아니냐?"

서슬 퍼런 시절에 수배자의 부모가 사정은커녕 이렇게 나왔으니 결과는 뻔했다. 공무집행방해로 이모와 함께 광주시 주월동 철도 옆 백운파출소에서 구류를 살아야 했다.

어머니가 얼마나 호방한 분이신지 말해주는 일화도 있다. 어머니가 어느 날 집 앞을 나서는데 양말이 자꾸 밑으로 흘러내려서 고쳐 신으려고 길가에 앉아서 양말을 올리는 순간, 후진하던 트럭이 어머니를 발견하지 못하고 사고를 낸 것이다. 비명소리를 듣고서야 트럭이 멈췄는데 다행히 큰 부상은 면했지만 노인이라 제법 충격이 컸으리라. 때마침 내가 막 집 앞 골목으로 들어가던 참이었다. 놀란 내가 뛰어가고 그 트럭 운전사도 급히 내려왔다.

"이 차가 네 것이냐, 회사 것이냐?"

쓰러져 있던 어머니는 운전사가 오자마자 대뜸 물었다.

"저는 조경회사 운전수입니다. 정말 죄송합니다."

말이 끝나기도 전에 어머니는 고무신짝을 벗어 운전수의 귀싸대기를 사정없이 올려붙였다. 그러고는 빨리 가버리라고 소리를 쳤다. 나는 정형외과로 어머니를 모시고 갔다. 뼈에는 이상이 없으나 입원은 해야 한다는 진단이 나왔다.

"병원비를 제가 내겠습니다."

언제 따라왔는지 그 운전사는 어머니에게 거듭 사과를 했다.

"아 이놈이, 빨리 가라니까 왜 따라왔냐?"

어머니는 호통을 쳐서 쫓아버렸다.

"어머님이 치마만 입었지 장군감이시구만요."

그 운전수는 어안이 벙벙한 듯 혀를 내두르며 물러갔다. 어머니는 운전수가 돈이 많은 사람으로 보였다면 틀림없이 치료비를 받으실 분이다. 그래서 '네 차냐, 회사차냐?' 하고 물어보고 뺨 한 대로 일을 끝낸 것이었다.

"그놈도 재수 없어 그런 일이 벌어진 것이지……."

어머니는 없었던 일로 치고 괘념치 않으셨다.

그렇게 강건하셨던 어머니가 1993년 나주시 남평에서 침을 맞고 돌아오는 길에 교통사고를 당하셨다. 그리고 그 사고로 인한 뇌손상으로 중증 치매를 6년간이나 앓으셨다.

아, 어머니!

내가 본 정찬용

그는 참으로 인격적인 '위대한 등신'

　1975년 4월 어느 날 머리를 빡빡 깎인, 눈이 부리부리한, 뚜벅뚜벅 걸음걸이가 큼직큼직한 젊은이가 들어왔다. 감옥에서 나온 지 얼마 안 된다는 말을 미리 들어서 알고 있었으나 막상 그 빡빡 깎인 머리가 눈에 거슬렸다. 임미경 국어선생(지금의 부인)의 소개로 거창고등학교에서 국어를 가르치는 교사로 첫 사회생활을 시작한 정찬용은 그 후 17년간 함께 일을 하며 살았다.

　얼마 지나지 않아서 나는 그가 참으로 정직한 사람이라는 것을 알고 놀랐다. 세상에 제일 귀한 것이 정직한 사람이다. 나는 무척 정직하려고 노력하는 사람이다. 정직하려고 노력한다는 말은 나는 나 자신을 한번도 정직하다고 생각해본 일이 없다는 말이다. 정직하려고 발버둥 치면서 살아온 사람일 뿐이다. 그런데 정찬용은 타고나길 정직한 사람이다. 정직하다는 말은 그냥 거짓말을 안한다는 뜻이 아니다. 나도 그 정도는 된다고 생각한다. 정직하다는 말은 거짓말을 하지 않는 것은 기본이고 - 물론 이 기본이 되어 있는 사람도 만나보기가 쉽지 않다 - 자신의 잘못이나 실수를 깨닫는 순간 금방 인정한다는 말이다. 그것도 속으로가 아니라 직접 상대방에게. 나도 자신에게 인정하는 수준은 되는 것 같다. 그러나 남에게, 상대방에게는 어림도 없다. 또 정직하다는 말은 자신의 잘못을 단순히 인정하는 것이 아니라 다음에는 같은 잘못을 하지 않는다는 뜻이다. 그런 뜻에서 정찬용은 만에 하나 만나기 어려운 이 시대의 대표적인 정직한 사람이다. 내가 믿는 성서엔 정직한 사람이라야 하나님의 집에 들어갈 수 있다는 구절이 있다(구약성서 시편 15편).

　그런데 그의 정직은 어찌 보면 등신의 것이다.

　1977년 어느 날 목포에 갔다가 오는 길이었다. 남원에서 거창 가는 버스를 기다리다가 시간이 있어서 정찬용 선생을 터미널 앞에 있는 아모레 화장품가게에 데리고 들어갔다. 그리고 여자용 크림을 두 개 샀다. 내가 가끔 우리 집사람에게 사다주던 크림이다. 하나를 주면서 부인(임미경 선생)을 주라고 하면서 신신당부했다. 부인이 무어라고 해도 당신이 부인 생각이 나서 샀다고 하라고. 절대로 내가 사주었다는 말을 해서는 안 된다고 누누이 일러주었다. 그런데 어느 날 정찬용이 나를 찾아와서 "교장선생님 다 글러버렸습니다." 하는 것이다. 왜 그러냐고 물었더니 하는 말이 참으로 등신 같았다. 이야기인즉, 다음날 아침 화장대 앞에 앉아 크림을 바르는 부인이 몇 번이고 뒤로 돌아 자기를 바라보면서, "여보 정말 당신이 이런 걸 다 샀어? 세상에"를 연발하면서 너무도 좋아하는 모습을 보다가 그만 양심에 찔려서, "사실은 교장선생님이 사주셨어, 이런 말 절대로 하지 말라고 했는데……." 해버렸다는 것이다. 그 순간 벌어진 일은 부인 임미경 선생을 위해서 밝히지 않겠다. 그때부터 나는 아, 정찬용이는 등신 같은 사람이다. 그러나 '위대한 등신'이다라고 생각하게 되었다.

정직도 인격에서 우러나오는 것이 있고 모자라는 데서 오는 것도 있다. 인격에서 우러나오는 정직은, 정직이 자기의 사회적 지위와 명예 자리를 위태롭게 할 때에도 정직한 것이다. 그런 의미에서 정찬용 전 수석의 정직은 인격에서 우러나오는 정직이다. 인격에서 우러나오는 정직은 능력이다. 약점이 아니다. 능력도 위대한 능력이다. 술수나 신념에서 나오는 능력은 난국을 타개하는 데는 쓸모가 있을 수 있다. 그러나 세상을 구하는 능력, 옛말로 천하를 구하는 능력은 인격에서 나오는 정직이라야 한다. 정세를 분석하는 능력, 종합하는 능력, 미래를 예측하는 능력, 사람을 설득하는 능력, 적을 제압하는 능력, 얼굴에 철판을 까는 능력, 수단과 방법을 가리지 않는 능력…… 세상은 별별 능력이 다 기세를 부린다. 그러나 그러한 능력은 일신의 출세나 성공, 그리고 한 집단 패거리가 힘쓰는 데는 쓰임새가 있지만 세상을 구하는 능력은 못 된다. 그런 능력이 한때 세상을 구하는 능력처럼 보일 수 있다. 아니 세상은 언제나 그런 능력이 세상을 구할 수 있는 능력이라고 믿는다. 그리고 그런 능력을 찾아 몰려다닌다. 그러나 세상을 구하는 능력은 인격에서 나오는 정직뿐이다. 오로지.

그런 능력이 어떻게 세상을 구하나? 이렇게 반문하겠지만, 그런 정직한 사람이 있는 것만으로도, 아무것도 하지 않고 함께 있는 것만으로도 세상은 밝아지고 따뜻해진다. 왜냐하면 그런 능력은 남을 지배하는 데 사용되지 않기 때문이다. 그런 능력은 남을 섬기는 데만 사용된다. 남을 섬기는 능력을 지닌, 인격에서 우러나온 정직만이 세상을 바꾸고, 세상에 희망을 가져온다.

그는 참 어수룩하고, 사람을 너무 잘 믿고, 만날 남이 생각하지 않는 무언가를 궁리하고, 그래서 실패도 많은 사람이다. 그래서 그가 지나간 자리는 실패만 남는 것처럼 보인다. 인격에서 나온 정직은 공인으로서의 삶에서 흠으로 보일 것이다. 그러나 두고 보라. 그가 걸어간 길은 실패의 더미만 쌓여 있을 것 같아도, 두고 보라. 그가 걸어간 자리에는 아름답고 따뜻한 꽃들이, 풍성한 열매가 주렁주렁 열릴 것이다. 인격에서 나온 정직은 하늘의 능력이기 때문이다. 하늘의 능력은 사람의 눈에는 실패하는 것처럼 보이나 불멸의 승리를 가져오기 때문이다.

나는 그가 거창을 떠날 때, 이삿짐을 실은 차 앞에 드러누워서라도 못 가게 하고 싶었다. 그러나 그가 가야 하는 길이 있고 또 내가 가야 하는 길이 있어 하나님이 일하실 수 있다고 믿어 고이 보냈다. 지금까지보다도 앞으로의 그의 삶이 더욱 하나님께 쓰이는 귀한 삶이 되리라고 믿는다.

- 전성은(전 거창고 교장)

5장

낯설고 거친 땅, 거창을 누비다

"내 인생의 황금기를 보낸 거창은 내게 자랑스럽고 유쾌한 곳이다.
'사람 사는 세상' '민주화운동' 의 기치를 들고 정신없이 달리며
황소처럼 미욱하게 신념을 밀고 간 시간들. 농민교육기관 설립, YMCA 창설,
아림신문, 전교조, 한겨레신문 보급, 우리문화연구회 활동 등
맑고 깨끗한 생각이 가득 차올랐던 곳 거창은 내 영혼의 커다란 원천이다."

거창고 교사로 첫 출발

내가 혈연, 학연, 지연이 없는 경남 거창에서 살게 된 이유를 궁금해하는 이들이 많다. 아무런 연고가 없는 사고무친 경상도 땅에 내가 발을 딛게 된 것은 우연이라고밖에 설명할 길이 없다. 어쩌면 운명이었지 않았을까 생각하기도 한다. 그곳에서 내 인생의 큰 방향이 결정되었고, 인생의 황금기를 보냈으며, 노무현 변호사와도 첫 만남을 갖게 되었으니 말이다.

1975년 3월쯤, 내가 '민청학련 사건'으로 10개월을 복역하고 출소한 뒤 한 달 정도 지났을 때다. 어떻게 살아가야 할지 심사가 복잡한 상황에서 거창고 전영창 교장께서 '거창에 한번 놀러오라'는 전갈을 보내왔다. 전 교장은 나를 어떻게 알았을까? 성균관대 국문과 학생이었던 내 여자친구 임미경의 친구 중에 김남선이라는 여학생이 있었다. 그녀는 전 교장님이 아끼는 제자였다. 김남선은 임미경을 통해 내 사정을 알고 있었다.

"서울대를 졸업한 실력 있는 청년이니 잘 가르칠 겁니다."

김남선이 전 교장에게 이렇게 나를 소개했던 것이다.

심심파적 삼아 거창에 놀러갔다. 직업으로서 거창고 교사를 염두에 두고 간 것은 아니었다. 독재정권 눈이 있는데 나 같은 징역쟁이를 쓸 리도 없을 것이라고 생각했다. 사흘 동안 거창에 머물며 세상이야기도 하고 해인사 구경도 하고 머리도 식히면서 즐겁게 지냈다. 훌륭한 교육자들이었다. 전 교장의 뜨거운 열정이 학교 곳곳에 배어나고 있었다. 교장실에서 마지막으로 차 한 잔을 했다.

"정 선생, 어느 교회에 다니세요?"

"저는 교회에 안 다닙니다."

나의 답변에 전 교장은 멈칫하며 표정이 굳어지는 것이 역력했다. 잠시 후 인사를 하고 일어섰다. 전 교장도 일어서려다가 다시 고쳐 앉으면서 이렇게 말했다.

"정 선생, 앉아보세요. 우리 학교에서 아이들을 가르칠 생각은 없소?"

"교장선생님, 고맙습니다. 광주에 돌아가서 좀 생각해보고 말씀드리겠습니다."

나중에 들은 얘기지만, '교회를 안 다닌다'는 내 대답을 듣고 독실한 기독교도인 전 교장은 '그럼, 잘 가시오.' 하고 작별인사를 하려 했다고 한다. 그런데 목에 무엇인가 걸린 듯 말이 나오지 않더라는 것이다. '하나님의 섭리'였다는 것이 후일 전 교장님의 설명이었다.

사실 나는 광주에서 딱히 할 일이 없었고, 징역쟁이라 취직할 길도 막막했다. 광주에서 영어를 가르치는 학원강사를 하면 우선 가족들이 먹고사는 일은 해결되겠지만 전 교장 밑에서 일을 해보고 싶어 우선 거창에서 좀 살자고 마음먹었다. 그러나 마음 한구석에서는 도피를 하는 것 같아서 싫었다. 독재정권이 발호해 폭압에 짓눌린 비명소리가 도처에서 터져나오고 있는 판인데, 젊은 놈이 은둔처사처럼 사는 것은 비겁한 일이라는 생각이 나를 괴롭혔다. 산골벽지 학교에 교사로 가려는 사람도 많지 않았다.

그러나 우선 생계가 급했다. 최소한의 돈이라도 모아서 연탄수레를 끄는 부모님께 드려야 했다. 그래서 '딱 1년만' 있기로 마음을 먹고 거창으로 향했다.

거창고는 일제시대에 호주 선교회가 기독교 복음을 전하기 위해 세운 학교다. 해방 직후 사회가 혼란스러워지자 선교회는 철수했다. 그 학교에 남아 있던 한국인 교사 몇 명의 노력으로 1956년 미국에서 신학 공부를 마치고 귀국하는 전영창을 새로운 교장으로 맞게 되었다.

전영창, 그는 아주 특별한 인물이다. 전북 무주 출신으로 독실한 기독교 집안에서 태어났다. 부친이 3·1독립만세운동 때 투옥되기도 했고 자신도 신사참배 반대운동을 벌이다가 옥살이를 했다. 일본에서 고베 신학교를 다니면서도 '불령선인'으로 또 투옥되었다.

해방 후 미군 군목의 도움으로 미국 웨스트민스터 신학교로 유학했다가 6·25가 터지자 중도에 귀국해 구호활동을 벌였다. 휴전 후 다시 미국으로 건너가 석사를 마치고 1956년 1월 귀국하는 길에 귀국선에서 '산간벽지로 가라'는 하나님의 음성을 들었다고 한다. 그는 청소년을 제대로 교육해야 희망이 있다고 생각했다. 마침 그런 생각을 하는 사람을 찾고 있던 거창고 교사들과 만나게 되어 거창고 교장에 취임한 것이다.

교장에 부임한 이후 전영창은 팔을 걷어붙이고 학생들과 교사를 불러모으기 시작했다. 미국 친구들에게 지원을 요청하고 곳곳을 돌아다니며 성금을 모았다. 비가 오면 우산을 받치고 공부를 할 정도로 무너져가던 학교건물을 새로 고치고, 사택을 지어 학교가 제법

전영창 님, 최경수 선생과 함께

반듯해졌다. 학생들도 늘고 교사들도 돌아오기 시작했다.

거창고는 정규학교면서도 국내 최초의 대안학교로 불릴 만큼 교육과정이 독특했다. 전 교장은 노작교육(勞作敎育)을 매우 강조했다. 일하면서 배우는 교육이 전인교육을 위해 반드시 필요하다는 것이 그의 교육철학이었다. 농장을 만들기 위해 산을 사들이고, 그 자신 교직원과 함께 산을 개간해 농장을 만들었다.

교과 과정은 공부와 놀이를 조화롭게 배분했다. 우선 학생의 생체 리듬을 고려해 교육과정을 짠다. 예를 들면, 학생들이 풀어지는 5월쯤 되면 봄 예술제를 한 3일간 열어 실컷 놀게 풀어주고 태엽을 감는다. 2학기가 되면 10월쯤 또 풀어준다. 가을 예술제를 신명나게 벌이고 전교생 마라톤 대회도 연 다음 다시 두들겨패서라도 긴장도를 높인다. 긴장의 태엽을 풀었다가 조이고, 조였다가 푸는 일에 익숙해진 교직원과 학생들이 엄청난 성과를 기록하는 구체적인 증거가 거창고등학교다. 이는 학생들에 대한 헌신적인 사랑을 끊임없이 쏟아낸 전 교장의 지도력 덕택이다. 이러한 프로그램은 교육계의 주목을 받아 언론에 수없이 소개되고 전국의 학교로 퍼져나갔다. 나는 긴장과 이완을 반복하는, 다시 말하자면 태엽을 감았다가 풀고 다시 감는 이 방식이 우리의 삶과 조직에서도 아주 중요하다고 생각하고 있다.

세상을 바꾸는 길, 교육에 미치다

교사들도 매우 헌신적이었다. 한번 해보자는 의욕이 대단했다. 예를 들면 '새벽 강의'라는 게 있었다. 교사들이 매일 본 수업이 시작되기 전에 1시간씩 학생들을 자발적으로 가르치는 것이었다. 부족한 아이들은 저녁에 불러다가 더 가르쳐주었다. 교사 한 명이 아파서 결근하면 그 수업시간을 서로 맡겠다고 다퉜다. 보충수업수당을 받는 것도 아닌데. 바로 이 점이 거창고를 전국에서도 이름난 좋은 학교로 만드는 힘의 원천이었다.

어디 학교뿐이랴! 월급쟁이가 아닌 스승이길 원하고, 직장인을 넘어 봉사하는 공무원이길 소망하며, 이익만을 탐하는 장사꾼을 넘어 희망을 거래하는 사업가이길 바라는 사람들이 만들어내는 멋진 신세계를 우리는 곳곳에서 만나고 있지 않는가.

교사들은 이웃 명문고인 진주고와 마산고의 시험문제를 어떻게든 빼와서 학생들에게 시험을 보였다. 몇 점이 모자라니 몇 시간을 덜 자야 한다고 자극을 주고 선의의 경쟁심을 유발하는 것이다. 나도 이런 교육을 힘든지 모르고 했으니 그때는 교육에 '미쳤다'고 해야 할 것 같다.

한번은 이런 일도 있었다. 당시 김옥길 문교부장관의 도움으로 거창고는 한 개 학급을 증설하는 경사가 생겼다. 그런데 한 학급이 늘자 교사들이 학생들을 잘못 알아보는 일이 자주 생겼다. 4학급일 때는 교사들이 전교생들의 개별 신상까지도 알고 가르쳤는데, 5학급이 되자 한 학년 학생들 이름도 외우지 못하는 현상이 생긴 것이다. 교사들은 문제점을 제기했고, 당시의 전성은 교장은 학급을 다시 반납해버렸다. 학급 증설은 많은 뇌물을 주고도 어려운 것이 당시 현실이었다. 교사들이 이런 '멍청한' 의견도 자유롭게 내놓을 수 있고, 교장은 그런 판단을 수용해 미련 없이 집행하는, 교육만을 생각하는 학교였다.

이것이 살맛나는 현장이요, 사람 사는 세상이 아닐까. 돈만 되면 음식물에 유해색소를 넣고, 학생들 머릿수를 돈으로 계산하는 세상에서 벗어나야 되는 것 아닌가.

나는 영어, 국어, 때로는 역사와 독일어를 가르쳤지만 교사자격증은 없었다. 어느 날 무자격 교사를 정리하라는 지시가 정부로부터 각 학교에 하달됐다. 나는 공부를 가르치는 일에서 서서히 손을 떼

거창고 교사 시절, 전성은 교장(오른쪽)과 함께

고 과수원, 젖소농장, 자동차운전학원, 인쇄소를 경영하는 재단 사무를 보게 되었다. 작은 규모이기는 하나 한 학교의 살림을 맡아보는 소중한 기회였다.

그런데 1976년 5월 20일, 청천벽력 같은 소식을 들었다. 교장선생님께서 돌아가셨다는 것이었다. 중요한 약속을 앞두고 있어서 맹장수술을 좀 미루자고 했었는데 그만 병세가 급속히 악화되는 바람에 패혈증으로 서거를 한 것이다. 59세 때였다.

그의 소천(召天)에 아까운 별이 떨어졌다고 거창군 전체가 애도했고, 우리학교 교직원과 학생들은 온통 눈물바람이었다. 그에게 과분한 사랑을 받았던 나는 너무 놀라고 슬픈 마음에 아무것도 할 수 없었다. 울음도 나오지 않고 그냥 멍하니 하늘을 쳐다보곤 했다. 뒤늦게 도착한 원경선 이사장(풀무원 창립자)께서 "평소에 하나님나라를 원한다고 입바른 소리를 하던 사람들이 어찌 전 교장이 하늘나라 간 것을 이토록 서러워하는가? 다들 축하의 찬송을 부르자!" 해서 겨우 정신을 차렸다. 전 교장은 교사들에게 '청년교육에 나라의 미래가 달려 있다'고 강조했고 학생들에게는 '의롭게 살라.' '야망을 품으라'는 사자후를 토하곤 하셨다. 해외원조기관에 지원을 요청하고 손수 밭을 갈며 학교를 일으켜세우기 위해 몸부림을 쳤던 위대한 스승이었다. 폐교 위협을 가하는 교육부 직원의 뇌물요구를 거부하고, 군사정권의 문제학생 명단제출 지시도 거부했다. 그 때문에 교장 임명이 취소되자 법적 투쟁 끝에 무죄를 선고받기도 했다. 그는 진정 '위대한 평민'이었다.

거창고를 공부 잘 가르치고 대학 입학 성적이 좋으면서도 겨울에는 토끼몰이도 하는 별난 학교쯤으로 아는 이들이 많지만 바른 교육을 하겠다는 지극히 평범한 학교다. 거창고는 실력도 우수하지만 진정한 강점은 '거창고 정신'에 있다. 인구 6만 명의 거창에서는 지금도 '위대한 평민' 전영창의 후예들이 자라고 있다. 그를 만난 건 내 인생의 큰 밑거름이었다.

당시 전 교장께서 수술을 미뤘던 것은 농민교육기관 설립문제 때문이었다. 네덜란드 해외원조기관 담당자인 모리스 박사가 전 교장 서거 1주일 전인 5월 말쯤 학교를 방문하기로 되어 있었다. 그가 오면 농민교육기관 설립계획서를 설명하고 자금을 지원받을 예정이었다. 전 교장은 그를 기다리느라 수술을 미뤘던 것이다. 사정이 그렇게 되자 모리스 박사를 전 교장님 대신 내가 만나서 지원약속을 받았고 그 자금으로 농민교육을 했다.

농민교육을 시작하자 교육청과 경찰에서 학교를 압박하기 시작했다. 그래서 나는 학교 부담도 덜어주고 이 사업도 제대로 하기 위해 거창고를 떠났다.

첫 직장을 좋은 학교에서 시작한 것은 내겐 행운이었다. 1975년 3월부터 1979년 6월까지 4년 3개월간의 거창고 교사생활은 내 삶의 귀중한 바탕이 되었다. 오직 교육만을 생각하고, 원칙과 소신을 훼손하거나 불의와 거래하는 일이 없었던 전 교장님 정신에 깊은 감동을 받았다. 진정한 교육자의 길이 무엇인지, 아이들을 어떻게 가르쳐야 하는지, 인재를 키우는 보람이 얼마나 큰 것인지 몸으로 체득한 시간이었다.

되돌아보면 거창고에서 가장 많이 배운 것은 정작 교사였던 나였다. 사랑하는 여자친구 임미경과 결혼도 했으니 거창고는 나와 필연의 운명을 나눈 것 같다.

거창농민운동의 산파가 되어

농민교육사업을 온전히 나의 책임 아래 진행해나가기로 했지만 당국의 압력을 혼자서 버텨내기란 쉽지 않았다. 다른 '보호 우산'이 필요했다. 나는 YMCA를 찾았고 '대한YMCA연맹 거창지역사회개발센터' 책임간사로 발령을 받았다. 1982년 6월 15일의 일이다.

거창읍에 사무실을 얻고, 경상도 서부지역 농민들을 대상으로 하는 교육을 시작했다. '왜 우리는 못사는가?' '어떻게 해야 우리가 사람답게 살 것인가?'를 화두로 붙들고 농민들이 모일 만한 곳을 찾아다녔다. 우리 얘기에 귀를 기울이고 적극성을 띠는 농민들은 따로 모아 1박 2일로 교육을 했다. 그다음 단계는 강원룡 목사님의 크리스천아카데미에서 4박 5일 과정 위탁교육을 시켰다.

그러나 참여도는 실망스런 수준이었다. 농민들은 감시의 눈길을 두려워하고 경계하는 분위기였다. 또 저녁을 먹고 나서 TV가 있는 집에 모여앉아 드라마 보는 재미에 빠져 교육참석자가 적었다. 감시하는 당국과 TV를 이기는 방법이 필요했다. 그래서 나는 농민들에게 이렇게 약속했다.

"유기농 쌀, 두 배 값으로 사주겠다."

"쌀농사를 짓되 농약을 안 쓰는 유기농법 농사를 지으면 값을 두

배로 사주겠다."

아끼바레 일반미 한 가마에 4만 6,000원 하던 때에 9만 5,000원씩에 사준 서울의 선후배들에게 이 글로 감사드린다. 이 쌀 배달 다니느라 함께 고생해준 풀무원식품 원혜영 사장(현 국회의원), 신동수 선배께도 감사드린다.

'두 배'라는 말에 농민들이 긴가민가하면서도 관심을 보이기 시작했다. 요즘이야 친환경이니 유기농이니 하는 것이 일반화된 세상이 되었지만 당시에는 말 자체가 생소하던 때였다. 뜻을 같이하는 유기농 전문가들과 함께 농가를 돌면서 설명했다. 사람들이 조금씩 모이기 시작했고 이야기를 나누다보면 농정에 대한 불만도 터져나왔다. 따로 교육이랄 것도 없이 농민들이랑 놀면서 자연스럽게 어울리며 그들과 농촌과 나라를 위한 고민을 나누는 것이었다.

먼저 '농협 바로알기' 사업을 벌이기로 해 '농협 정관'을 구해 읽어보자고 제안했다. 당시만 해도 농협에 정관을 달라고 하면 주지도 않고 무슨 기밀문서나 되는 것처럼 굴었다. 성순근이라는 농민이 있었다. 아주 당찬 사람으로 농협에 대한 불만이 많았다. 그가 책임을 지고 농협 정관을 구해오기로 했다. 그는 어느 날 농협군지부에 가서 지부장에게 정관을 보여달라고 했다.

"자네가 이것이 왜 필요하나? 한자가 많은데 읽을 수나 있어?"

기회를 노리던 그는 정관 책자를 낚아채 문 밖으로 튀었다. 농협 직원들이 우르르 쫓아나오자 정관을 가슴에 꼭 품고는 차도에 들어가서는 책자를 빼앗아가면 차에 깔려 죽어버리겠다고 위협했다. 정관을 복사한 뒤 농협에 돌려주기로 해 소동이 끝났다. 이런 과정을

크리스천아카데미 농촌지도자장기과정 참가자들과 함께. 한명숙, 이우재, 황한식, 장상환씨 등의 모습이 보인다.

통해 농민들은 스스로가 농협의 주인임을 알게 되었고, 결속을 다지고 용기를 얻어갔다.

 이때 또 한 명의 위대한 평민이 등장한다. 바로 표만수, 그는 나와 동갑내기다. 집이 가난해 겨우 초등학교를 다니는데 주변 친구들에게 항상 무시당했다. 옆 짝꿍은 책상에 금을 그어놓고 선을 넘지 못하게 했다. 책 끝이 조금이라도 넘어가면 면도칼로 자르기도 했단다. 도대체 사람 취급을 받지 못하는 신세였다. 국민학교도 채 못 마쳤고 집안도 어지러이 흩어지고 말았다. 그는 동생과 함께 산골짝

끝자리 흙집에서 천수답 몇 마지기를 소작하며 살고 있었다.

어느 날인가 애써 설득한 농민 한 사람이 크리스천아카데미 교육에 참석키로 해서 차표까지 끊어놓고 차부에서 기다리는데 오질 않았다. 알고보니 표만수씨 때문이었다. 가난한 소작농이지만 경우가 바르고 생각이 깊어 친구들 신임을 얻은 표만수씨가 그 농민에게 "너 거기 가면 빨갱이 된다, 그놈들은 양의 탈을 쓴 늑대들이다"라고 만류했다는 것이다.

나는 표만수부터 설득해야겠기에 그를 찾아갔다. 논에서 물을 대고 있었다. 인사를 나누고 다 허물어져가는 그의 집에 들어가자 그는 고구마 바구니를 내놓았다. 가족들의 저녁식사인 줄도 모르고 맛있게 남김없이 먹어버렸다. 우리들이 하는 일이 무엇이고 교육 내용이 어떠한지 차근차근 설명했더니 그래도 그는 진심을 이해하는 분위기였다. 나는 그에게 "빨갱이인지 아닌지 직접 교육에 참여해보라"고 말했다.

우리 센터의 농민교육에 와본 뒤 그는 달라졌다. 친구까지 데리고 왔다. 우리들이 빨갱이가 아니고 우리가 하는 일이 '사람이 사람답게 사는 세상'을 만드는 일임을 깨달은 그의 열성과 흡수속도가 놀라웠다. 이듬해 교회를 빌려 2박 3일간 농민기초교육을 했다. 첫 강의를 표만수씨가 맡았다. 농지세 해설 강의였다. 물론 강의 사전 연습도 했다.

첫 강의 시간, 산골짝 농사꾼이 강사로 데뷔하는 날이다. 그는 세금 종류부터 설명을 잘 해나갔다. 그러다가 누진세를 설명하는 부분에서 그만 '시동'이 꺼지고 말았다. 잠시 당황스러워하던 그가 갑자기 교탁 밑의 한 사람을 가리켰다.

거창농민회 시절 모내기를 위해 논을 고르고 있는 필자

"이 누진세 부분만 따로 내 계산담당 비서가 설명해줄 겁니다. 서울대 나온 사람이라 여러분이 쉽게 알아들을 겁니다."

그가 지목한 계산담당 비서는 나였다. 자기 강의를 끝내고는 내 이름을 부르면서 천연덕스럽게도 "계산담당 비서 나와서 설명하세요"라고 했다. 졸지에 서울대 출신이 초등학교 중퇴자의 비서가 된 것이다. 그의 기지에 솔직히 놀랐다. 그는 바탕이 뛰어난 사람이었다. 매우 영민하고 성실했으며 집중력이 탁월했다.

강의가 끝나고 마당에 나와 쉬고 있는데 교육참가자 한 사람이 표씨를 끌다시피 데리고 나갔다. 알고보니 국민학교 때 책상에 금 긋고 공책이 넘어오면 잘라버리겠다고 괴롭히던 그 친구였다. 표만수씨의 변화와 발전에 놀랐고 표씨를 바라보는 그의 눈이 달라져 있었다.

"초등학교 때 나한테 놀림감이었던 네가 무슨 조화를 부려 강사가 되고, 나는 네 강의를 듣는 상황이 되었냐?"

"사람 사는 세상이 무엇인지 알게 된 덕분이다. 다른 말로 하면 농민운동을 한 덕이다."

표씨는 나중에 농민연합회 경남도의장, 거창군 평통위원장도 지내는 인물이 되었다. 낭중지추(囊中之錐) 아니겠는가. 지금도 이 재미있는 친구와 오고 가고 가끔 통화를 한다.

내가 이 이야기를 장황하게 하는 것은 두 가지 이유 때문이다. 먼저 사람은 자신의 처지를 객관적으로 보는 눈이 생기면 운명의 주체로서 투철하게 행동하게 되어 있다는 것이다. 두 번째는 교육은 공감으로부터 시작한다는 것이다. 빈부, 학력, 신분과 상관없이 마음뿐 아니라 몸으로까지 서로의 처지를 이해하게 될 때 교육은 의미가 있는 것이다. 솔선수범의 리더십도 그러기에 필요한 것이다.

이 농민교육은 이렇게 결실을 이뤄나갔다. 농민들은 자신들의 힘겨운 삶이 무능력과 게으름 탓이 아니라 정책의 잘못임을 깨우치게 되자 놀라울 만큼 빨리 눈을 뜨기 시작했다. 바른 성품으로 함께했던 변환영씨(작고), 짓는 농사 말고 보는 농사도 해야 한다던 최용환씨, 교회전도사로 거창에 부임해 줄기차게 함께했던 유성일 목사가 이 당시 어렵고 힘든 농민운동을 함께한 동지들이었다.

당시 YMCA는 뛰어난 지도자 강문규 사무총장을 모시고, 안팎의 압력과 불만을 잘 정돈한 이창식 부장을 중심으로 농민과 노동자교육활동을 펼치고 있었다. 내 인생에 큰 전환점 중 하나가 YMCA 운동, 곧 시민운동 참여다. YMCA 운동에서 이창식, 조희부 선배를 만났고 많은 가르침을 받았다. 노동운동 쪽으로는 황주석(작고) 부천 YMCA 총무, 이상점 대구 YMCA 간사, 농촌운동 쪽으로는 민인기 해남 YMCA 총무, 유희영 간사, 권태욱 간사 등이 맹활약했다.

내가 농민운동을 하게 된 가장 큰 이유는 농민들이 고생은 가장 많이 하면서도 가장 고통스런 삶을 살고 있다는 것을 눈으로 보고 느끼면서였다. 더구나 농민들은 그들의 처지를 자신들의 숙명처럼 받아들이고 정권으로부터 길들여져 있었다. 그러한 부당한 현실을 두고 볼 수가 없었다. 바로잡아야 할 현실이었다. 가장 빠른 길은 농민들이 왜 그들이 고생을 할 수밖에 없는지, 그러면서도 왜 가난하게 살 수밖에 없는지, 또 왜 그 가난이 대물림될 수밖에 없는지를 이해하게 만드는 것이었다. 그러기 위해 교육이 필요했던 것이다.

농민들은 내가 전라도 출신이라는 것, 그리고 서울대학교를 나왔다는 것 때문에 처음에는 "네가 말로는 그럴 듯하게 떠든다마는 얼마나 가겠느냐"는 마음으로 나를 경원시했으나 점차 나를 이해하게 됐다. 무학의 농민들과도 스스럼없이 친구로, 가까운 동지로 지냈다. 그렇게 하니 문은 저절로 열렸다.

나는 명문학교 고학력 지식인들의 어줍잖은 엘리트 의식이나 허위의식을 매우 싫어한다. 거창의 서울대 동문들과도 그런 점 때문에 어울리지 않았다. 그들은 농민을 2, 3류의 사람, 불가촉천민이나 되는 것처럼 취급하는 경우가 많았다. 나는 그럴 수가 없었다. 내가 농민들과 다를 바 없는 처지에서 살아왔기 때문이었다. 농민들은 나를 만날수록 나를 더 진지하게 대해주었다. 그래서 나는 거창에서 농민교육기관을 최초로 설립해서 성공적으로 운영했고, 거창농민운동의 산파가 될 수 있었던 것이다.

농민교육기관인 '지역사회개발센터'를 세운 뒤 2년쯤 지난 1984년 거창 YMCA를 창설하는 데 힘을 쏟았다. 농민만이 아니라 일반 시민을 위한 교육을 해달라는 요구가 많았다. 재정도 문제였다. 나는 YMCA로 독립하는 방법을 찾았다. 그래서 거창고 전성은 교장, 김영수 장로, 허진철 거창적십자병원 원장, 이상모 보건약국 약사, 서예가 박노하 선생, 좀 뒤에 장세철 사장도 합류해 거창 YMCA를 설립하고 다지는 일에 주력했다.

1984년 4월 21일 거창 YMCA가 창립대회를 갖고 출범했다. 김영수 장로가 이사장이었고 내가 총무를 맡았다. 든든한 배경이 생겼으므로 이제 나는 제대로 된 시민교육기관을 만들고 싶은 의욕이 솟구쳤다. 청소년 클럽, 어린이 스포츠단, 시민중계실, 십대의 전화 등 많은 프로그램을 만들어나갔다.

한대수라는 청년이 참으로 열심히 일을 도왔다. 수시로 음식을 만들어 굶주린 우리들을 배불리 대접해주었다. 84년 겨울에는 서울의 터울림 도움을 받아 서울농대생 이인형을 초빙해 당시로는 금기였던 풍물을 열심히 배웠다. 대보름 지신밟기에 읍내 대부분 가게들이 호응해줬다. 당시 전두환 대통령이 반정부 데모대 소리라며 매우 싫어해 고유의 우리 문화가 움추러들던 상황에서 읍내와 가지리 살목을 중심으로 시작된 풍물교육은 여러 초중고등학교와 마을에 풍물 붐을 일으켰다. 살목의 신중성, 윤현수, 그리고 읍내 거창 유기상회 이기홍 사장도 큰 몫을 담당했다. 이 힘을 모아 한대수는 우리문화연구회를 만들었고, 이는 거창 삼봉산 아래 자리한 사단법인 생명두레문화교육원의 바탕이 되었다. 이들은 곳곳의 농촌 마을과 초등학교를 찾아 풍물강습을 했다.

1989년에는 독립건물을 신축했다. 보수교회 장로였던 김영수 초대 거창 YMCA 이사장의 백지어음을 받아서 땅을 샀다. 내가 청소년대상 시민활동을 열심히 하는 이유와 함께 회관을 지으면 얼마나 더 효과적으로 거창의 앞날을 위해 일할 수 있는지 설명하고 정중히 요청드린 결과다. 그날 김 장로는 속내를 털어놓았다.

'전라도 사람이, 서울대학교 나와서, 월급도 안 받고, 왜 타향인 거창에서 정부가 싫어하는 활동을 할까? 틀림없는 빨갱이다. 가까이하다가는 언젠가 내가 저 사람 때문에 경을 칠 것이다'라고 선입견을 가지고 경계했는데, 1년 남짓 지내보니 오해였음을 알았다는 것이었다.

김 장로는 나에 대한 오해를 풀고 땅 살 돈도 지원했고, YMCA 활동에 헌신적으로 참여했다. 단단하게 지역 일을 할 분이었는데 지병으로 일찍 소천하셨다. 당시 YMCA 이사가 10여 명이었는데 나중에는 가족끼리도 친해져 어떤 오해도 없어지게 되었다. 그들과 함께한 YMCA 운동은 참으로 즐겁고 유쾌한 일이었다. 또 도재원 교장과 이형원 선생을 비롯한 거창고 샛별초중학교의 많은 선생님들은 언제나 든든한 울타리가 되어주었다. 경희한의원 강대성 원장도 당당하게 우리와 함께했다. 많은 분들 성원에 힘입어 영호강 강가에 대지 100

여 평, 건평 150여 평의 빨간 벽돌집을 지어 신바람 내며 청소년을 키우고 시민의식을 고양하는 일을 했다.

거창 YMCA 홈페이지에는 창립 당시 '총무 정찬용'이라는 이름이 선명하게 올라 있다. 맨몸으로 간 경상도 땅에서 어떻게 그런 일이 가능했는지 스스로 대견스러울 때가 많다. 전라도 출신이라는 것이 무슨 상관이랴. 그들은 나의 진심과 추진력을 믿어주었다. 내가 무슨 일을 하면 어떤 어려움과 탄압에도 굴하지 않고 반드시 성공을 시키는 일이 반복되자 그들은 나를 신뢰하기 시작했던 것이다.

거창 사람들은 나에게 '참 대단하데이, 전라도 사람이 경상도 땅을 뒤집고 다니는 그런 용기가 어디서 나오노?' 묻곤 했다. 그러나 나는 오히려 반대라고 생각했다. 내가 전라도 출신이라는 점이 나를 더욱 분발시켰다. 전라도 출신이기 때문에 나는 더욱 조심해야 했고, 정직하고 원칙을 저버리지 않는 처신을 하지 않으면 안 되었다.

거창의 초창기 농민운동과 시민운동의 개척자로서 나를 기억해주는 이들이 많아서 행복하다. 청와대 인사수석이 되었을 때 거창의 지역 신문사가 나를 심층 인터뷰하기도 했다.

나는 거창에서 신문사도 운영해보았다. 거창의 옛 지명이 '아림'이어서 「아림신문」이라고 했다. 농민운동과 YMCA 활동을 하면서 언론이 매우 중요하다는 것을 깨달았다. 우리가 아무리 목청껏 외쳐도 메아리가 없으니 답답했다. 우리 나름으로는 매우 의미 있는 일을 해도 중앙지는 두말할 것도 없었고 진주 창원의 지방지도 다뤄주지 않았다. 지금도 그런 것처럼 지방 뉴스라는 한계 때문이다. 한겨레신문 거창 지사장을 하는 친구와 독자적인 신문을 만들기로 했다.

그는 최찬도라는 친구다. 거창 출신으로 서울 용산고와 서울농대를 졸업했다. 글 솜씨가 뛰어난 사람이었다. 그와 의기투합해 타블로이드 4면 주간신문을 시작했다. 나중에 8면으로 증면했지만 기자 2~3명을 데리고 그 면을 채운다는 게 그렇게 어려웠다. 그 친구가 사장을 했는데 말이 사장이지 봉급이 있는 것도 아니요, 박봉이나마 기자들 월급 주고 신문 만들 돈을 만드는 일뿐만 아니라 기사를 직접 쓰고 배달하는 일까지 혼자서 온갖 일을 해냈다. 물론 나도 기사를 쓰고 광고를 모으고 독자 찾는 일에 열심을 냈다. 그때 초등학교 5학년이던 나의 아들 은수도 직접 신문배달을 했다. 영호남 화합에 힘쓰는 백신종(경남 도의원), 오인태 선생 같은 분들이 기억에 남는다.

서울대 나오기는 나왔는가?

박정희와 전두환 정권의 수출드라이브 정책은 농산물 저가정책을 전제로 한 것이어서 농가부채는 매우 심각한 문제로 떠오르고 있었다. 우리는 농민회와 함께 농가부채 실태조사를 해보기로 했다. 이것은 농협 빚 때문에 만날 죄진 사람처럼 살아가던 농민들이 실제로는 농협의 주인이다, 주인이 빚을 많이 진 까닭이 무엇이며 어찌하면 이 빚을 갚을 수 있는지 생각해보자, 하며 우리끼리 얘기를 주고받다가 나온 운동과제인데, '가방끈'이 좀 긴 내가 약간 발전시켜서 시작한 운동이다. 군 농민회가 주관해 농가부채조사를 한 것은 우리가 전

국적으로 처음이었을 것이다.

　장날을 잡아 거창천주교회에서 농가부채 실상보고대회를 열었다. 대회장에 간 우리들은 화가 났다. 경찰이 천주교회 입구를 봉쇄하고 있었다. 사실 경찰과 우리는 이 집회에 대해 사전 조율을 했다. 우리는 가두시위를 하지 않고, 대신에 경찰은 봉쇄를 하지 않겠다는 것이었다. 그런데 막상 현장에 가보니 경찰이 신사협정을 깨고 있었다.

　경찰이 집회시간 전부터 시위진압용 복장을 하고 성당 입구로 들어가는 길목에 두 줄로 도열해 있었다. 어떤 간 큰 농민이 그 사이를 뚫고 성당 안으로 들어갈 수 있겠는가? 농민회장이 경찰에 전화해도 봉쇄를 풀어주지 않았다.

　나는 화가 나서 경찰서장에게 전화를 했다. 그는 들어갈 길을 막지 않았으니 원천봉쇄가 아니라고 억지소리를 지껄였다.

　"이렇게 해놓고도 원천봉쇄가 아니라고? 그걸 말이라고 하는 거요? 이런 나쁜 XX가 있나."

　하도 열이 나서 욕을 하고 전화를 끊어버렸더니 곧장 서장이 나타났다. 쫓아나온 경찰서장과 나는 많은 사람들이 보는 앞에서 멱살잡이를 하고 엎치락뒤치락하다가 둘 다 옆에 있는 시궁창 속으로 빠졌다. 뜯어말릴 시간도 없이 순식간에 벌어진 일이었다. 지켜보던 농민들이 달려오더니 나만 건져내고 그 서장은 발로 슬쩍 밟아 더 밀어넣어버렸다. 농민들은 나를 향해 빈 박수를 눈치껏 치고 있었다.

　행사가 그렇게 끝난 날 밤, 갑자기 거창군내 서울대 동창회를 한다고 전화연락이 왔다. 그 자리에 갔더니 군수, 교육장, 교장, 검사, 농협장, 병원장, 세무서장 등 군내에서는 내로라하는 인사 7~8명이 모여 있었다. 그전부터 해온 모임인데 이번에 나를 처음 부른 것이었다. 맨 나중에 '시궁창 동지'인 경찰서장이 들어왔다.

"아이고, 서장님! 낮에 죄송합니다."

처음 참석하는 동문모임이고 시궁창에 빠뜨린 사실이 미안해서 얼른 예의를 갖췄다. 그런데 참석자들이 돌아가면서 핀잔을 주는 것이었다.

"빚 안 지고 사는 사람이 누가 있습니까?"

"농민도 아니면서 농민운동은 왜 하는 거요?"

"서울대 나온 실력이 아깝네. 서울대 나오기는 나왔는가?"

"아니 그래, 동문이라는 사람이 같은 동문인 서장을 그처럼 창피 줄 수가 있나요?"

등등 모두가 한 마디씩 던졌다.

"술이나 한잔 드시면서 하시죠."

나는 분위기를 풀려 했으나 점점 도가 심해졌다. 그들의 의도는 명백했다. 그때 나는 혈기방장한 30대였다.

"아니 그래, 나 한 놈 잡을라고 이렇게 다 모이신 겁니까?"

나는 밥상을 그대로 확 걷어올려버렸다. 군수니 뭐니 맞은편에 앉은 사람들이 비싼 안주며 김치 콩나물 깍두기를 뒤집어쓴 꼬락서니가 우거지상이었다. 경찰서장과 낮에 이어 또 멱살잡이를 했고 형사들이 들어와 뜯어말리는 난장판이 되어버렸다. 나는 그 후로 그 서장 밑에서 집회 및 시위에 관한 법률 위반으로 구류를 살기도 했다. 경찰서장은 당시로서는 유례를 찾지 못할 만큼 유능하고 세상을 넓게 보던 사람이었고, 또 싸우면서 정든다고 후일 우리는 부부간에 식사도 같이 하는 사이가 되었지만 말이다.

당시 농민운동에 대한 탄압은 심했다. 내가 작은 행사라도 열라 치면 정보과 형사들이 어떻게 알았는지 나에게 협박을 했다. 그들은 나를 요주의 인물로 찍어놓고 일거수일투족을 감시했었다. 나를 깨끗한 사람으로 만든 1등 공로자는 역설적으로 감시기관들이었다. 도덕적으로 책잡힐 일을 해서는 도저히 살아남을 수 없었기 때문이다.

농가부채 탕감을 위한 우리의 노력이 알려지면서 전국 단위로 농가부채 설명회를 다녔다. 농가부채조사 운동 후에 정부에서 이자율 탕감조치를 취하는 성과가 있었다. 이후 선거 때마다 농가부채는 큰 이슈로 떠올랐다. 이것은 한국농민운동사에도 큰 획을 그은 사건으로 거창지역 농민들과 함께 큰 보람으로 여기고 있다.

'5·18 최후의 수배자' 윤한봉 밀항작전

거창에 살면서 가끔 광주에 오면 민청학련과 관련 있는 사람들과 자주 만나게 되었다. 김상윤(지역문화교류재단 상임이사), 박형선(신안월드 회장), 윤한봉(작고), 최철(전 70동지회장), 이강(전 국민운동본부장) 등 이런 분들과 가까이 지냈다. 주로 김상윤 선배가 하던 계림동 '녹두서점'에서 만나서 광주 소식을 듣곤 했다. 나는 거창고 교사를 그만두고 79년 중반부터 거창고 앞에서 '두레서점'을 차렸다. 당시에는 민청학련 출신들이 먹물 든 사람들이라서 출판사나 서점을 하는 게 유행이었다.

5·18 민중항쟁이 터졌다. 답답하기 짝이 없던 차에 전국을 다니며 앨범을 문구점이나 서점에 공급하던 사람으로부터 광주 상황을 들었다. 앨범 장사 얘기로는 공수부대원들이 시민들을 곤봉으로 무자비하게 때려서 많은 시민들이 피를 흘리고 쓰러지는 엄청난 일이 벌어졌다는 것이었다. 광주 터미널에서 거창으로 오는 버스 안에서 그 광경을 목도한 그는 군인들의 만행에 너무 분노해 자기에게 총이 있으면 자기도 그들을 쏴버리고 싶었다고 말했다.

광주에는 부모님과 누나 동생들이 살고 있었지만 전화도 끊기고 교통도 통제되어 어찌 해볼 방법이 없었다. 그때처럼 절망과 분노에 가득 차서 하루하루를 고통스럽게 지낸 적이 없었다. 광주 밖에서 항의 시위를 해야 할 것 같아 당시 김대중 선생을 따르는 거창 재야인사인 이상모(약사)씨, 이종천(자영업)씨를 찾아가 상의했다. 그들도 광주학살에 분노했으나 지금은 달걀로 바위를 치는 격이라며 나를 달랬다. 방송에서는 앵무새처럼 계엄군 발표만을 떠들어대고 있었고, 나는 자세한 소식을 모르는 채 술만 마셔댔다.

그때 광주에서는 내가 죽은 사람으로 되어 있었다. '정찬용'이 사망자 명단에 올라 있었기 때문이다. 그 '정찬용'은 동명이인이었다. 나하고 동갑내기, 고향도 같은 영암, 직업도 같은 상업이었다. 희한하고 슬픈 일이었다. 세풍이 매형과 동생 찬대는 사망자 명단에 내이름이 있는 것을 보고 시신이 안치된 도청 앞 상무관으로 달려갔다. 그곳에서 역시 나를 확인하러 온 제자 정금주(당시 원각사 스님)를 만났다 한다.

5·18이 나고 1년 뒤쯤 후배 최권행이 내게 와서 고민을 털어놓았다.

"한봉이형이 수배되어서 도망다니는데 잡히면 사형입니다. 무슨 수가 없겠습니까?"

생각 끝에 나는 밀항을 시키자고 했다. 동생 찬대가 외국 화물선의 2등 기관사고 마침 그 배가 한국에 정박 중이었다. 동생을 만나 전후 사정을 설명했다. 동생 찬대는 의협심이 있고 배포가 크다. 찬대는 서슴없이 해보자고 했다. 동생과 같은 선원으로 항해사였던 최동현(여수지역사회연구소 부이사장, 코아시스템기술 대표이사)과 함께 밀항을 시키기로 했다. 나중에 알고보니 최동현에게도 이미 다른 쪽에서 타진을 해놓은 모양이었다.

정용화(언론인)와 김은경(목사) 두 사람이 한봉이형을 마산으로 몰래 모시고 왔다. 최동현과 정찬대를 불러 밀항작전을 짜면서 밤이 깊어지기를 기다렸다가 경비가 허술한 틈을 타 미리 짜둔 계획에 따라 두 사람은 취객을 가장한 윤한봉을 부축해서 순식간에 배에 올랐다. 1981년 4월 29일 밤 9시쯤이었다. 그 배는 파나마 선적의 3만 5,000톤급 무역선 '레오파드(LEOPARD)'였다.

'발각이 되면? 우리야 죽지는 않겠지. 하지만 한봉이형은 죽을지도 몰라.'

방정맞은 생각을 떨쳐버리느라 담배깨나 피웠다. 정말 초조하고 긴 시간이었다. 선박의 엔진소리만큼 내 가슴이 뛰고 있었다.

그들은 이 위험한 특급 수배자를 환자용 화장실에 넣고 문을 잠갔다. 최동현은 그 배의 약품담당이었다. 한봉이형이 숨은 공간은 병실에 딸린 1평 반 정도의 환자용 화장실이었다고 한다. 그 속에서 35

일의 사투 끝에 마침내 미국 워싱턴 주 벨링험에 도착할 수 있었다.

이것이 들통 난 것은 3년 뒤였다. 나는 치안본부 남영동 분실에서, 동생 찬대는 정보부 광주분실에서 고문을 당했다. 수사를 하니 조아라 장로, 강신석 목사 이런 거물들까지 줄줄이 연루가 되어 있었다. 하지만 광주문제만 나오면 인권탄압문제로 국제사회 비난과 압력을 받아 오금이 저리고 골치 아파하던 전두환 정권이었던지라 판도라의 상자가 될지도 모를 이 사건의 뚜껑을 얼른 덮어버렸다.

그런데 이 일로 동현이와 동생은 선원수첩이 말소되어 배를 탈 수 없게 되어버렸다. 국내에서 살 길이 막막해진 찬대는 혈혈단신 파나마로 돈벌이를 떠났다. 지금 생각하면 우리들 간덩이가 상당히 컸던 것 같다. 이 내용을 잘 아는 선후배들은 '형제는 용감했다'고 우스갯소리를 하곤 했지만 까딱했으면 진짜로 20년 징역을 살 뻔했다.

1990년 초반 미국에서 윤한봉 형을 다시 만났다. 10여 년 만이었다. 그는 미국에서도 청년학교와 민족학교 활동을 열심히 하고 있었다. 남북청년평화대행진을 진행했으며, 뉴욕 UN 본부 앞에서 제3세계 인권, 한국 민주화를 위한 시위를 지휘하고 있었다. 망명생활이 얼마나 힘들었는지 그는 몸피가 몰라보게 훌쭉 줄어 있었다. 나는 형님에게 귀국을 하시라고 말했다.

"형님, 귀국을 해서 체포를 당하세요. 광주 상황이 안 좋으니 누군가 어지러운 상황을 매듭짓고 운동을 이끌어야 합니다. 감옥을 조금 살고 나와서 다시 지도력을 발휘하심이 좋겠네요. 김영삼 대통령이 형님을 오래 감옥살이 시키지는 않겠지요."

내 말이 도움 되었는지는 모르겠으나 5·18 마지막 수배자였던 윤한봉 형은 1993년 5월 김영삼 정부 시절 수배가 해제되어 13년간의 망명생활을 청산하고 귀국했다. 그는 엄격한 정신의 소유자이며 앞서 간 선각자다. 때 묻지 않은 순수 혁명가로서 삶을 살았다. 나에겐 좋은 선배였다. 그러나 이 비운의 혁명가는 2007년 지병으로 파란만장한 삶을 마감했다.

나는 2003년 7월 인사보좌관 시절 민주화운동 출신 인사들 중 생계곤란자에 대해 살길을 마련해주는 '보훈적 배려' 대책을 검토한 적이 있다. 공공기관 부대시설 등에서 일할 수 있는 기회를 주고자 하는 방안이었다. 그리고 그 대략의 계획을 언론을 통해 밝힌 바 있다. 그러나 족벌언론의 집중적 공격을 받는 바람에 그 방침은 유보되었다. 그 언론들은 '민주화 운동이 완장인가.' '법치주의 위배' 등의 내용으로 비판했다. 목숨을 바친 이들이 피와 땀으로 일군 과실은 따먹으면서 딴죽을 피우는 자들의 속내는 도대체 파렴치하다.

역사는 내일을 비추는 거울이다. 제대로 된 나라 중에 국가를 위해 몸을 바친 희생자들을 기리지 않는 나라가 어디에 있는가. 우리는 일제 청산을 제대로 못해 독립운동가 후손들은 대부분 비참하게 살아가고 있다. 반대로 친일 인사들의 후손들은 정관계 고위직을 차지하고 떵떵거리며 살아가고 있다. 후세들이 그들의 희생을 기리지 않고 그 후손들을 업수이 여긴다면 나라가 위기에 처했을 때, 우리 사회가 불구덩이에 빠질 때 누가 몸을 던지고 정의를 외칠 것인가. 애국심과 정의감은 그냥 생기는 것이 아니다.

제2의 고향, 거창을 떠나다

1990년대 들어 민주화가 급속히 진행되고 지방자치제가 시행되면서 농민운동가 출신 후보가 농협 조합장, 시군의회의원 등 주민대표로 당선되기도 하고 군수들이 직접 농민을 대변하는 시대가 되었다. 농민운동의 새로운 국면이 전개된 것이다. 사회변혁 운동가들에게는 격변이자 대변화의 시기였다. 내 인생에도 한 차례 큰 태풍이 휩쓸고 지나갔다.

'사람 사는 세상' '민주화운동'이란 기치를 들고 정신없이 앞만 보고 달려왔던 나도 주변을 차분히 돌아보는 시간이 많아졌다. 농민회, YMCA, 아림신문, 전교조, 한겨레신문 보급, 우리문화연구회 등 거창에서 할 일은 어느 정도 마쳤다는 생각이 들었다. 또 자식들은 점점 커가고 있는데 거창 YMCA는 월급을 줄 형편도 아니었다. 40대 중반에 접어드니 불현듯 부모님과 고향이 그리워지는 날도 많아졌다.

거창살이를 마치려던 그 즈음 순천 YMCA 간사 이학영씨가 거창으로 나를 찾아왔다. 여수 YMCA로 와서 지역운동을 함께 해보자는 것이었다. 이제 거창을 떠날 때가 되었다고 마음을 정리해가고 있었고 아내도 "기왕 고생을 할 바에야 훨씬 낙후된 고향 땅 전라도에 가서 봉사를 하는 것이 낫지 않겠느냐"고 거들었다. 고향으로 가자고 결심했다. 집도 팔았고 아내도 학교에 사표를 냈다.

그 소식을 전해들은 거창농민회장 표만수씨가 와서 말렸다.

"이제 겨우 우리가 하려고 했던 농민운동이 막 자리를 잡고 있는데 니가 가면 되겠냐. 무책임한 짓 아니냐."

며칠 뒤에는 5~6명이 찾아와서 협박 아닌 협박을 했다. 거창에 온 지 얼마 되지 않았을 때 '전라도 사투리 쓰면서 이상한 일 벌이고 다닌다'고 공동묘지로 나를 데리고 가서 두들겨팼던 사람들이었다.

"너 혼자 잘 먹고 잘살겠다고 떠나는 것이냐."

"너 가도록 놔두나봐라, 트럭 타이어 빵꾸를 내뿔끼다."

거창성당으로 막 부임한 김영식 신부님도 만류했다.

친구 최찬도의 아버지 경민(耕民) 최남식 선생도 잊을 수 없는 분이다. 달이 좋은 밤이면 마당가 은행나무 밑에서 구운 은행 안주 삼아 됫병 술을 비우며 세상을 걱정하던 어른이셨다. 내가 거창을 떠날 적에 몹시 서운해하면서 아끼던 토기 3점을 곱게 싸주셨다.

떠나는 길에 몇몇은 자기들이 손수 심은 곡물을 차에 실어주기도 하며 전송을 해주었다. 과분한 사랑과 정에 울컥 눈시울이 뜨거워졌다. 제2의 고향인 거창이 시야에서 뿌옇게 멀어지고 있었다.

1992년 5월까지 17년 4개월간의 거창살이. 26세에 갔다가 43세에 나왔으니 내 인생의 황금기를 보낸 셈이다. 거창은 내게 자랑스럽고 유쾌한 곳이다. 거창고, 농민회, 거창 YMCA 사람들이 주마등처럼 스쳐간다. 그들과 머리 맞대고 학생들을 어떻게 잘 가르쳐볼까, 어떻게 하면 농민들을 사람대접 받고 살 수 있게 할까 궁리했던 부끄럼 없는 때였다. 황소처럼 미욱하게 신념을 밀고 간 시간이었다. 그런 힘과 열정이 어디에서 나왔나 싶을 정도로 열심히 살았다. 그래서 전라도 출신이면서도 그 한계를 극복할 수 있었고, 거창에서 농민교육기관을 세우고, 거창 YMCA를 창설할 수 있었던 것 같다.

산자수명한 자연도 파노라마처럼 스쳐간다. 바위 덩어리 하나로 이어진 북상면의 아름다운 골짜기들, 건계정에서 잡어를 잡아 추어 탕 끓여먹고 놀던 일, 그곳에서 농민회 회원들과 공부하고 힘을 길렀던 일, 올곧은 생각을 가진 시민들과 어울리던 일……. 전영창 교장, 노무현 변호사, 김대중 대통령 후보도 만났던 거창. 맑고 깨끗한 생각이 가득 찬 곳 거창은 내 영혼의 커다란 원천이다.

삶을 지키는 큰 힘, 가족

내아내 임미경은 목포의 넉넉한 집안에서 임상규씨의 2남2녀중 막내딸로 태어났다. 호남 굴지의 기업 보해양조를 창업한 임광행 회장의 조카딸이기도 하다. 성균관대 국문학과 재학중, 친구 김승철(교수)의 소개로 학교 앞 한가람 다방에서 처음 만났다. 여드름 꽃이 활짝 핀 얼굴이었지만 아주 귀염성 있는 여학생이었다. 당시 내 관심사가 학생운동인지라 나는 만나기만 하면 반민주적인 세상을 어떻게 민주적으로 고칠 수 있을지, 우리들이 할 일은 무엇인지를 열심히 얘기했었다. 수유리 신익희 선생 묘소 샛노란 개나리꽃을 앞에 두고도 학생운동 얘기뿐이었으니 참 한심스러운 남자친구 아니었겠는가. 광주학생독립운동기념사업 일환으로 『학생운동』잡지 발행의 힘든 짐을 지고 있다가 위수령이 발령돼 숨기도 하는 나를 이 여학생은 맑은 눈으로 바라보고 있었던 것이다.

이듬해 나는 소위 민청학련 사건으로 구속되었고 그녀는 면회도 되지 않는 서대문구치소, 안양교도소, 광주교도소를 찾아와 책과 영치금을 넣어주었다. 겨울에는 따뜻한 옷도 차입해주고 격려의 편지를 보내주었다. 감옥에서 나온 뒤 거창고등학교에 함께 근무하면서 사랑을 키웠다. 일을 하며 서로를 인정하게 되었고, 산과 들을 산책하면서 깨끗한 마음을 나눴다.

한편으로 힘든 세월이었다. 광주의 부모님 집이 광주 목포 간 도로확장공사로 거의 보상 없이 뜯겨 부모님과 동생들이 길에 나앉게 되었다. 그래서 아내의 박봉으로 광주 살림까지 챙겨야 했다. 게다가 가냘픈 여자의 몸으로 두 자녀를 낳고 키우며 교사 노릇하는 것도 힘들 터인데, 남편인 나는 귀신 씨나락 까먹는 소리 같은 농촌민주화, 농협민주화, 언론민주화, 교육민주화운동을 핑계삼아 고담준론에만 열을 올렸다. 지금껏 남편이 하는 일이 바른 길이라는 믿음 하나로 나의 삶을 뒷받침해준 아내다.

거창에서 광주로 옮긴 뒤 몇 년 뒤 일이다. 이제는 고인이 되신 빙장께서 병원에 입원하시고는 막내딸을 부르셨다. 나도 함께 갔다. 자연스럽게 빙장님 살아오신 얘기를 들었다. 그 중 한 토막 말씀이다.

"막내딸 미경이가 신랑감이라고 자네를 데려왔고, 집안은 좀 어렵다지만 그래도 서울대학교를 나와 거창에서 같이 교편을 잡고 있다 해서 결혼을 승낙했었네. 그런데 결혼식을 치르고 신행을 가서 깜짝 놀라버렸네. 위아래 단칸방에 어린아이들과 자네 부모님이 참으로 어렵게 사시는데…… 그래도 평생 초등학교 선생을 하셨다는데 이렇게 적빈일 수가 있나. 이 집에 내 딸을 두고 가야 한다니…… 눈물을 감추려고 고개를 뒤로 젖혀 천장만 바라보다 나왔지. 승용차에 타자마자 눈물이 쏟아져 기사가 놀랐다네.

그래도 두 사람이 큰소리 내지 않고 부모님 봉양했고 어린 동생들 거두어 키우고 가르쳤고, 또 여우살이까지 시켰으니, 참으로 장하네. 20년 동안 참 고생이 많았지. 자네들은 큰 복을 받을 게야. 가난하게 살면서도 어렵다고 손 벌리는 법도 없고……."

 딸에 대한 아버지의 큰 사랑에 가슴 한켠이 시큰거렸다.

 내 사랑하는 아들딸인 은수, 혜진 남매가 어렸을 때부터 나는 이런 얘기를 자주 했다.

 "너희가 무슨 공부를 할 것인지, 어느 대학을 갈 것인지, 앞으로 무엇을 하고 살 것인가는 너희들이 결정하겠지만 부모로서 요망사항이 있다. 첫째는 법조계에 안 나갔으면 한다. 판사건 검사건 변호사건 이들은 일상적으로 죄인 또는 범죄 혐의자를 만나는 것이 일이다. 사람의 아름다운 면, 긍정적인 면보다는 깨끗지 못한 면과 부정적인 면을 봐야만 하는 직업인 게다. 두 번째는 의료계로 안 갔으면 좋겠다. 날마다 아픈 사람, 다친 사람, 우는 사람, 걱정하는 사람을 만나니 얼마나 힘든 직업이겠냐."

 법조인이나 의료인이 들으면 화를 낼지 모르겠지만 내 생각이 그렇다는 얘기다. 언젠가 동아일보 황호택 기자와의 인터뷰에서 그런 얘기를 한 적이 있는데, 기자가 "정 보좌관이 살아온 일생의 코드가 세속의 가치를 추구하지 않다보니 자녀들에게 그런 교육을 시킨 것 같다"는 해석을 붙여놓은 것을 보았다.

 나는 두 녀석들에게도 아버지로서 잘해준 기억이 별로 없다. 사회 개혁 운동을 한다고 생활비를 제대로 벌지 못했으니 가난하게 키웠다. 일을 좋아하는 사람이라서 가족들과 오순도순 사는 재미를 보여주지도 못했다. 그럼에도 불구하고 비뚤어지지 않고 반듯하게 커준 아들과 딸이 기특하고 고마울 뿐이다.

내가 하는 일에 늘 묵묵히 큰 동조의 시선과 배려의 몸짓으로 나의 힘을 북돋아준 나의 아내 임미경, 그리고 기특하고 고마운 나의 아이들, 사실 내 삶을 지키는 가장 큰 힘은 가족이다. 누가 그것을 부정할 수 있겠는가.

'사투리, 막걸리, 걷기' 나의 3대 예찬

– 사투리의 미덕

나는 사투리를 즐겨 쓴다. 게다가 여러 사투리를 쓸 수 있다. 전라도가 고향이니 전라도 사투리, 서울에서 살며 언어학을 공부했으니 서울 사투리, 거창에서 17년을 살았으니 경상도 사투리도 '원어민' 수준이다. 사투리는 삶의 반영이다. 무엇에 옥죄이듯 표준말에 매이지 말고 마음 편하게 사투리를 쓰는 세상이 '사람 사는 세상'이다.

내가 청와대에서 사투리를 쓰자, 내 트레이드마크가 '걸쭉한 전라도 사투리를 쓰는 보좌관'이 되었다. 당시 기사를 보면 기자들은 나의 전라도 사투리를 상당히 재미있게 들었던 것 같다. '매력적 코드' '사투리 열풍이 분다'는 기사 등 모든 신문에서 나의 전라도 사투리에 대한 기사를 써서 새삼 놀란 적이 있다.

대부분 신선하다는 평이었지만 부정적 시선으로 보는 기사도 있었다. "고위공직자가 표준어를 사용하지 않는 것도 국민에 대한 예의에 어긋난다. 사투리를 지적하는 것이 아니라 고위공직자의 정제된 자세를 말하는 것이다. 하루아침에 고칠 수야 없겠지만 적어도 노력하는 흔적만이라도 보여야 한다"는 내용이었다. 나는 이 기사가 지적한 내용을 충분히 이해하고 정제되지 않은 어법에 대해서는 반성을 했다.

사투리와 연관된 다른 이야기 하나. 서울대학교 언어학과에는 우리나라 한글학계 한 그루 큰 나무 허웅 선생님이 계셨다. 그분은 김해가 고향이신데 완벽하게 표준말을 쓰셨다. 그리고 제자들이 표준말을 쓰지 않으면 엄히 꾸중을 하셨다.

"언어학도가 표준말을 못하면 되겠는가."

다른 지방 학생들은 쉽게 표준말을 하는데 경상도 친구들은 잘 안 되어서 혼나는 일이 많았었다.

수십 년이 흐른 뒤 청와대 인사보좌관 내정자로서 기자회견을 하고 며칠 뒤 한글학회로 동기생인 유재원 외국어대 교수와 허웅 선생님(당시 한글학회장)을 뵈러 갔다. 선생님께 가면서 괜히 걱정이 되었다. 기자회견을 하면서 사투리를 심하게 썼기 때문이다. 바닥에 엎드려 큰절을 드리니, 두 손을 내밀어 잡아 일으키시면서 격려를 해주셨다.

"정군, 열심히 하시게나."

"감사합니다. 선생님, 그런데 제가 사투리를 심하게 썼습니다."

"지금 자네는 백성을 편안하게 해주는 일만 잘하면 되네. 사투리는 괘념치 말게."

말은 곧 정신의 반영이다. 자기 말과 글을 지키는 것은 정체성을 지키는 일로 매우 중요하다. 말과 글이 없어지면 그 민족은 100년

안에 망한다는 말이 있다. 알퐁스 도데의 단편소설 「마지막 수업」에서 선생님은 프러시아군의 침략으로 학교에서 자국어인 프랑스어를 가르치지 못하게 되자 마지막 수업에서 이렇게 말한다.

"비록 남의 나라 노예가 된다 하더라도 자기나라 말을 잊지 않으면 감옥의 열쇠를 쥐고 있는 것과 같다."

사투리는 그 지역의 정체성을 담고 있다. 사투리는 '촌스러운 것'이 아니라 '자기스러운 것'이라고 나는 생각한다. '표준어'는 교양 있는 사람들이 두루 쓰는 서울말을 뜻하는데 이것도 따지고보면 '서울 사투리'다. 극단적으로 말하면 개인마다 쓰는 개인어가 있고 이는 모두 '개인 사투리'라고 할 수 있다.

사투리가 갖는 미덕도 많다. 사투리는 딱딱한 분위기를 푸는 데 크게 도움이 된다. 사투리를 써야만 제맛이 나는 표현도 있다. 사투리는 국어의 영역을 풍성하게 해주는 역할도 한다. 전라도, 충청도, 경상도 사투리 가운데 정겹고 독특한, 그래서 귀도 즐거운 표현이 얼마나 많은가.

나는 사투리를 많이 쓰는 편이다. 내 정신과 육체를 만들어준 곳의 말을 쓰는 것은 지극히 당연하다. 거창에서 17년 이상 살았지만 그곳에서도 전라도 사투리를 썼다. 나하고 같이 지낸 분들은 내가 경상도 사투리를 쓰면 재미없다고 핀잔을 주곤 했다. 인사수석 시절에도 기자들은 내 사투리를 즐겨하는 편이었다. 물론 싫어하는 사람도 있다.

나는 전라도 사람들이 자기들끼리 전라도말 쓰면서 다른 데 가서는 표준말을 쓰려고 하는 것을 보면 어쩐지 위장을 하고 있는 것 같아서 좀 거북스럽다. 특히 고위 공직자들이 그렇다.

인사수석 시절에는 '인사 담당이 사투리를 쓰면 다른 지역 사람들에게 오해를 받지 않을까.' 하는 생각도 했다. 하지만 나는 오해받지 않을 자신이 있었고 공정무사함으로 인정받을 각오를 했기 때문에 전라도 사투리를 자연스럽게 썼다. 청와대 생활 중 언론에는 "구수한 사투리를 쓰는 정찬용 보좌관이 단연 스타로 부상했다"와 같은 기사가 가끔 있었다. 나는 공식석상에서나 전 국민을 대상으로 한 자리에서는 최대한 표준어를 쓰려고 노력한다. 그러나 강박에 가까운 노력까지는 안해보았다.

–막걸리 예찬

나는 술을 즐기는 편에 속한다. 술 중에서 막걸리를 좋아한다. 막걸리를 보면 나는 가끔 큰어머니가 생각나곤 한다. 큰집은 농사를 많이 지었기 때문에 술이 늘 있었다. 따뜻한 방안, 배부른 항아리에 보글보글 술이 익어갈 때면 퀴퀴한 누룩 냄새가 진동했었다.

박목월의 시「나그네」에 나오는 '술 익는 마을마다 / 타는 저녁 놀'이라는 대목은 나에게 우리 큰집 마을 풍경을 떠올리게 하는 구절이다. 가끔은 큰어머니께서 "먹어볼래?" 하면서 한 잔씩 떠주시기도 했다. 국민학교도 들어가기 전인데 말이다. 술은 지금처럼 '미성년자 불가' 딱지가 붙는 알코올이 아니라 그냥 양식의 하나였다. 추억과 낭만까지 숙성이 된 술이라 나에겐 예사 술과는 다르다.

막걸리를 '한류'로 만들어야 한다. 조선시대까지만 해도 360여 종의 전통주가 있었으나 일제 때 강제로 없애버렸다. 막걸리는 촌놈들의 술이 아니라 당당한 한국의 전통주로서 그 지위를 복권시켜줘야 한다. 외국인들에게 값비싼 위스키 대접해보아야 고맙다는 말도 못 듣는다. 정신은 없고 돈 자랑만 하는 졸부 취급받기 딱 좋다. 독일에서는 맥주, 러시아에서는 보드카, 멕시코에서는 데킬라를 대접받아야 진짜 대접받은 것이다.

우리는 한국에 오는 관광객에게 막걸리나 소주를 자랑스럽게 내놓을 수 있어야 하고, 그것이 '코리아의 추억'을 파는 일이다. 요즘 들어 우리 술을 되살리는 일이 자주 언론에 나온다. 좋은 조짐이다. 서울 장수막걸리가 술꾼들 입맛을 돋우더니만 이제는 학생들도 막걸리를 즐겨 찾고, 심지어 일식집에서 막걸리를 내놓기도 한단다. 무등산 막걸리도 날로 맛이 좋아지고 있다. 지금 일본에서 막걸리 인기가 오르고 있는 중이라는 보도를 본 적이 있는데 나로서는 정말 기분 좋은 뉴스다.

나는 술을 즐기고 음주에 대해 관대한 편이다. 술자리는 항상 즐겁고 맺힌 것을 푸는 자리여야 한다. 업무적이고 접대를 위한 술자리는 당연히 재미없지만 어찌 하랴, 접대 술도 술인 것을. 유쾌하게 접대하고 접대받으면 되겠지.

그리고 나는 술자리도 여럿이 함께 마실 수 있는 쌈지막한 집이 좋다. 15년 전 거창에서 광주로 막 왔을 무렵, 전남대 조담 교수와 즐겼던 구례 산동면 장터 주막집에서의 막걸리 맛이 아직까지 기억에 남아 있다.

룸살롱에도 몇 차례 가보긴 했다. 한데 역시 내 취향에는 잘 안 맞는다. 대체로 지하에 곰팡이 냄새나는 방에 자리도 불편하고 조명도 성가시다. 거창에서도 지역 유지들과 함께 룸살롱에 갔다가 그냥 나와버린 적이 있다. 체질에 맞지 않는다. 그 자리에서 술은 이해타산의 매개체일 뿐이다. 부정이 싹트기 딱 좋은 곳이다. 나는 막걸리 자리에서 뇌물 오갔다는 얘기는 못 들어봤다. 막걸리는 탁하지만 본질은 깨끗한 술이다.

– 걷기 예찬

산들산들 아침바람을 맞으며 새벽운동에 나서는 사람들이 늘고 있다. 아침을 걷는 여유, 건강한 공기와 함께 걷기는 많은 사람들이 즐기는 건강관리법으로 떠오르고 있다.

그야말로 요즈음 걷기가 유행이다. 무등산 옛 길과 지리산 둘레길이 복원되어 자연을 사랑하고 산책과 명상을 즐기는 사람들이 좋아하는 걷기 코스가 되었다. 마을 큰길에서 집으로 들어가는 조붓한 고샅길을 뜻하는 제주도 사투리에서 유래한 제주도 올레길은 사람들이 너무 많아 마치 시장처럼 북적거릴 정도가 되었다. 스페인 산티아고 길 1,000킬로를 한 달 두 달 걸려서 걷는 순례자와 수행자들 또한 줄을 잇고 있다고 한다. 힘이 들고 때로는 다리가 퉁퉁 부어오르지만 사람들이 걷는 이유는 걷고 난 후에 얻는 즐거움에 있는 것 같다.

나도 걷기를 즐긴다. 어지간한 거리는 차를 타지 않고 걷는다. 건물에서도 가능하면 엘리베이터를 피하고 걸어서 오르내리기를 즐긴다. 쉼 없이 밀려드는 일에 과로를 피할 길 없는 나의 일상에서도 그럭저럭 견딜 수 있는 체력과 건강을 얻은 것 또한 걷기를 생활화한 덕분이라고 생각한다.

  이제 나는 광주를 자주 걸을 작정이다. 우리 선조들 가운데 어떤 훌륭한 인재가 어디서 태어나서 자라고 공부하고 얼마나 자랑스러운 일을 하셨는지 공부도 하면서 지금 자라나는 우리 지역 인재들을 어떻게 해야 제대로 육성할 수 있을지 묻고 듣고 느끼고자 한다. 물줄기와 산줄기가 어떻게 어우러졌는지, 마을과 문화유적 그리고 산과 들을 두 발로 걸으며 확인할 참이다. 시민들이 무엇을 불편해하는지, 먹고사는 형편은 어떠한지 들어볼까 한다. 걷기는 나의 몸과 맘을 더욱 건강하게 해줄 것이다. 그리고 내가 하고자 하는 일을 더욱 의욕적으로 추진하는 기본동력이 될 것이다.

내가 본 정찬용

스승이요 친구, 동지요 비서, 참말로 좋은 사람

　서울대 출신 내 비서 정찬용이 몇 년 전에 거창에 와서 "표형, 내가 책 한 권 낼라 하요, 어떻게 생각하요?" 하길래 "한 권 아니라 몇 권 내도 되지요." 했더니 "몇 권 내기는 그렇고 한 권만 낼라요." 한 일이 있다.
　정 선생이 책을 내면 참 좋겠다. 내 이름도 들어가고 내가 했던 일도 들어갈 것이니, 나도 책 한 권 내는 셈이 될 것이라 생각했다. 그런데 진짜로 책을 내게 되었으니 참으로 좋은 일이다.
　정찬용이를 처음 만날 당시 나는 좋게 말해서 평민이지 사람 취급도 받지 못하는 처지였다. 인간 이하의 멸시와 천대, 무시와 거부를 당하면서 살고 있었다.
　가을쯤인가 꼭 이맘때쯤 정 선생이 크리스천아카데미 교육 가자고 나를 꼬드겼다. 생전에 듣도 보도 못한 이야기를 하며 나를 보고 빨갱이를 하라고 했다. 정말로 기가 차서 말이 나오지 않았다. 억장이 무너지는 기분이었다. 지금이야 빨갱이는 별 문제가 되지 않지만 그때 당시로는 그만큼 공포인 것이 없었고 그 말을 듣는다는 것은 죽으라는 말보다 더 무섭고 두려운 것이었다. 당시 농민운동은 군사정권에 의해 빨갱이로 덧씌워져 있었다.
　"표형! 농사 지어 땅주인에게 소작료 얼마나 주요?" 하고 그가 나에게 다가왔다. 내 임대 논은 천수답이라서 물이 항상 부족했다. 논에 물고는 항상 열어두어야 하기 때문에 비가 올라치면 밤이라도 가서 물고를 막아야 했다. 나락 한 톨이라도 더 생산하기 위해 몸이 부서져라 일했다.
　"50 대 50 반반씩 똑같이 가릅니다."
　"표형, 잘 들으시오. 50 대 50 같으면 농민 잘살 수 있겠소? 땅 주인은 땅 빌려 주었다는 이유로 50을 가져가지 않소. 잘사는 사람만 더욱 더 잘살게 되고……."
　그것은 지금도 마찬가지다. 우리 시대 가장 큰 문제는 양극화 문제다. 그 당시는 남의 집 일하는 품팔이를 가면 일당이 3,500원 할 때다.

"표형이 하루 종일 몇 만 원어치 일을 해야 3,500원을 품삯으로 주요?"

동갑내기라고는 하지만 정 선생은 나에게 경쟁대상이 아니었다. 사람 좋지, 잘생겼지, 말 잘하지, 아는 거 많지, 서울대 나왔지. 나는 겨우 말대꾸만 했다.

나는 못사는 사람 못살고, 잘사는 사람 잘사는 세상, 이런 세상 없는 곳에서 한번 살아봤으면 하는 것이 소원이었다. 하늘과 땅이 맞대어 맷돌처럼 달달 갈렸으면 하고 바랐다.

돈이 없어 죽어야 하는 세상, 사랑하는 소중한 가족과 생이별해야 하는 세상, 인간이 인간이 아닌 세상, 돈이 없어 농협에서 돈 빌리면 선이자 내고 농협강제출자 떼이는 세상……, 동가리가 나서 너도 죽고 나도 죽었으면 싶은 세상인데……, 부채 없는 세상, 사람 사는 세상을 같이 만들어보자고 한 사람이 정찬용이었다.

1978년 12월 4일, 난생 처음 서울에서 1박하고 수원의 '내일을 위한 집'에서 4박 5일 교육을 받았다. 나는 지지리도 못 배우고 못난 인생이다. 이런 못난이를 사람 대접해주면 미치지 않을 수 없다. 가슴이 벌렁거리고 눈이 휘둥그레졌다. 가슴에 불이 하나 생긴 것 같았다. 숨이 길어지고 손에 힘이 생겨났다.

교육을 다녀온 후 정 선생이 나 표만수더러 농민교육 강사를 하라고 했다. 이게 가당키나 한 일인가? 중학교 졸업한 친구와 초등학교 선배 두 사람도 함께 농민교육에 참석했다. 친구 앞에서 망신 줄 일 있냐면서 못한다고 뻗댔다. 그러자 정 선생이 개인과외를 시켜주었다. 교육 한 시간 전에 말이다. 세금은 우리 가정에 돈이 필요하듯이 국가에도 필요하다. 하지만 세금은 잘사는 사람이 많이 내고 못사는 사람은 조금 내야 한다는 등등……. 그때 강사로 모신 문병란 시인, 전성은 교장, 정찬용은 영원한 나의 스승이 되었다.

거창 YMCA를 만들고 지역사회개발사업을 시작한 정찬용이가 또 다른 이름으로 우리에게 다가왔다. 소먹이 구시 통을 다듬고 불로 태우고 **빼빠**로 잘 밀어서 초칠을 하고 서울 백화점으로 팔았다. 벌꿀을 서울, 부산, 광주로 내다팔았다. 내가 사과밭을 임대해 농사지어 거둔 사과를 팔아주기도 했다. 어느새 우리 손에 돈이 쥐어졌다.

어느 해 저농약 쌀 270가마를 5톤 트럭에 싣고 정찬용 비서랑 같이 서울로 쌀장사 갔다. 80킬로 한 가마를 들쳐메고 5층 아파트 계단으로 배달하면 눈앞 하늘이 노랗다. 팔다리에 힘이 풀리고 두 번 다시 배달할 생각이 없어진다. 몸이 고단한 건 나은 편이다. 새파랗게 젊은 새댁이 잠옷 바람으로 나와서 베란다 문을 가리키며 '저기 두세요.' 하면 '정말 세상이 뭐 이래!' 하고 울먹일 때, "사람 위에 사람 없고 사람 밑에 사람 없는 세상이 우리가 이루어가야 할 세상이오." 하고 나를 위로해주던 사람이 정찬용이었다.

논두렁에 엎어져서 발목을 다쳐 일어서지도 못하는 나를 업어서 길을 갔던 일, 우리 어머니 세상 떠나던 날 형님처럼 보살펴준 일, 내가 슬퍼 목 놓아 울 때면 같이 울어주던 일이 지금도 눈에 선하다.

중국공산당원 핵심 간부는 9년에 걸쳐 산교육을 받는다고 한다. 우선 3년간 감방생활 죄수가 되어보면 사람에게 함부로 대하지 않고 사람을 존중하며 사람다운 행실을 할 수 있게 된다는 것이다. 그리고 3년은 제일 밑바닥 생활, 서민생활을 해봐야 삼고 풍파 인생고를 알고 눈물 젖은 빵을 먹어봐야 못사는 사람 심정을 안다는 것이다. 마지막 3년은 가르치는 자가 되어 지도자가 될 품성, 인성교육, 인재교육, 진리를 배워야 한다는 것이다.

나의 비서 정찬용은 그 9년의 산교육을 이미 다 마친 사람이다.

민청학련사건으로 인한 감방생활, 거창고등학교에서의 교편생활 그리고 인생 제일의 밑바닥 생활을 했다. 하루는 거창여고 뒤편에 있는 정 선생 집에 갔더니 늦은 점심을 먹는데 총각김치 한 가지만 가지고 밥을 먹고 있었다.

'정말 왜 저래 살까? 저러고 살지 않아도 될 텐데.' 하는 것은 내 마음이고, 정찬용은 내일 걱정하지 않는 사람, 무엇 하나 걱정이 없는 사람, 정말로 행복한 사람이라고 나뿐 아니라 거창사람이면 다 그리 보았다.

이제는 농민의 비서가 아니라 사람답게 사는 사회, 다함께 잘사는 세상의 비서가 되어주시길 바라지 않는다. 우리가 해야 할 일이 있다면 풍요 속의 빈곤, 이 일을 어떻게 해결해야 할 것인가 고민하는 것이다. 기계도 거꾸로 돌리면 망가지는데, 거꾸로 돌고 있는 세상, 우리가 이렇게 망가질 수는 없다.

정 선생을 만나 우리는 나와 정 선생만 잘사는 세상이 아니라 우리 모두 잘사는 세상을 만드는 꿈을 꿔왔다. 그런 세상 물꼬를 텄다고 생각했는데 그게 아니다. 요즘 돌아가는 꼴이…….

나의 스승이요, 친구요, 동지이며, 우리의 비서! 정찬용이 다시 물꼬를 터야 할 일이 남아 있는 것 같다.

— 표만수(전 전국농민 경남 도연맹 위원장)

제2부
'광주가 서야
대한민국이 산다'

6장

광주, 저항의 에너지를 창조의 에너지로

"나는 권력의지보다 봉사의지가 강하다고 스스로 자평하는 사람이다.
그것은 내 삶이 그럴 수밖에 없었기도 하지만 그 길이 보람된 길이라는
생각 때문이기도 하다. 시민단체는 나에게 그런 봉사의지를 키워준 터전이었고
리더십 훈련장이었다. 광주의 헌신과 역할을 자랑스러운 유산으로
만들기 위해 나는 끊임없이 힘을 보탤 것이다."

나의 후견인 윤장현 선배

여수 YMCA에서 내가 총무로 일하기로 하려던 계획에 이상이 생겼다. 여수 YMCA 이사장이 나를 마땅찮아한다는 것이었다. 나이가 많고 지나치게 학력이 좋고 운동권 사람이라서 버겁다는 거다. 유지지도력(이사 위원)과 실무지도력(간사 직원)이 수레의 양 바퀴처럼 보조를 잘 맞추면 YMCA가 앞으로 나아간다. 유지지도력의 대표인 이사장과 뜻이 맞지 않으면 제대로 일을 할 수가 없다. 나는 여수를 포기했다. 목포 YMCA 김탁(민주당 목포지역위원회 사무국장) 간사가 총무로 모시고 일하고 싶다 했는데 여기도 다른 사연으로 일이 틀어지고 말았다.

차제에 아예 YMCA를 떠날 생각도 해봤다. 그 즈음 광주 YMCA 이사들이 광주 YMCA의 활성화를 위해 간사로 일해줄 것을 요청했다. 당시 이사진은 구창환 교수, 강신석 목사, 명노근 교수, 김용일 교수, 윤용상 장로, 이광우 교수, 윤영규 전교조 위원장, 김국웅 사장, 고진형 선생 같은 분들이었다. 광주 YMCA 사회교육부장으로 발령을 받았다. 1992년 6월이다.

광주에 와 1년을 지내면서 나는 좀 실망했다. 광주 시민들이 매우 심각한 패배주의에 빠져 있었기 때문이다. 어렵더라도 앞으로 나아가는 진취적 기상이 약해진 상태였다. 김대중 후보가 연거푸 대선에서 떨어져 정치적 패배주의가 널리 깔려 있었다. 몇 십 년간 계속된

군사정권의 외면 속에서 변변한 공장 하나 없는 경제적 낙후성도 그 원인이라는 생각이 들었다. 다들 무엇으로 먹고 어떤 일을 할 것이라는 계획이 명확치 않고 될 대로 되라는 자포자기 분위기였다. 나는 우선 YMCA만이라도 분위기를 바꿔보고 싶었다.

이러한 판단과 각오를 할 수 있었던 배경은 윤장현 형 덕택이었다. 우선 타향살이 23년을 정리하고 돌아온 나를 든든하게 붙잡아주었다. 여러 후배들이 함께한 자리에서 "시민운동이 앞으로 우리 사회에서 매우 중요한 몫을 담당할 것이다. 나는 자원봉사자로서 시민활동에 참여하고 후원하지만, 찬용이는 전업시민운동가로서 전라도 시민운동에 매진하리라 본다. 아직 우리 동네 형편을 모르는 것이 많을 터이니 찬용이가 하는 일을 잘 돕자"고 길을 닦아준 것이다.

그리고 다음에 열거할 모든 운동에서 직접 나서기도 하고 때로는 뒤에서 격려하기도 했다. 장현형과 만날 때마다 시간 가는 줄 모르고 진행되고 있는 운동 상황을 점검하고 다음 일을 구상하곤 했다. 안과의사인 형이 어떻게 그리 다양하고 창조적인 발상을 할 수 있는지 지금도 궁금하다.

광주 YMCA는 당시 김호준 총무, 김대환 체육부장, 이훈규 청소년부간사, 김농채 회우부간사, 박병훈 문화부간사와 문기전 선생, 선윤홍 선생, 최명선 주임, 어린이 스포츠단 교사들이 나름대로 열심히 활동을 이끌고 있었다. 이사회와 위원회 지원을 받아 시민을 위해 봉사하는 조직, 시민들로부터 사랑받는 조직, 직원들이 더 열심을 내는 살아 있는 조직으로 만들고 싶었다.

전국으로 번진 아파트 주민자치운동

나는 시민중계실 담당 문기전 선생과 함께 아파트 하자실태 조사를 시작했다. 주민을 대상으로 설문조사를 해보니 분양 면적 의심, 불량자재 사용, 엉터리 시공, 허위과대광고 등 그 심각성이 드러났다. 결과를 발표했더니 지역 언론부터 대서특필을 했다. 아파트 건설 붐을 타고 너도 나도 아파트를 사려는 때여서 시민들도 큰 관심을 보였다.

우리가 문제를 제기한 이상 해결책도 마련해야 했다. YMCA 무진관에서 '아파트 하자 무엇이 문제인가'라는 주제로 공청회를 열었다. 김광우 전남대 교수, 아파트 입주자 대표, 건설업자 대표, 시의원 등 5명이 패널이었다. 과연 사람들이 모일까 하는 걱정과는 반대로 1,500여 명이 참석해서 초만원을 이뤘다. 대부분 주부들이었다. 오후 2시부터 5시까지 진행했는데 뭔가 해결의 실마리를 매듭짓지 않고는 집에 돌아가지 않겠다는 시민들이 많아 대책위 구성을 위한 임시지도부를 조직하고 나서야 공청회가 끝났다. 대성공이었다.

결국 시민들이 가장 성가시고 고통스럽다고 느끼는 구체적인 문제를 제시하자 시민들이 구름처럼 모여들고 해결책 마련에 강한 의욕을 보인 사례였다. 이는 마치 거창에서 농민들이 농가부채운동에 크게 호응한 경우와 다름없었다. 조사활동을 위해 아파트 별로 단위조직을 구성하고 운영기금도 아파트 한 집당 1,000원씩 모았는데 금방 큰돈이 모여 조사활동을 활발하게 진행했다.

이처럼 대중운동은 우선 대중적 과제를 선정해야 하고, 둘째로는 매우 구체적이어야 하며, 셋째로는 공공적 이익과 개인적 이익이 맞아떨어져야만 성공할 수 있는 것이다. 그리고 여럿이 함께 재미나게 해야 한다. 뒤에 KBS 시청료 거부운동이나 스크린 경마장 반대운동, 외산담배 추방운동, 낙천낙선운동들도 이러한 경험을 바닥에 깔고 진행되었기 때문에 시민들의 호응을 받았다고 생각한다.

우리는 대책위원회를 구성한 뒤, 현장방문조사를 했다. 현장을 가보니 엉망진창이었다. 방음이 안 된다는 집의 벽을 뜯어보니 2장씩 쌓아야 할 벽돌을 어느 높이부터는 1장만 쌓았고, 방이 춥다는 집을 뜯어보니 구리 파이프를 30㎝ 간격으로 놓게 되어 있으나 PVC 파이프로 들쭉날쭉하게 해놓았고, 창문 섀시가 정품이 아닌 등 수십 가지 문제점이 드러났다.

그 결과는 언론에 또 대서특필되었다. 대부분 하자보수나 현금 보상을 받았다. 하남의 모 아파트는 한 개 동 전체 주민을 다른 아파트로 이주시켜주기도 했다. 이 운동은 '전국 아파트하자보수 대책위원회' 구성으로 전국 단위로 확산되고 이로써 '아파트 주민 연합회'가 탄생했다. 노익장 강인태 회장이 적극 참여해 더욱 힘을 얻었다. 이는 아파트 건설업체들에게는 큰 경종을 울렸고, 우리나라 아파트 시공수준을 한 단계 높이는 계기가 된 것으로 큰 자부심을 느낀다.

전국 뉴스에까지 우리 활동이 소개되니 직원들은 신바람이 났다. '이태리 안경' 사장 강성준 이사는 에어컨도 없이 더위에 고생한다며 아이스크림을 사와서 직원들을 격려하는 등 많은 사람들이 성원을 하고 나서자 직원들도 힘이 불끈 나는 모양이었다. 더불어 우리 YMCA 위상도 높아졌다.

사람이 변해야 세상이 변한다

이즈음 한 직원이 나에게 상담을 해왔다. 서로 사랑하고 장래를 약속한 여자친구가 있는데 여자친구 부모님이 결혼을 반대한다는 내용이었다. 그러니까 'Y인지 뭔지 그런 데 다니는 사람한테 딸을 줄 수가 없다'는 것이었다. 가슴이 미어지도록 서글퍼졌다. 이것이 비단 그에게만 해당되는 일은 아닐 것이었다. 나는 직원들을 모아놓고 일장 연설을 했다.

"YMCA라는 우리 직장이 변변치 못하다고 결혼을 반대하는 경우를 최근 보았습니다. 우리는 나름대로 헌신적으로 시민들을 위해서 일하는데 존경은 못 받을망정 이런 대접을 받아서야 말이 되겠습니까? 내 경우도 비슷합니다. 제 어머니께서는 주위에서 아들 요새 뭐하느냐는 질문을 받으면 대답을 어찌해야 할지 모른다고 털어놓으십디다. 공무원도 아니고 학교 선생도 아니고 회사원도 아닌 YMCA를 시민들이 모르기 때문입니다. 우리 탓도 크다고 봅니다. 박수 받을 일을 많이 했습니까? 최선을 다해서 열심히 일했습니까? 우리 스스로가 좋은 일터로 만들어야 합니다. 이번 아파트하자조사 문제와 같이 우리가 열심히 노력하면 우리는 얼마든지 시민들로부터 사랑받는 조직이 될 수 있다고 생각합니다. 우리부터 달라집시다. 한번 해볼랍니까?"

이런 요지였다. 출근을 일찍 하는 이들이 늘어나고 일과 사람을 대하는 태도도 많이 달라져갔다. 큰일을 하고 성취감을 맛본 뒤라 힘들이 저절로 나는 모양이었다. 상담실도 북적대고 빈 교실도 서로 써야 한다고 다투기도 하면서 남아돌던 강당도 없어졌다. 조직이 변하기 시작한 것이다.

　수십 차례의 직원회의와 간사회의, 그리고 이사회의를 거쳐 기존의 단기적이고 타성에 젖은 활동과 사업을 뛰어넘어 중장기적인 원대한 계획을 세우고 매년 구체적 사업을 하나하나 실천해나가는 로드 맵을 만들기로 했다. 그래서 만든 것이 '비전 2020'이었다. 2020년은 광주 YMCA 창립 100주년이 되는 해다.

> 광주 YMCA 비전 2020
>
> 　우리는 예수 그리스도의 가르침에 따라 이 땅 위에 정의와 사랑과 평화를 실현하고 창조질서를 보전하며 인간의 존엄성을 높이는 공동체 사회를 이루기 위하여 민주화와 대동사상을 추구하는 이 고장의 역사와 전통을 바탕삼아 바람직한 시민운동을 전개하고, 건전한 청소년 사회교육활동에 최선을 다할 것을 다짐하면서 광주기독교청년회 창립 100주년(2020)을 바라보며 아래와 같이 광주 YMCA 비전 2020을 선언한다.
>
> ❶ 광주 YMCA는 청소년들이 바람직한 민족적 정체성을 계승하고, 정신적, 영적, 신체적으로 균형 있는 발전을 도모하도록 하며 창조적인 세계인이 되도록 한다.
> ❷ 광주 YMCA는 도덕성과 전문성을 갖춘 지도력을 양성하여 광주정신을 인간과 사회발전의 힘으로 담아내는 공동체운동을 위해 연대 협력한다.

❸ 광주 YMCA는 극단적인 이기주의와 물신숭배, 부정부패와 비인간적인 사회악, 윤리의식의 타락과 환경파괴, 사회적 갈등과 지역주의 등을 개혁하기 위한 프로그램을 강화하여 정의 사랑 평화 창조질서가 넘치는 하나님 나라를 확장한다.

❹ 광주 YMCA는 필요하고 가능한 지역에 지회, 프로그램센터 및 청소년 수련의 장을 개설하여 YMCA 운동의 능력과 잠재력을 더욱 신장시키면서 시민의 사회참여를 확대하고 시민사회를 열어가는 선도적 역할을 한다.

액션 러닝 분야의 탁월한 전문가인 조선대 봉현철 교수(현 동국대 교수)와 손잡고 2020년 광주 YMCA의 모습을 상상하며 YMCA의 이사와 직원, 그리고 자문위원 워크숍을 1년여 동안 지속했다. 비전과 주요 목표, 그리고 분야별 사업을 세웠다. 직원 역량을 강화하고 대시민 봉사활동 강화와 같은 목표도 세웠다.

외국산 담배를 몰아내다

우연히 광주가 '외국산 담배소비 1위' 도시라는 기사를 접하고 깜짝 놀랐다. 외산담배판매율 전국 평균이 14%인데 광주전남이 25%로 거의 두 배에 달한다는 것이었다. 국수주의자는 아니지만 건강에 해로운 담배까지 값도 비싼 외국산을 1등으로 사 피우는 것은 지역의 불명예라고 생각했다. 정치적 소외, 경제적 가난 등으로 우리 지역의 뿌리가 흔들려 소비성향도 나빠진 것이 아닌가 하는 생각이 들었다. 담배인삼공사에 연락했더니 즉시 자료를 가져왔다. 외산담배와는 경쟁 관계인 그들로선 우리의 관심이 고마웠을 것이다. 시군구별, 종류별, 원인별로 분석과 홍보방안까지 계획되어 있었다.

60여 명의 자원봉사 외산담배추방운동대원을 모집해 기본적인 교육을 하고 바로 현장활동에 들어갔다.

광주 YMCA가 중심이 되어 '외산담배추방운동'을 치고 나갔다. 몇 명이 함께 술집에 들어가 외산담배를 피우는 손님이 있으면 정중하게 다가가 설명했다. "만약 허락하신다면 지금 피우시는 그 담배 대신 국산담배 한 갑을 드리겠다." 한 개비만 남았어도 국산담배 한 갑으로 바꿔줬다. 반응은 가지가지. 버럭 성질을 내는 사람도 있고, 소금을 뿌리는 주인도 있고, 정말 좋은 일 한다고 술 한 잔 권하는 사람도 있었다. 장성 갈재 부근에서 사슴농장을 하시는 분은 비용에 보태라고 300만 원이나 내놓았다. 우리와 인연을 맺었던 아파트대책위원회 주부들도 와서 스티커를 아파트에 붙이고 함께 운동에 나서주었다.

4개월 동안 아침에는 버스정류장에서 스티커를 나눠주고 저녁에는 외산담배 상습흡연지역을 돌면서 추방운동을 했다. 대학신문연합회 전동배씨(플랜 하우스 대표)가 지원 팀으로 가세해 큰 힘이 되었다. 노훈오(광주 YMCA 부장), 윤소현씨가 참 열심히 뛰었다. 점차 반향이 커지자 언론이 또 큰 관심을 보이기 시작했다. 우리의 활동이 워낙 굳세고 끈질긴데다 구체적 성과가 나타나기 시작하자, 양담배 한국 총판이 긴장했는지 총괄사장이 직접 우리를 찾아왔다.

커다란 덩치의 경호인원을 대동한 사장과 중앙안과 부근 천지식당에서 상견례를 했다. 윤장현 원장과 함께 광주전남의 소외 현황과 가난의 이유, 그리고 외산담배추방운동의 필요성을 진지하게 설명했더니, 두 손을 꽉 붙잡으며 "참으로 장한 일을 하시는군요. 전라도 살리는 일을 하시는데 저희가 돕지는 못할망정 어찌 우리 돈벌이만 생각하겠습니까?"라며 광주전남 제주지역 판매 총책에게 외산담배추방운동에 손톱만큼이라도 훼방 놓지 말 것을 강하게 명령하는 게 아닌가! 참으로 세상일은 알다가도 모를 일이었다. 지금은 고인이 된 민병의 회장의 인간적 순수성을 확인하는 순간이었다. 그 뒤로 그는 나의 든든한 후원자가 되었다.

넉 달 만에 서울에게 1위 자리를 넘겼다. 60여 명 대원들은 박수를 치며 좋아했다. 다음 달엔 부산이 2위, 우리가 3위로 한 단계 더 내려갔다. 이 일도 우리는 아주 재미있게 하며 더욱 자신감을 얻었다. 시민들이 원하는 것이 무엇인가를 찾아내고 우리가 힘만 보태면 할 수 있다는 생각으로 충만했다.

흔히 YMCA를 청소년 단체라고 한다. 광주 YMCA의 목적 중 한 가지도 청소년들이 바람직한 민족적 정체성을 계승하고 정신적·영적·신체적으로 균형 있는 발전을 도모하도록 하며 창조적인 세계인이 되도록 하는 데 있다.

이런 목적 달성을 위해 광주 YMCA도 다양한 활동을 전개해왔다. 특히 1991년도부터 전남대 심리학과 오수성 교수가 광주 YMCA 내에 상담실을 꾸리고 본격적으로 우리 지역 청소년들의 심리적 고민을 상담해주기 시작했다. 그러나 그 당시까지만 해도 상담에 대한 부정적 인식으로 크게 활성화되지는 못했다.

10대의 전화 개설, 청소년 상담을 시작하다

　청소년들이나 학부모들에게 좀 더 나은 방법으로 서비스를 전달할 수 있는 방법을 찾다가 '십대의 전화'를 개설했는데, 전화상담은 익명성이 보장되므로 훨씬 이용률이 높아졌다. 이때부터 자원상담원들을 모으고 시민들을 대상으로 상담교육, 부모교육 등이 활성화되기 시작했다. 상담실 운영은 '십대의 전화 자원상담원회'를 중심으로 운영되었다. 자체적으로 회비를 모으고, 상담테이블을 짜고, 학습 모임도 갖는 등 이 모임은 매우 역동적으로 움직이면서 활동했다. 상담실을 설치할 때 직접 페인트도 칠하고 합판도 붙이면서 청소년들의 아픔을 공감해주려는 자원봉사 선생님들의 헌신적인 노력은 오늘날 광주 YMCA가 청소년상담지원센터를 운영할 수 있는 직접적인 계기가 되었다. 그때 열정적으로 활동했던 멤버들은 이현채 전 동구문화원장, 홍공희 전 광주 YMCA 이사장, 박상준 전 카운슬러아카데미 원장, 이복순 선생, 이길현 선생 등이었다. 실무는 박병훈 현 광주광역시청소년상담지원센터 소장이 맡았다.

　내가 부임하면서 다양한 청소년 문제가 부각되는 사회적 상황과 맞물려 광주 YMCA의 청소년운동도 방향전환이 필요한 시기였다. 또한 청소년문제에 대한 다각적이고도 종합적이면서 전문적인 서비스 제공에 대한 사회적 요구도 있었다. 마침 그 동안 다른 단체에서 운영하고 있던 광주광역시청소년종합상담실을 광주 YMCA가 맡아서 운영하면 그 동안의 경험을 바탕으로 훨씬 전문적인 서비스를 제공할 수 있다는 인식이 확산되었다. 이것이 모태가 되어 1997년 광주 YMCA 안에 광주광역시 청소년종합상담실을 설치 운영하게 되었다. 청소년종합상담실은 후에 청소년종합지원센터로 명칭이 변경되었으며 이는 시기마다 청소년 프로그램에 대한 사회적 욕구를 반영한 것이다.

2000년도 이후 사이버상담실을 설치하는 한편 기존의 개인중심 상담틀에서 벗어나 새로운 상담방법을 적극적으로 모색했다. 내담자들이 증가함에 따라 무엇보다 상담공간의 확대가 당면한 문제로 대두되었다. 상담원들의 전문성 향상과 상담 인적자원을 발굴해 육성하는 것이 시급한 사안이었다. 상담실에서는 전화 자원봉사자 교육, 대학원생의 인턴제, 청소년상담자대학을 고민했다. 소외 청소년들을 위한 성교육, 시설청소년들의 미래의식과 진로의식을 고취시키기 위한 진로캠프, 진로 정보교실 공부방 등을 대상으로 하는 무료 심리검사, 품성개발, 또래상담, 학교부적응 예방, 수능 후 프로그램 등은 학교 내에서 그 효과가 긍정적으로 평가되었다. 적극적 부모역할훈련, 자녀의 힘을 북돋는 부모 등 부모교육프로그램이 후속으로 연결되었다.

교육청, 교육과학연구원, 한국청소년상담원 등과 연계활동을 강화했고 준전문상담가를 양성했으며 전문직자원봉사단은 활성화되었다. 청소년지원사업의 시행과 효과의 검증, 인터넷 중독 예방사업 프로그램을 시도했다.

연간 1,200여 명이 학교를 그만두는 안타까운 현실 속에서 학교 밖 청소년들을 체계적, 종합적으로 지원하기 위한 학교밖청소년지원센터를 개설해 실질적인 행동프로그램으로 학교 밖 청소년들에게 희망을 주었다. 청소년을 돕기 위한 후원회를 구성해 전문직자원봉사단, 전화상담자원봉사자회, 학교밖청소년센터 연계기관 등이 협력하는 인프라를 구축했다.

나는 광주 YMCA 성격을 여가선용활동 위주의 프로그램에서 적극적인 대시민 봉사활동, 의식개혁운동으로 바꿨다. 지병문 전남대 교수에게 부탁해 주민자치운동을 펼쳤다. 최영철(광주 YMCA 이사), 이명자(현 시의원), 임금옥, 유봉림, 은순종, 길승희, 정춘자, 이런 분들이 힘과 열성을 모아 시의 살림살이가 제대로 집행되는지 지켜보는 시정지기단을 만들었다.

애초 계획으로는 법정지기단, 언론지기단, 학교지기단, 공원지기단을 차례차례 만들 작정이었다. 시민들이 피부로 느끼는 활동을 대폭 강화하고 그 성과가 지역사회에 큰 영향을 끼치자 직원들의 사기도 매우 높아졌다. 조아라 장로와 김경천 총장께서 유지 실무 공조를 이루어 활발하게 움직이던 YWCA에 눌려 다소 위축되어 있던 광주 YMCA도 씩씩하게 움직이기 시작했고, 점차 대표적인 시민단체로서 위상을 구축할 수 있게 되었다.

해야 할 일을 해내는 광주

5·18 광주항쟁을 정점으로 민중 민주 민족운동이 많은 국민들이 참여하는 국민운동으로 발전했다. 이한열 열사 시청 앞 노제가 그 폭발점이 되었다. 노동자 대투쟁을 거쳐 노동운동이 엄청난 힘으로 모아졌고, 국민들 성금을 모아 한겨레신문이 창간되었다. 칠흑 같던 어둠을 걷어내고 새벽빛을 맞이하게 된 것이다. 김영삼씨의 대통

령 당선으로 문민정부가 들어서면서 어느 정도 민주화가 모양상으로나마 이루어졌다.

이에 시민운동이 본격 등장했다. 광주에서는 '5·18 성역화, 이대로 좋은가?'라는 주제의 토론회에 상당수 전문가집단이 참여하면서 시민운동의 깃발을 올리게 되었다. 윤장현 당시 중앙안과 원장, 서영진 당시 광주일보 부장, 나간채 전남대 교수, 김양래 천주교 정의평화위원회 간사, 정영재 시민연대모임 간사 등을 중심으로 수십 명의 전문가들이 심혈을 기울여 진행한 토론회는 일반시민들의 참여로 이어졌고, 마침내 시민연대모임을 탄생시켰다.

이어서 시민연대모임은 1995년 봄 '21세기 광주전남의 미래' 활로개척 시민 대토론회를 '균형사회를 여는 모임'과 함께 주관해 여섯 차례에 걸쳐 매주 한번씩 개최했다. 광주일보사와 광주문화방송이 주최하고 광주시와 전남도가 후원했고 경향 각지의 뜻 있는 전문가들이 생각을 벼리고 주장을 다듬어 전라도가 살아날 길을 찾는 뜻 깊은 토론회였다. 나병식(현 풀빛출판사 대표)에게 부탁해 집행위원장을 맡겼다.

2000년 낙천낙선운동도 기억에 남는다. 박원순, 최열과 같은 명망가들이 정치분야 개혁을 위해 정당들이 올바른 후보를 내도록 압박하고, 잘못된 공천을 응징하기 위해 이 운동을 이끌고 있었다. 전국을 순회하던 박원순 상임위원장은 해남지역을 함께 돌면서 "전라도는 다르다. 뭔가 바닥에서 뜨겁게 솟구쳐 올라오는 힘이 느껴진다. 그 힘이 무엇인지 알았다"라며 전국 어디에서도 느낄 수 없는 전라도 특유의 '황토빛 힘'에 찬탄을 금치 못했다.

김성종, 김종현, 임낙평, 김강열 등 광주전남시민단체협의회 중심 멤버들과 함께 나는 전라도 구석구석을 돌면서 서울이 아닌 우리 지역 시민단체와 시민들이 낙천낙선운동의 중심으로 떠오르는 계기로 만들었다.

우리들은 전라도가 역사 변환의 고비 고비마다 결정적인 역할을 했고, 해야 하고, 또 할 수 있다는 자부심과 책임감을 갖고 있다. 광주의 헌신과 역할을 자랑스러운 유산으로 만들어야 한다. 이 때문에 한때 지식인들 사이에서는 광주를 함부로 입에 올리지 않고 외경의 눈으로 바라보는 분위기가 있었다.

다시 한 번 전국을 향해 발신한 아파트주민자치운동, 외산담배추방운동, 십대의 전화, 시정지기단, 낙천낙선운동은 그런 전라도의 정신을 현대에 접목시킨 시민운동이라고 자부한다. 이제 다시 힘을 모으고 분출시킬 때가 오고 있지 않은가? 비판과 저항의 에너지를 참여와 창조와 생명의 에너지로 승화시켜서 말이다.

대안학교 한빛고를 세우다

전라도에도 거창고와 같은 학교를 세워야 한다고 주장하고 실제 추진에 나섰다. 거창을 떠나면서 나는 거창고 교사들에게 거창고를 엄격하게 평가하자면 100점 만점에 60점이라고 했다. 다른 곳이 2~30점밖에 안 되기 때문에 그것도 아주 높은 점수지만, 나는 기회가 닿으면 70점 넘는 학교를 세우고 싶다고 말하곤 했다.

거창고보다 좋은 학교를 세워보기 위해 나는 1996년 김완호(당시 한남투자신탁 상무) 이사와 김장환 전라남도교육청 학무국장(현 전남 교육감)을 찾아갔다. 전국의 대안교육 현장을 탐방했으며, 학교 설립 방향을 모색하기 위한 토론회도 거쳤다. 이러한 과정을 거쳐 김완호 이사를 비롯해 박순구(학원장), 윤장현, 김용근(동신대 교수) 조석필(의사) 등 7~8명과 함께 '새로운 학교 설립 추진위원회'를 만들었다. 좋은 학교를 설립하려고 노력하던 안행강씨를 추진위원장으로 추대했고, 나와 김완호씨가 부위원장을 맡았다. 거창고 전성은 교장과 도재원 교감을 초청해 자문을 받기도 했다.

정부가 세우는 국공립학교가 아니고 육영사업을 위한 재산가의 학교도 아니었다. 뜻있는 분들이 작게는 몇 만 원에서 크게는 몇 억 원에 이르는 정성을 모아 우리 손으로 학교를 세우고 우리 아이들을 제대로 길러보자는 건강한 목표로 시작된 학교설립운동이었다. 갓 광주로 내려왔던 이원형 호남대 교수, 여수 최연석 목사도 힘을 보탰다.

학교설립기금을 모금하기 위해 전시회도 열었다. 서양화가 조진호, 중국 연변대 교수 이철호 등 40명의 작가가 작품을 내놓았으며, 당시 북구청장 김태홍, 김상윤 등이 애장품을 선뜻 기증하기도 했다. 경남 창원의 김선경외과 원장님과 부인 김애리씨가 평소의 올바르고 통큰 결정으로 거금을 쾌척했다. 우리 지역의 교육이 바로 서야 한다는 데 뜻을 같이한 분들이었다. 이러한 노력이 모아져 1997년 말 전국 최초로 인문계 특성화 고교 설립 인가를 받았다. 입시위주 공교육의 문제점을 개선하고자 하는 일종의 대안학교였다.

그때 교사 모집에서는 서류전형만이 아닌 집단숙식면접을 실시했었다. 송계충 충남대 경영대학원장이 주도하여 2박 3일 동안 같이 숙식을 하면서 품성과 열정까지 고루 살펴보았다. 그 중에는 부인의 반대에도 불구하고 서울지역 교사가 사표를 내고 내려온 경우도 있었다. 거창고 교사 정송남(현 교감)도 합류했다. 봉급을 60%밖에 못 준다고 했음에도 오로지 교육에 뜻을 품고 좋은 교사들이 왔다. 직업인으로서가 아니라 천직으로서 교사를 하시는 분들이다.

1년 후인 1998년 드디어 한빛고(학교법인 거이학원)가 개교하게 된다. 학교는 전남 담양군 대전면 행성리에 세워졌다. 첫해 100명의 학생들이 입학한 한빛고는 학생들이 전원 기숙사 생활을 할 수 있도록 하고 자연친화적 학교, 배움이 신나는 학교, 자율학교를 표방했다. 한빛고는 그 후 자율학교로 지정되었다. 우리의 희망과 기준에 미치지는 못하지만 지금도 훌륭한 교사들이 안행강 여사와 함께 열심히 잘하고 있다.

끝없는 공부만이 나의 힘

1990년대 후반이 되면서 나는 어느덧 시민사회단체에서 선배 격이 되어 있었다. 문민정부와 국민의 정부를 거치면서 시민운동 환경도 많이 달라졌다. 따라서 시민운동도 달라져야 했고 수가 늘어난 시민단체들 간 협력의 필요성도 있었다. 많은 분들과 상의한 끝에 시민단체 간 협의체를 만들기로 했다. 그래서 생긴 것이 22개 단체가 모인 '광주시민단체협의회'였다.

경실련의 김용채 변호사와 김재석 국장, 흥사단의 고(故) 김영석 회장과 김전승 국장, 시민연대의 오재일 교수, 여성의 전화 박효숙 소장, 장애인총연합회 이상택 회장, 환경련의 정철웅 대표와 임낙평 처장, 누리문화재단의 김덕용 이사장과 이기훈 국장, 무보협 김인주 대표, 시민생활환경회의 이창준 이사장과 김강렬 국장, 우리밀 김춘동 대표와 최강은 국장, 노인의 전화 양철호 대표와 마은주 간사 등이 즐거운 마음으로 힘을 모았다.

나는 초대 상임대표가 되어서 거의 매주 회의를 하면서 크건 작건 시민들과 지역사회 발전을 위해 필요한 일을 놓고 토론을 했다. 회의 참석률을 높이고 결정된 사항은 반드시 시행하는 훈련을 했다. 시민단체 박람회를 만들어 시민과 함께하는 시민운동이 되고자 애를 썼다. 이 당시 시민들의 적극적인 호응을 받아 일궈낸 사례들을 이름만이라도 거론하자면, 광주 비엔날레 정상화 운동, 운림온천개발반대운동, 16대 총선 후보자 초청 토론회, 월드컵 경기장 부정입찰 시정, 금호그룹 개혁 촉구, 시민사회단체 박람회, 낙천낙선운동이 생각난다.

시민단체가 변하기 위해서는 나부터 공부를 많이 해야 한다고 판단한 나는 YMCA 이사회에 1년간의 휴직계를 제출했다. 우선 후배들에게 뭔가 보여줄 내용을 쌓는 충전이 필요해 우리보다 먼저 시민사회를 경험했고 시민운동 경험도 많이 쌓인 유럽과 미국을 석 달씩 둘러보며 벤치마킹하기로 했다. 6개월 전 유럽 여러 나라의 'GO/NGO/PO'에 편지를 보내 협조를 요청하고 2001년 3월 배낭을 둘러메고 유럽행 비행기를 탔다. 늘 뒤에서 격려와 채찍질을 아끼지 않

네덜란드 그린피스본부 방문 중

으셨던 김국웅 광주 YMCA 이사장이 많이 배워와서 지역을 위해 열심히 일하라고 금일봉을 건네줘 큰 힘이 됐다.

영국에서는 내셔널트러스트운동을 배웠다. 엘리자베스 여왕이 명예총재로 자리한 이 조직은 자연, 역사, 문화적으로 보존할 가치가 큰 산, 성(城), 건물을 구입하거나 기증받아 제대로 가꾸고 보존하고 있다. 예컨대 영국 전체 해안의 17%를 기증받아 관리하고 있었다. 자원봉사 관리자들은 주로 은퇴자들이었다. 돌아와서 김인주 무등산 보호단체협의회 대표와 여러 가지 상의를 했다. 그 후 김인주 대표를 비롯해 박선홍 선생, 김종재 교수, 정구선 선생, 조건국 원장,

영조 스님, 문형섭 변호사, 김승철 회장, 김병완 교수 같은 분들이 중심에 서고 수많은 시민들이 힘을 모은 무등산공유화운동이 재단으로 발전하고 전국 어느 지역 어느 산보다 큰 성과를 거두고 있는 것은 우리의 또 하나의 자랑거리가 아닐 수 없다.

독일에서는 청소년운동을 주의 깊게 살펴보았다. 일부 소수 최우수 청소년을 제외한 일반 청소년들의 현황은 심각한 상황이었다. 열심히 노력하지 않아도 어느 수준 이상의 삶이 보장되기 때문인지 스스로와 지역, 그리고 국가의 미래를 심각하게 걱정하고 고민하는 청소년이 없다고 개탄하는 지도자들이 많아 깜짝 놀랐다. 독일 청소년들의 문맹률이 매우 높다는 사실도 놀라운 일이었다.

환경문제를 매우 중요시하던 당시 독일은 '새 에너지'에 큰 관심을 가지고 있었다. 태양열 태양광 풍력 조력 지열 발전은 물론이고 가축분뇨를 이용한 발전도 장려하는 정책을 펴고 있었다. 녹색당이 연정의 파트너로 참여해 강력하게 주장을 펼친 덕분이었다. 방사성폐기물 처리문제도 큰 사회적 이슈였다. 원자력 발전 후 남은 방사성 물질 찌꺼기를 독일이 아닌 다른 나라에 버리는 것은 부당하다는 NGO들의 호소가 전국을 강타하고 있었다. 기차 안에서 보수적 신앙인임을 밝히는 한 목사를 만났는데 그는 정부를 맹렬히 비난했다.

"독일을 위해 만든 시설에서 나온 쓰레기를 위험하다고 해서 다른 나라에 파묻는 파렴치한 짓을 해서야 되겠느냐"는 것이다. 생명은 국적과 무관하게 중요한데 남의 나라 생명을 경시하는 비인도적 처사라는 것이다. 자기는 그걸 막기 위해 시민단체에 100마르크씩 돈을 낸다고 했다. 폐기물을 싣고 가는 기차 레일 앞에서 몸을 쇠줄로

유럽시민단체 방문 중 베를린에서 송두율 교수(가운데), 김양래씨와 함께

레일에다 묶고 항의하는 시민들을 TV를 통해 보면서 우리나라 시민들 같으면 어떻게 행동했을까 하는 질문을 스스로 해보았다.

베를린 시내 초중고와 경찰관학교의 환경교육을 전담해 활동하는 단체도 방문했다. 환경전문기자로 오래 활약하던 전직 언론인이 책임을 맡고 있었다. 스스로는 국가의 연금을 필요한 만큼 받기 때문에 따로 월급을 받지 않고 봉사한다고 말했다. 유치원생들에게는 동화를 이용해서, 초등학생에게는 퍼즐을 활용해 학생들의 흥미를 끄는 교육방법을 개발해 사용하고 있었다. 퍼즐 한 세트를 선물로 받았다. 우리도 은퇴한 교육공무원 같은 분들이 모여 이러한 궁리와 노력을 하시도록 권유하고 도와주면 가르치는 사람이나 배우는 어린이들이나 만족하지 않을까?

광부와 간호원 출신이 주를 이루는 재독 동포들이 매년 5월에 빌레펠트 청소년 수련장에 모여 지내는 5월제에도 참석했다. 우리의 5월이 행사 위주로 흘러가는 안타까움을 꾸짖듯 이들은 완강하게 5월의 마음을 지키고 있어서 가슴이 뭉클했다. 유럽 전역에서 모여든 100여 명의 남녀노소 동포들이 80년 당시 광주항쟁과 군인들의 만행을 세계 각국에 전하고 각국 정부로 하여금 패륜적 전두환 정부를 인정하지 말도록 앞장서 촉구했던 자신들의 헌신성을 그대로 간직하고 있었다.

영국에서는 5대 메이저 정유사 하나가 거센 비난을 받고 있었다. 낡은 채유 설비(바다에서 불을 뿜고 있는 기계)를 교체하면서 헌 것을 수거하지 않고 그대로 바다에 수장시키는 내부 계획을 누군가가 환경단체인 '그린피스'에 제보한 것이다. 영국에선 시민들이 그 정유회사 제품 불매운동을 벌였고 이 운동이 유럽까지 확산되고 있었다. 시민들은 해당 정유회사 앞에서 전단을 나눠주고 인간띠를 만들어 주유소를 봉쇄해버리는 곳도 있었다. 석유판매 점유율이 나날이 떨어지자 마침내 회사는 낡은 설비를 육지로 싣고 와서 기름을 씻어내고 고철은 재활용하는 결정을 내렸다. 이런 시민의식 토대 위에 오늘의 유럽사회는 그나마 자존심을 지키고 있다.

석 달 동안 유럽의 시민운동을 돌아보고 온 나는 미 국무성 초청으로 우선 미국을 한 달, 캐나다와 남미를 두 달 간 학습여행할 작정이었다. 8월 17일 출발할 계획이었다.

출발을 이틀 앞둔 8월 15일, 하늘이 무너지는 사고소식을 접했다. 8월 15일 부산과 광주 YMCA가 공동으로 주관한 '통일염원 섬진강 건너기' 행사에서 어린이 네 명이 그만 익사하는 사고가 발생했다는 것이다. 행사 시작 전 점심시간에 발생한 일이었다. 광주 YMCA 80년 사상 초유의 비극이었다.

짐을 싸던 나는 휴직을 철회하고 즉시 사무총장으로 복귀했다. 그리고 사고수습을 했다. 이 프로그램은 그 전년도인 첫해엔 잘 치렀던 행사였다. 서울의 한 초등학교에서 주관해 실시하고 있는 '한강 건너기 행사'를 벤치마킹한 것이다. 그 학교 교장을 만나보고 나서 안전에 문제가 없다는 것을 확신하고 실시했었다. 나는 평소에도 YMCA 시설 가운데 어린이가 다칠 곳은 없는지 살피곤 했다. 책상모서리는 둥글게 깎고, 난간은 두 겹으로 늘리고, 계단에는 미끄러지지 않게 고무를 덧씌우는 등 안전을 최우선시했다.

비록 휴직하고 있는 동안에 일어난 일이라고는 하나, 그 일만 떠올리면 말할 수 없이 고통스럽다. 그리고 희생된 아이들과 유족들에게 늘 죄인의 심정으로 산다.

권력의지보다 강한 봉사의지

섬진강 사건 후 나는 다른 프로그램보다 광주 YMCA의 내부 역량 강화에 역점을 두었다. 아파트하자보수운동, 외산담배추방운동, 낙천낙선운동 등을 펼치며 지난 10년간 양적 질적으로 크게 성장한 광주 YMCA가 의욕에 넘친 나머지 소홀한 것은 없는지, 성취감에 들떠 교만해지지는 않았는지 깊이 반성하는 자성의 시간을 가졌다. 대외적으로는 다른 시민단체들의 역량도 함께 강화해갈 수 있는 교육연수과정을 만들었다.

시민단체의 실무진들이 인재가 되지 않고서는 시민들 역량을 모을 수가 없는 것이다. 전남대학교에 협조요청을 해 사회교육원에 시민단체 실무자들을 위한 제1회 NGO과정을 개설했다. 커리큘럼은 시민단체 원론, 시민단체와 재정, 회원활동 등 30개 강좌로 이루어졌다. 박원순과 같은 실력 있는 저명강사의 강의도 많았다.

나는 두 번을 제외하고 28회를 참석했다. 불참자에 대해서는 내가 개인적으로 주의를 주었으므로 참석률도 높은 편이었다. 제2회 과정은 NGO리더십 과정으로 동신대학교 부설 노인종합사회복지관에서 실시했다. 시민단체협의회 공동대표였던 양철호 교수(동신대)가 열심히 도와주었다.

연수프로그램을 우리 자체적으로도 만들었다. 2003년 1월엔 시민단체 실무책임자들과 일본연수도 7일간 다녀왔다. 시민단체 일꾼들의 안목이 높아져야 좋은 프로그램을 운영할 수 있기 때문에 선진지역 견학을 가기로 한 것이다. 일본은 기록문화가 잘 되어 있고 시민과 밀접한 생활 속의 작은 시민운동이 활발한 나라로 알려져 있었다. 일본을 다녀와서 숲가꾸기, 도랑살리기, 담장헐기, 옥상녹화 같은 사업을 시민단체가 앞장서 했고 상당한 성과도 냈다.

시민단체 대표들이 무슨 돈으로 다녀왔을까 궁금해하는 사람도 있었다. 우리는 각자 30만 원씩을 냈다. 그러나 그 돈으로는 부족했다. 운수업을 하는 지역 선배를 찾았다. 장학재단을 운영하면서 좋은 일을 하고 있는 것으로 들어서 찾아간 것이다.

"세상일은 밝은 면과 어두운 면이 항상 함께합니다. 너무 비판에만 열중하지 말고 긍정적 자세로 일을 하세요. 그러면 자연히 활동비용은 따라올 겁니다. 반대를 위한 반대나 하는 것은 결국 시민들의 지지를 잃게 됩니다. 일본의 풀뿌리 시민단체를 잘 배우고 오세요."

그는 따끔한 충고를 하면서 큰 도움을 주었다.

대개의 시민들은 하루하루 삶에 떠밀리듯 쫓기며 살아간다. 그러므로 시민단체는 그 분야의 시민들을 대표할 수 있도록 공부를 하고 실력을 쌓아야 한다. '광주천을 살리자'라는 명제를 내놓으려면, 왜 그 명제가 지금 필요하며 어떻게 할 것인지 구체적으로 사업내용을 제시할 수 있어야 한다. 스스로 인재가 되어야 하는 것이다.

그런 생각에서 직원들의 역량 강화를 중시한 나는 이사회에 안건을 제출해 YMCA 직원채용과 승진방식을 바꿨다. 필기시험을 보았고 인사위원회에서 면접도 실시했다. 직원들의 수준도 자연히 높아지고 본인 스스로도 자부심을 갖기 시작했다.

그래도 YMCA는 다른 시민단체에 비해서 재정 등 형편이 나은 편이었다. 그래서 이런 제도도 먼저 시작할 수 있었다. 관변단체를 제외하고는 대부분 시민단체 재정은 열악하다. 심지어 월급을 못 주기도 한다. 그러다보니 인력충원도 원활치 않다.

지금도 시민단체들은 정말 어렵게 살림을 꾸리고 있다. 그 구성원들 가운데는 정말 훌륭하고 반짝이는 인재들이 많다. 그 중 상당수가 우리 사회를 '사람 사는 세상'으로 만들기 위해 나름대로 고민하며 토

YMCA 사무총장 이취임식 때(왼쪽부터 김학봉, 홍공희, 노성만, 이상점, 필자, 윤장현, 강행옥)

론으로 밤을 지새운다. 군사정권 폭압 아래서 정의를 부르짖으며 목숨을 던진 용기, 그리고 무도한 집단들 앞에서 결코 굽히지 않았던 의연한 기개는 그들의 뜨거운 심장에서 나온 것이다. 그 인재들이 뚜벅뚜벅 걸어온 발걸음이 우리나라 민주주의의 보폭이기도 하다.

나는 무조건적인 시민단체 옹호론자는 아니다. 그러나 시민단체(NGO)가 국가(GO), 시장(PO)과 함께 21세기 인류사회를 이끌어가는 중요한 주체라는 사실만큼은 분명히 인식하고 있다. 이는 세계적 추세다.

모든 시민단체가 제 역할을 잘하고 있는 것은 아니다. 그 중요성에 비춰 이제는 옥석을 잘 나누어 가릴 필요가 있다. 그래서 묵묵히 제자리에서 최선을 다하고자 하는 시민단체들에게는 시민들이 회원이 되고 후원금을 내는 등 지원을 아끼지 말길 진심으로 바라는 것이다. 반면 못된 단체에 대해서는 혹독한 비판을 가하고 지원을 끊어야 한다. 오만과 무지한 행태는 용납하지 말아야 한다. 지탄받는 시민단체는 자연스럽게 설자리가 없어질 것이다. 이는 시민들과 우리 사회의 건강성을 위해서도 바람직하다고 본다.

주민 수준과 시민단체 수준은 정비례한다고 생각한다. 선진국일수록 좋은 시민단체들이 많고 시민들 참여도 활발하다. 이제 시민들도 좋은 시민단체는 적극 지원하고, 시민단체들은 시민들로부터 사랑받아서 순수한 기부금을 듬뿍 받는 때가 오면 정말 좋겠다. 그러면 시민단체 수준도 훨씬 높아질 것이고 그 이익은 시민들이 누리게 될 것이다. 그러한 날이 앞당겨지고 우리 사회가 한 단계 더 성숙해지도록 나는 끊임없이 힘을 보탤 것이다.

시민단체는 나에게 봉사의지를 키워준 터전이었고 리더십 훈련장이었다. 나는 권력의지보다 봉사의지가 강하다고 스스로 자평하는 사람이다. 그것은 내 삶이 그럴 수밖에 없었기도 하지만 그 길이 보람된 길이라는 생각 때문이기도 하다.

리더십과 시민단체가 무슨 상관이냐고 할 사람도 있을 것이다. 그러나 내 경험으로는 시민단체 같은 조직에서 리더가 되어보는 일은 매우 중요하다. 정부나 행정기관, 대기업의 리더십은 일사분란하고 규율이 강력해서 웬만한 사람이면 지휘권을 행사하는 데 어려움이 없다. 우수한 인적 자원에 인사권, 예산권, 감사권이 보장되어 있기 때문에 지휘하기가 더 쉽다.

　그러나 시민단체와 같이 느슨한 조직에 그런 고급스런 장치가 어디 있겠는가. 봉급을 주기도 어려운 판에 눈 부라려봐야 헛일이고 탈퇴자만 늘어난다. 그래서 내 경험상 정부와 기업의 리더보다 시민단체 리더가 더 어렵다고 생각한다. 그나마 누가 잘 알아주지도 않는 일을 신념 하나로 밀고 나가야 할 때가 많으니 더 고달프다. 시민단체 리더는 강제력보다 공감이라는 자발성을 불러일으키는 리더십을 갖춰야만 한다. 부드러운 카리스마와 인간적 배려, 그리고 공감의 리더십이 시민단체 리더십의 요체다. 그것은 그것대로 충분히 존중받을 만한 가치가 있는 것이다.

내가 본 정찬용

공 먼저 차놓고 뛰는 저돌적 기상

2002년 12월 3일, 대한민국 여수는 중국 상하이에 패해 2010 세계박람회 유치에 실패한다. 유치 신청을 한 1996년 이후 8년여를 세계박람회 유치에 몰두해온 여수는 한마디로 공황상태에 빠졌다. 김대중 정부가 각별한 노력을 기울였고 유치가 거의 확실하다고 장담했기에 축포까지 준비한 마당이었다. 그보다도 박람회를 전제로 모든 도시계획과 투자가 유보된 탓에 이제 아무런 경쟁력 없는 죽은 도시가 되고 말았다는 위기의식이 더 큰 문제였다.

무기력에 빠진 지역을 보고 있을 수만 없어 몇몇 시민단체 임원과 활동가들이 들고 나선 것이 2012년 세계박람회 재도전 카드였다. 하지만 때마침 새로 들어선 노무현 정부는 전 정부의 실패한 도전을 이어받고 싶어 하지 않았다. 그때 우리에게 구원의 빛처럼 나타난 사람이 정찬용이다. 새 정부의 청와대 참모라는 사실만으로도 그렇지만, 노무현 대통령께서 "호남의 건의는 정찬용 인사보좌관을 통해 해달라"는 언급을 되풀이하셨기 때문이다.

부임 초기에 정신없이 바쁠 것임을 뻔히 알면서도 여수의 시민단체 임원들이 면담을 요청했을 때 그는 시원스럽게 시간을 내주었다. 그때 그가 물어본 것은 딱 두 가지였다. 세계박람회가 정말 여수뿐만 아니라 남해안 전반을 발전시키는 기폭제가 될 수 있느냐, 그리고 유치성공 가능성은 있느냐. 올림픽, 월드컵과 더불어 세계 3대 이벤트요 경제박람회라는 점, 낙후된 호남을 비롯해 남해안, 나아가서 대한민국이 앞으로 지향해야 할 해양시대를 획기적으로 열어젖힐 기회라는 점, 신해양시대로 일컫는 21세기에 바다를 주제로 하는 박람회인 만큼 유치 가능성도 높다는 점 등을 설명했다.

정찬용 전 수석은 신중하게 판단하되 한번 옳다하면 '공 먼저 차놓고 뛴다'는 본인 농담처럼 저돌적인 추진력을 가진 분이다. 곧바로 대통령께 건의를 올리고 일이 추진되었다. 한번 실패한 관료들의 부정적인 의식을 감안하면 2004년 말에야 국가계획으로 확정된 것도 정찬용의 추진력이 아니면 불가능했을 것이다.

그런데 국가계획으로 확정되자마자 인사수석을 사퇴해 우리는 난감한 생각이 들었다. 이제 본격적으로 시작되어야 할 유치활동을 정부의 누가 챙겨줄 것인가. 하지만 결과적으로, 세계박람회 유치라는 관점에서만 보면 더 잘된 사퇴였다. 여수 세계박람회 유치위원회가 구성되면서 이분을 상임부위원장으로 모셨기 때문이다. 청와대 수석비서관직을 사직하면 더 좋은 자리도 많았을 터인데 "내가 벌여 놓은 일이니 내가 결말짓는 것도 괜찮겠다"면서 선선히 일감을 맡아준 것이다. 오랜 시민운동가로서의 감각적 판단과 성실성, 정부의 최고 참모직 경험에서 얻은 안목과 인맥은 유치활동의 쿵쾅거리는 힘이 되었다.

2007년 12월, 드디어 2012 세계박람회 여수유치가 결정되었다. 눈물콧물이 범벅이 될 정도로 환호하고 춤추는 여수사람들 사이에서 그간의 구구절절한 사연을 주마등처럼 떠올린 시민단체 지도자들은 자연스럽게 "정찬용 수석 어디 있어, 그 양반 덕이야." 하면서 그를 떠올렸다. 정말 그랬다. 하지만 정작 그는 박람회 유치 이후로는 여수에 얼씬도 하지 않는다. "여수사람들의 열정이 만든 것입니다, 노무현 대통령님이 하신 일입니다, 나는 막걸리 한잔 얻어먹었으니 그것으로 충분합니다." 이렇게 말할 뿐이다.

그가 청와대에 들어가기 전, 아직 시민단체에 몸담고 있을 때 시민단체 활동가 10여 명이 일본 NGO 공부를 위해 단기연수를 함께 갈 기회가 있었다. 도쿄 나리타공항에 도착해 입국수속을 하는데 한쪽이 웅성거렸다. 다가가보니 정찬용 사무총장이 입국신고서에 한자성명을 안 쓰겠다고, 공항 직원은 써야 한다고 해서 실랑이가 벌어진 것이다. 정찬용의 항변인즉 영어권 외국인에게는 안 써도 되는 한자를 왜 한글을 쓰는 한국 사람에게 쓰도록 강요하느냐는 것이었다. 한자를 못 쓰는 한국 사람은 일본에 들어오지 말란 말이냐며 호통을 치는 이분 앞에서 일본공항 직원은 땀을 뻘뻘 흘릴 뿐이었다. 결국 그곳 임원이 나와 대신 칸을 채우는 것으로 마무리했는데, 나로선 통쾌하면서도 정찬용 사무총장을 새삼스럽게 봤던 기억이 있다.

새 정부 들어 2012 여수엑스포 준비과정에 많은 삐걱거림이 생기고 있다. 과연 당초 목표로 했던 기대효과들이 거두어질 성공적인 개최가 될 것인가, 개최 후에도 남해안 해양관광벨트의 축으로서 기능하는 세계박람회가 될 것인가, 21세기 인류의 최대 화두인 지구온난화 해법을 제시하는 박람회가 될 것인가 등등 많은 우려를 하고 있다. 정부의 예산축소와 민간자본의 투자위축이 그것을 현실화하고 있기 때문이다.

이럴 때 정찬용의 시원스런 추진력과 명철한 현실타파의 일갈이 그립다. "그렇게 해서야 되겠어요? 될 만한 그림을 그려놓고 똘똘 뭉쳐서 뛰어가야 합니다. 가다가 자빠지면 어떻답니까? 자빠진 김에 막걸리 한잔 마시고 또 일어나서 뛰면 되지요!"

그와 함께라면 안 될 일이 없을 것 같다. 안 돼도 그만큼 즐거울 것 같다. 그것이 여수 사람들이 기억하는 정찬용의 매력이다.

— 이상훈(여수 YMCA 사무총장)

7장

전라도 큰 그림, 대한민국 미래 프로젝트

"서남권 발전계획과 여수엑스포, 그리고 광주문화수도사업,
이는 전라도의 새로운 미래를 여는 결정적 계기가 될 것이고,
10년 50년 뒤 한반도를 먹여살릴 성장동력이 될 것이다.
이처럼 중요한 한반도의 꿈을 실현시키기 위해
나는 치열한 '전투'를 치르고 승리하면서 넓은 세상을 배웠다.
그리고 끊임없이 '유쾌한 피곤'을 즐겼다."

"전라도 발전에 관심을 가지세요"

청와대 인사수석 시절 노무현 대통령은 인사와 관련된 문서에 재가를 한 후 예상치 못한 주문을 했다.

"정 수석, 전라도 발전에 관심을 가지세요, 우리나라가 균형발전을 해야 이 나라의 앞날이 밝습니다. 나는 서남해안과 전라도지역이 미래 동북아의 허브역할을 할 수 있다고 봅니다. 그러면 우리나라 전체에도 좋은 일입니다."

"동감입니다만, 그건 인사수석 본연의 업무가 아닌 것 같아서 조심스럽습니다." 하고 내가 대답했다. 그랬더니 대통령은 그렇지 않다는 것이었다.

"내가 건교부, 산자부, 문광부, 청와대 정책실장, 국가균형발전위원장, 동북아시대위원장 여섯 사람에게 이미 지시를 해놓았습니다. 동북아시대의 발전을 주도하기 위해서는 서남권 발전이 필요하니 방안을 강구하라고 말입니다." 하고 배경을 설명했다.

"정 수석은 인사수석이니 일을 추진해나갈 인물을 찾아내기에 적격이잖소? 대통령이 함께합니다."

서남권 발전계획, 소위 'S프로젝트'는 이렇게 시작된 일이다. 대통령께서는 인사수석으로서 그 일을 추진할 적격자를 찾아내고 고향을 잘 알고 있으니 나더러 중심에 서서 끌고 나가라는 말씀이었다. 대통령께서는 서남해안 개발에 대한 구상을 깊게 했고 이것을 앞으로 대한민국 100년을 먹여살릴 대형 프로젝트로 생각했다.

나는 즉시 전북의 정세균 의원(현 민주당 대표)을 만나서 설명했고 정 의원은 새만금 전문가인 전주대 교수를 추천해주었다. 전남에서는 광역개발 전문가인 문동주 서울대 연구교수를 내가 성경륭 국가균형발전위원장에게 추천해주었다. 전북은 새만금사업이 워낙 거센 찬반양론 소용돌이 속에 있었던 터라 정부에서 민감한 선택을 하는 것으로 오해될 가능성 때문에 미뤄졌고, 결과적으로 S프로젝트는 전남을 중심으로 한 사업으로 범위가 좁혀졌다.

문동주 교수는 "이런 정도의 초대형 프로젝트는 우리 힘만으로는 미약하니 실적이 있는 해외 대규모 개발회사와 함께 해나가는 것이 좋겠다"는 의견을 제시했다. 그래서 논의 끝에 이 일의 추진도 국가균형발전위에서 대통령 직속의 동북아시대위원회로 넘어가게 되었다.

그런데 이 사업에 대해서 싱가포르 측이 적극적인 관심을 보이기 시작했다. 그들은 서남해안개발 프로젝트가 양국에 모두 이익이 될 수 있다고 판단했기 때문이다. 그들은 싱가포르와 한국을 트윈 허브(Twin Hub)로 해서 아시아 경제를 발전시키는 축으로 만들자고 했다.

전남해안 지역 9,000만 평을 4개 지역으로 나눠 15~20년 동안 50조 원을 투입해서 개발한다는 100쪽짜리 제안서를 '싱가포르 CPG'라는 국영회사가 제출했다. "이 프로젝트가 성공하면 명실공히 한국과 싱가포르가 동북아허브로 떠오른다. 무안공항과 목포항이 육로 해로 공로로 연결돼 엄청난 고용을 창출할 수 있다"는 참으로 원대한 내용이었다. CPG와 한국의 동북아시대위원회가 본격적으로 일을 추진하기 시작해 공무원들을 싱가포르에 파견하고 오가면서 일이 잘 진행되어갔다.

캘빈 유 주한 싱가포르 대사는 매우 적극적인 사람이었다. 그는 내 방에도 자주 들렀다. 나는 싱가포르 측이 적극 나서는 이유를 듣고 싶었다.

"대사님은 왜 한국의 서남권을 중요하다고 생각합니까? 땅도 넓고 인종도 비슷한 중국이 더 낫지 않습니까?"

"정 수석님, 한국은 IT와 서비스 산업이 잘 발달한 나라입니다. 또 한국은 미국과 아시아를 잇는 교통 요충지입니다. 싱가포르에서 미국을 가려면 하와이를 경유해야 하는데, 무안공항을 이용하면 바로 갈 수 있어요. 서남해안은 경치가 좋아 관광에도 엄청난 유인효과가 있습니다. 싱가포르는 세계 신인도 1위로 세계적 자본을 유치하는 데는 매우 유리합니다. 두 나라의 기술과 신인도를 결합하면 이 프로젝트는 반드시 성공합니다."

그는 양국이 서로 발전할 수 있다고 설명했다. 싱가포르는 제주도 반도 안 되는 면적에 인구가 460만 명이나 되어서 거의 포화상태다. 따라서 해외로 눈을 돌리지 않으면 안 되는 상황인데, 한국이라면 정말 좋은 파트너라는 것이 그들의 설명이었다.

나는 혹시라도 돈만 빼먹고 가버릴 가능성은 없는지 조사를 시키는 등 자꾸 의문을 제기하면서 사업 타당성에 대해 검증을 해보고 있었다. 싱가포르에서도 후보지로 거론되고 있는 전남 서남해안에 큰 관심을 갖고 2004년 10월 말 캘빈 유 대사를 대표로 하는 싱가포르 투자조사단을 파견했다. 우리 정부는 2005년 1월 11일 이해찬 총리 주재로 서남해안 개발사업 관련기관 회의를 갖고 전남 서남해안 지방을 해외자본 참여 하에 기업 관광도시로 개발하는 방안에 대해 논의했다.

'행담도'의 진실, 나는 숨길 것이 없는 사람

'S프로젝트'는 정말 희망이 있는 일이었다. 그런데 호사다마(好事多魔)라더니 문제가 생겼다. 한때 세상을 떠들썩하게 만든 소위 '행담도 사건'이다.

싱가포르 측은 이 프로젝트가 워낙 대규모이니 현재 진행되고 있는 소규모 사업을 통해서 성공가능성을 높여보자고 제안해왔다. 이 사업의 모델이 될 만한 소형 사업이 충남 당진에서 진행되고 있던 '행담도 사업'이었다. 싱가포르 자본이 투자된 (주)행담도개발과 도로공사가 행담도에 해양복합관광시설을 건설하는 사업이었다. 그래서 나와 동북아위원회 등은 행담도 사업에 관심을 갖게 된 것이고 필요한 지원을 한 것이다. 양측의 목표, 사업진행방법, 자금조달방법 등 구체적인 사항들을 벤치마킹하면 서남권발전구상과 같은 원대한 프로젝트를 차질 없이 진행시킬 수 있다는 판단을 한 것이다.

그런데 감사원이 행담도 사업을 시작할 당시 싱가포르 투자회사에 도로공사가 불리한 계약을 해주었다는 발표를 했다. 이 계약을 한 1998년, 우리나라는 IMF 외환위기를 맞아 정부가 한 푼의 달러라도 들여오기 위해 투자유치에 범정부적으로 나설 때였다. 도로공사도 행담도 사업을 구상, 싱가포르에 제안해 외환위기 해소에 도움이 될 계약을 했는데 우리 형편이 워낙 어렵던 때라 약간의 불공정성이 있지 않았나 싶다.

이 업체를 참여정부가 또 지원하려 한다는 보도가 나오면서 일파만파로 파장이 번졌다. 동북아위는 S프로젝트의 선도사업으로 행담도 사업을 주시하고 있었다. 그러나 도로공사와 싱가포르 회사와의 계약은 S프로젝트가 시작되기 이전인 1998년에 이뤄진 것으로 둘 사이엔 아무런 상관이 없다. 그러나 야당의 공세와 언론의 추측보도로 국민들은 뭐가 뭔지를 분간할 수 없게끔 되어가고 있었다.

정권 차원의 엄청난 커넥션이 있고, 그 과정에서 나와 문정인 동북아위원장, 정태인 국민경제비서관이 부정한 거래를 한 것처럼 언론들이 대공세를 했다. TV뉴스에서는 나와 문정인 동북아위원장, 김재복 행담도개발 싱가포르 측 대리인 사진 뒤에 화살표와 돈 다발, 그리고 물음표(?)를 만들어서 마치 거액이 오간 것 같은 느낌이 들게 했다. 조금 있으면 진실이 밝혀지려니 생각하고 있었지만 그게 아니었다. 사태는 점점 더 심각해지고 있었다. 인사수석에서 물러나 담양에 내려가 있던 나는 서울에 올라가 기자간담회를 가졌다. 당시 상황을 보도한 기사를 인용한다.

…(상략)…

정 전 수석은 그러나 공직을 떠난 사람이 공기업과 민간기업의 사업을 중재하는 것이 적절하다고 보느냐는 질문에 "일이 시끄럽게 되니 그런 것인데 (그렇게) 해야죠"라며 "국민 누구나 나라를 위해 좋은 일이라면 해야죠, 그런 일이 있다면 앞으로도 할 거예요"라고 말해 자신에 대한 의혹을 일축했다.

정 전 수석은 "5월 3일 서울에 올 일이 있어 만나서 행담도개발㈜ – 도공 양측의 얘기를 들어보니 행담도개발㈜ 회사에서 인건비를 지출하려는데 도공에서는 인건비는 사업비에 포함시킬 수 없다고 문제 제기를 해서 '그러면 감사원에 의뢰해 답을 구하는 것이 좋겠다' 고 중재한 것이 전부다"라고 해명했다.

정 전 수석은 "서남해안 개발사업 구상이 소외받고 낙후된 호남지역이 발전할 수 있는 기회라고 생각했는데, 요즘 오히려 이런 좋은 일을 신문사 계신 양반들이 자꾸 삐딱한 생각을 갖고 쓰는 것은 맞지 않다고 판단해 오늘 (담양에서) 올라왔다"면서 "질문 있으면 해보시오"라고 말해 시종일관 자신감을 드러냈다.

–「오마이뉴스」(2005년 5월 25일자)

나는 숨길 것이 없는 사람이다. 사실을 그대로 말해주었다. 대한민국과 서남해안 발전을 위해 최선을 다했을 뿐이다. 나는 그 길이 옳다고 하면 오해를 무릅쓰고 하는 성격이다. 빈 총도 안 맞는 것만 못하다더니 4개월여 이어진 지루한 여론재판은 사람을 지치게 만들었다.

나는 검찰에서 '무혐의' 처분을 받았다, 문정인 교수는 대법원까지 가서 무죄를 받았다, 김재복씨는 S프로젝트와는 전혀 무관한 혐의로 유죄를 선고받았다.

인격살인, 감옥보다 큰 고통

이 사건을 취재하면서 나를 힘들게 했던 기자 가운데 한 사람이 쓴 글을 여기에 소개한다. 그는 나에게 지면을 통해 공개 사과를 했다.

기자를 부끄럽게 만든 검사
…(상략)…
검찰 출입기자들은 동료들로부터 '친검(親檢) 기자'라는 비아냥을 종종 듣는다.
…(중략)…
'친검 기자'의 진면목은 기사를 쓸 때 적나라하게 드러난다. 검찰이 피의자를 압박하려는 의도로 흘려주는 정보를 아무런 여과 없이 덜컥 받아쓴다. 법원에서 아직 유죄 판결이 나지 않았는데도 기사에서는 이미 범죄자로 묘사되는 경우가 많다. 무죄추정의 원칙은 온데간데없다. 오죽하면 '언론재판'이라는 말이 생겨났을까.
지난해 행담도 개발비리 의혹 사건이 터졌을 때 문정인 교수와 정태인, 정찬용씨는 청와대를 이용해 '호가호위'하는 인물로 언론에 등장했다. 이들은 검찰 수사가 진행될수록 '공공의 적'으로 확실히 낙인찍혔다. '친검 기자'들은 그들이 무엇을 잘못했는지 냉정하게 따져볼 여유도 없었고 그럴 의사도 없었다. 검찰 수사 결과가 발표됐을 때는 이들에게 '아마추어리즘의 극치'라는 비아냥까지 퍼부어댔다. 하지만 검찰이 직권남용 등의 혐의로 기소한 문 교수와 정태인씨는 1심에서 무죄가 선고됐고, 정찬용씨는 기소조차 되지 않았다. 언론보도로 실추된 이들의 명예는 과연 회복됐을까. 1심 재판 결과만 언론에 간단히 보도됐을 뿐이다.

「한겨레」도 예외가 아니었다. "검찰 수사 단계에서 일방적으로 매도당해 힘들었다." 정태인씨를 변론했던 한 변호사의 말이다. 정태인씨는 청와대를 떠난 뒤 생계를 걱정해야 하는 처지까지 내몰렸다는 말을 전해들었다. 문 교수와 정찬용씨도 한동안 엄청난 정신적 고통에 시달렸다고 한다. 이분들께 이 지면을 빌려 진심으로 사과드린다.

…(하략)…

— 이춘재 법조팀장(「한겨레신문」, 2006년 9월 23일자)

그래도 이렇게 「한겨레신문」은 양심적이었다. 한 점 부끄럼 없이 살고자 했던 나의 명예에 치명적 상처를 주고도 나머지 언론은 단 한마디 사과도 없다.

내 이름이 나쁜 언론에 오르내릴 때, 서울에서 일을 보고 광주 공항에 도착해서 택시를 탔다. 오후 6시 뉴스가 흘러나오고 있었다. 마침 중앙부처 고위간부가 뇌물을 받았다는 내용이 나오고 있었다. 그러자 그 택시 기사는 냅다 욕을 해대기 시작했다. 그러고는 10여 분 동안 부패사례를 들며 욕을 해댔다. 한참 내 이름이 뉴스에 나올 때인지라 나에게 하는 소리로도 들렸다. 그래서 내가 물었다.

"기사님, 혹시 나를 아세요?"

"왜 모르것소? 정찬용씨 아니요?"

매우 퉁명스럽게 내뱉었다. 그는 나를 거액의 뇌물을 먹은 범죄인으로 이미 단정하고 있었다. 대략 진실이 무엇인지 설명은 해주었으나 나는 말을 미처 다 마치지도 못하고 내려야 했다. 그 기사는 내

설명은 변명으로만 듣는 눈치였다.

　내게 그때처럼 힘든 적이 없었다. 감옥살이보다 더 고통스러웠다. 나는 정직과 청렴을 자랑으로 살아왔다. 그 당시 나는 인격적 살인을 당한 기분이었다. 내가 무혐의로 판명되었다는 사실은 모든 언론에서 1단짜리로 구석지에다 실었다. 그 택시 기사는 지금 내가 무혐의 결정을 받았다는 사실을 알고 있는지나 모르겠다.

　나는 이 사건을 노무현 대통령, 그리고 전라도에 대해 지독한 편견을 가진 야당(당시 한나라당)과 언론들이 문제 삼고 부추긴 측면이 있다고 생각한다. 실제로 이 사건은 감사원 감사가 진행되고 있는 상황에서 참여정부에 사사건건 트집을 잡던 한 신문사의 계획적인 공격으로 시작되었다. 거기에다가 전라도가 잘살게 되는 것을 못마땅하게 여기는 세력들이 꾸민 결과물이었다. 감사원은 수사의뢰도 하지 않았지만 한나라당이 세 사람을 검찰에 고발해 수사를 받게 되었다. 대한민국과 서남해안권을 먹여살릴 'S프로젝트'를 위해 애쓴 분들이 고초를 당하는 것을 보면서 나는 억장이 무너지는 것 같았다.

　문정인 위원장은 '미래 한국을 위한 프로젝트'라는 원대한 희망과 확신을 갖고 정말 열심히 했다. 실력뿐 아니라 인품도 참 좋은 분이었다. 문 위원장이 얼마나 힘들었을까 생각하면 지금도 미안한 마음이다. 정태인 비서관도 그렇다. 가끔 민주화운동 시절을 떠올리며 "나는 전라도에 빚을 지고 산다"는 말을 했던 그는 우리 지역의 경제적 발전 토대를 마련하자고 열심히 일하다가 커다란 고통을 당했다. 우리 지역은 그에게 큰 빚을 졌으며 서남권발전사업을 성공시킴으로써 그 빚을 갚아야 할 것이다

또한 그 일로 내가 잊을 수 없는 후배 검사가 있다. 김성준 검사로 당시 사법연수원 교수였는데 동북아위원으로 참여하고 있었다. 목포 출신인 그는 곳곳에서 수석을 놓치지 않던 수퍼 엘리트 검사였다. 당시 그는 고향 살리는 일이라며 S프로젝트에 푹 빠져서 신나게 일을 했었다. 그러나 행담도 사건이 터지고 동북아위가 온통 벌집이 되자 사표를 내고 검사 옷을 벗고 나왔다. 그가 스스로 선택한 것이지만 전도양양한 검사를 동북아위에 추천해서 그리된 것이 아닌가 해서 나는 너무 미안했다. 하지만 그는 도리어 "그때 나오길 잘했다"고 나를 위로하기도 했다.

서남해안 특별법 제정, 그것은 기적이었다

S프로젝트는 이러는 사이 급속히 동력이 소진되었다. 그 일을 열정적으로 추진하던 동북아위 문정인 위원장이 사퇴했고 상처입은 조직은 의지를 상실했다. 정부는 '이 사업은 행담도 사업과 별개이며 추진을 계속 한다'는 의지를 밝혔으나 그대로 되지 않았다.

한바탕 회오리가 지나간 뒤 나는 다시 이 프로젝트를 기어이 살려내고야 말겠다고 마음을 다잡았다. 그렇지 않은가, 서남해안권과 한국의 성장을 이끌 수 있는 사업이 하찮은 시비로 끝나서야 말이 되겠는가. 정부가 못하면 민간의 힘으로라도 해야 할 일이었다. 특히 이 사업에 애정을 갖고 있는 노무현 대통령 임기 내에 최소한 불씨만큼이라도 반드시 살려놓아야 했다.

서남해안포럼 창립식(오른쪽부터 강정채 전남대 총장, 최태옥 박사, 임권택 감독, 현고 스님, 정동채 장관, 박형규 목사, 김정태 행장, 박준영 지사, 원혜영 의원, 필자, 서재경 위원장)

나는 민간기구를 만들기 시작했다. '균형사회를 위한 모임'에서 신경호(전남대교수) 회원이 S프로젝트의 중요성과 행담도 음해사건으로 이 일이 추락 직전에 있음을 역설해 이를 뒷받침할 단체를 만들면서 출발했다. 그 단체가 바로 '서남해안포럼'이다. 서재경 선생이 초대운영위원장을 맡아 모임의 기틀을 마련했다. 우리들은 주로 호남 중심으로 3만 명의 회원을 모아서 이 프로젝트를 살리기 위한 대대적인 활동을 벌였다. 내가 청와대를 떠난 지 1년쯤 뒤인 2005년 12월에 대통령을 만났을 때다. 나는 대통령께 서남권개발사업을 위한 민간운동을 보고하고 정부차원의 강력한 추진을 해주십사고 말씀드렸다.

"정 수석, 오랜만에 만난 내게 그 얘기 외에는 할 말이 없습니까?"

담배를 한 대 턱 피워문 대통령께서 반가움과 더불어 약간 놀리는 투로 물으셨다.

"예, 서남권발전계획과 여수엑스포, 그리고 광주문화수도에 대해서는 대통령님을 뵐 때마다 빠뜨리지 않고 말씀드리고자 합니다."

나는 단호한 어투로 대답했다. 대통령께서 연말을 맞아 청와대 전현직 수석을 부부동반으로 초청한 자리에서 맨 먼저 서남권발전 특별법 제정이 시급하다는 말부터 꺼냈으니 좀 서운하시기도 했던 것 같다. 나는 그날 계속 S프로젝트 지원을 건의했다. 그리하여 대통령의 지시로 한 달 만에 2006년 1월 국무총리실 산하에 각 부처로부터 파견받은 공무원 40여 명으로 '서남권발전추진단'이 구성되었다. 그리고 관련 법안은 피 말리는 노력과 싸움 끝에 마침내 2008년 12월 17대 국회 마지막 회기 마지막 시각에 통과되었다.

여기서 서남권발전 관련 특별법 통과는 수많은 사람들이 땀과 지혜를 모은 결과라는 점을 꼭 밝혀두고 싶다. 우리는 '서남해안포럼' 민간기구를 서울, 광주, 목포, 여수 네 곳에 만들었다. 나는 상임대표를 맡았고 조우현 전 건교부차관, 김정태 전 국민은행장, 최태옥 선생(현 목포의료원장)이 공동대표, 그리고 네 곳에 각 20~30명의 운영위원들이 헌신했다. 이 회원들이 십시일반 기금을 마련하고 활동을 하면서 정부에 법안 내용을 제출하고 입법활동에도 공을 많이 들였다.

이 사업을 크게 도와준 사람들도 많다. 어느 날 고제철 금광기업 회장과 식사하는 기회가 있어서 서남해안포럼 얘기를 꺼냈더니 놀랍고 바람직한 일이라면서 서울에 사무실을 마련해주었다. 고향 발전에 큰 관심을 가진 지역 원로의 마음이 얼마나 고마웠는지 모른다. 광주은행이 학동에 광주 사무실, 목포시청이 목포 사무실, 여수시청이 여수엑스포유치위 사무실에 공간을 제공해주었다. 운영위원 200명이 끝없이 회원을 모집하고 기금을 모았다. 회원들 각자 지역에서 국회의원들에게 전화를 하고 나는 청와대와 정부에 호소하면서 전방위 노력을 했다. 우리는 정부 추진단과 계속 접촉하면서 입법을 채근했고 천신만고 끝에 국회에 법이 올라갔다.

광주의 김동철 의원과 여수의 주승용 의원이 눈부신 활약을 했다. 국회에서 법이 통과되려면 1차로 관련 상임위원회인 건교위를 통과해야 한다. 법률안 제안은 전라도 출신이 아닌 경기도 정장선 의원이 하도록 했다. 건교위원들 가운데는 "왜 서남해안 발전만 특별법으로 해야 하느냐"고 이의를 제기하는 위원들이 있었다. 건교위에는 다른 지역 출신이 대부분이니 당연히 그럴 만했다. 국회의원들은 자기 지역이 빠지면 일단 걸고 넘어지는 습관이 있는 것 같았다.

우리는 건교위원들을 설득했다. 건교위원들에게 서남해안 개발이 대한민국의 미래에서 갖는 중요성을 알리고 그분들의 마음을 움직이기 위해 최선을 다했다. 그분들의 출판기념회나 의정보고 모임등에 빠짐없이 참석해서 끈질기게 설명했다. 의원 부인이 하는 식당을 알아내서 호남 향우회를 일부러 그곳에서 열고 간접적으로 부탁했다. 봄이면 죽순을 절여서 선물로 보내기도 하는 등 온갖 정성을 다했다. 아마 요즘 세상에 자기 부모에게 이렇게 했다면 '효자상'감일 것이다.

건교위원이었던 여수의 주승용 의원이 동료 건교위원들을 설득하는 일을 맡았다. 여기에다 구체적으로 밝히기 곤란하지만 건교위 통과를 위한 오만 가지 전략은 주 의원과 함께 세운 것이다. 주 의원은 작전을 치밀하게 지휘하는 리더였다. 그리하여 드디어 법안이 건교위를 통과했다.

하지만 통과해야 할 문이 또 남아 있었다. 다음 순서인 법사위원회다. 똑같은 이유로 법안 통과는 어려움에 봉착했다. 왜 전라도만 해주느냐는 것이다. 그런데 참여정부 마지막 국회인 17대 국회는 곧 폐회를 앞두고 있었다. 따라서 이것이 마지막 기회였다. 만약 여기서 무산되면 법안은 자동폐기되고, 법안이 폐기되면 법적 근거를 상실한 계획은 적어도 상당 기간 휴면상태로 가라앉을 것이 분명했다.

이번엔 광주의 김동철 의원이 총대를 메고 나섰다. 김동철 의원은 법사위 위원 등 한 사람 한 사람의 의중을 파악하고 설득하는 한편 외부지원이 필요한 경우 직접 지원사격을 요청하기도 했다. 김 의원이 동분서주하면서 안타까울 정도로 뛰었다. 그러나 그런 보람도 없이 법사위원회 마지막 회의에서까지 법안은 통과되지 않았고 법사위원장은 사회봉을 들었다. 폐회선언을 하려는 것이었다. 김 의원은 고함을 지르며 자료를 회의장에 내던졌다. 그리고 그 자리에서 울분을 토해냈다. 이 돌발적 상황에서 김 의원의 절망적 심정과 진정성을 이해한 의원들이 나서고 회의장 분위기가 반전되면서 위원장이 다시 사회봉을 들었다. 그리고 마침내 법안이 법사위를 통과했다. 기적 같은 일이었다. 그날 저녁 여의도에서 벌어진 즉흥 자축연에 김동철 의원과 주승용 의원이 들어서자, 열두 명의 광주언론사 주재기자들이 두 분 국회의원에게 기립박수를 보냈다. 자존심 센 기자들이 기립박수를

칠 만큼 전남은 낙후되어 있고 두 사람은 온 몸을 던졌던 것이다.

우리는 '서남권 및 낙후지역 투자촉진 특별법' 통과를 감사하는 기자회견을 다음날 광주시의회 기자실에서 가졌다. 두 개의 상임위를 거치면서 법안 이름이 길어졌다. 절망에서 법을 건져낸 김동철 의원, 건교위원들을 설득해낸 전략가 주승용 의원, 이 두 국회의원에게 우리는 마음을 담아 감사패를 전달했다. 나는 그 자리에는 참석하지 않았다. 그분들께 모든 영광을 드리고 싶어서였다. 다시 한 번 감사드린다. 정종득 목포시장, 박우량 신안군수, 서삼석 무안군수 등의 역할 또한 대단했다.

특별법 통과의 특별한 주역들

서남권발전 관련 특별법 통과는 수많은 사람들이 땀과 지혜를 모은 결과라는 점을 꼭 밝혀두고 싶다. 우리는 2006년 1월 18일 서울 프레스센터에서 '서남해안포럼' 민간기구 창립식을 가졌다. 서울, 광주, 목포, 여수 네 곳 운영위원회에 200여 명의 운영위원들이 '전라도 발전'이라는 화두를 붙들고 꾸준하게 활동했다. 3만여 회원이 든든한 배경이었다. 그 자랑스러움과 고마움을 표시하고 싶은 위원님들의 이름을 여기 기록한다. 조우현 전 건교부 차관, 김정태 전 국민은행장, 최태옥 박사(현 목포의료원장)와 내가 공동대표, 서재경 SPR경영연구소 대표, 서영진 광주매일 사장, 송정민 전남대 교수, 정진욱 넥스트CEO 대표가 이사진, 강동완 조선대치대 교수와 이정희 회계사가 감사였다. 서울운영위원장을 고현석(전 곡성군수) 선배가 맡아 위원들의 다양한 의견을 끌어내고 시원하게 정리해주었다. 방향설정을 잘하는 고영하 회장과 양춘승 지환테크 회장, 힘이 부칠 때마다 응원단 노릇을 한 임동철 사장, 김홍룡 서정대 총장과 이승곤 경희대 교수, 바쁜 일정에도 항상 참석해 힘을 모아준 주거실현국민연합 김기정 감사, 김희광 칼렙마케팅 대표, 김진식 뉴원스 사장, 박용수 CBS 본부장, 선채규 기업연구원 회장, 선한길 이사장, 오용탁 사장, 전동배 사장, 정금채 대표, 정선용 팀장, 선문순 여사, 왕길남 선생, 정북현 사장, 정형근 사장, 진현식 교수, 한상석 사장, 홍건석 재경향우회 사무총장, 정찬규 부학장과 정찬세 형님이 국회를 통해 법제화시키는 데 애를 썼다.

    김종남 광주운영장을 필두로 조민 중국 강소성 양주대 교수, 김남표 민중의술 대표, 김성 전대병원 홍보팀장, 김남수 한백리서치 대표, 김성후 동신대 교수, 김영록 세무사, 김영준 21Promedia 대표, 김용해 선생, 김학봉 빈폴 대표, 나병남 대한항공 지점장, 나형주 외환은행 부장, 명동호 처갓집반찬 사장, 민판기 금계시문 회장, 박웅열 이사, 오형근 성형외과 원장, 이남숙 부장, 이용연 서강정보대 교수, 이재의 선생, 이재홍 사장, 정두현 교장, 정만수 이천정비 사장, 정안성 지점장, 조계선 회장, 조승현 전남대 교수, 천연봉 그린ENG 사장, 최봉익 공동체모다 대표, 최수호 지점장, 최양길 모던문구 대표, 한재용 아파트연합회 광주지부장이 운영위원으로 주례회의를 갖고 포럼의 바탕을 이루고 힘의 원천이 되었다.

동부와 서부를 나누는 편협한 소지역주의를 극복하자며 여수엑스포 유치에 애쓰는 동부지역 분들도 힘을 보탰다. 오광종 녹색전남21 회장이 위원장을 맡고, 정일선 대주환경엔지니어링 대표, 최동현 사장, 나종훈 여수산단사무국장 등 20여 명의 운영위원들이 헌신했다. 이 회원들이 십시일반 기금을 마련하고 활동하면서 정부에 법안 내용을 제출하고 입법활동에도 공을 많이 들였다.

서남권발전구상의 현장인 목포, 무안, 신안을 비롯한 서남권에서는 최태옥 대표와 운영위원장 이혁영 씨월드 회장, 강덕수 우진건설 이사, 강성길 신안포럼 대표, 고광일 한국병원장, 고장열 휘광성결교회 목사님, 고진형 선생, 구방현 회장, 김갑기 목포해양대 교수, 김국숙 새마을부녀회장, 김성수 회장, 김홍길 변호사, 노경윤 건축사 회장, 문현철 초당대 교수, 박부덕 도의원, 방예순 여협 회장, 서행조 이사장, 신대운 위원장, 윤혜자 소장, 이정원 회장, 이현희 부이사장, 임창옥 위원, 전성렬 교수, 정재조 사장 등이 힘의 원천이었다.

법이 공포되고 나서 시행령을 만드는 데는 송태석 변호사가 노고를 아끼지 않았다. 시행령 초안에 대한 의견서를 100여 쪽가량 제출하고, 건교부 담당국장과 무려 4시간 넘는 의견 조율을 하기도 했다. 얼마 후 서남해안포럼 사무실로 건교부 서기관으로부터 전화가 왔다.

"공직생활 30년 만에 민간단체가 법안을 만들고 시행령까지 만든 것은 처음입니다. 정말 대단한 일이 아닐 수 없습니다. 하여 제가 밥을 사고 싶습니다"라는 것이었다. 그러나 신재형 위원장과 김농

채 처장은 폐를 끼칠 수 없는 일이라며 그 서기관을 만나 그동안의 노고에 감사를 드렸다. 이 법안을 성안하는 데는 서남해안포럼 특별법 제정소위원장 신재형 사장이 여와 야, 친이와 친박, 열린우리당과 민주당을 넘나들며 설득하고 동의를 구하는 일에 큰 공헌을 했다. 정진욱 대변인은 신문 '서남해안포럼'을 편집하고 명쾌한 논리전개와 설득력있는 글로 회원들과 여론의 동참을 이끌어냈고, 경영자로서, TV프로그램 진행자로서의 시간을 쪼개 서울과 광주 운영위를 오가며 헌신적으로 활동했다. 임영희 위원은 항상 평형감각을 유지했고, 특히 기금 마련 그림전시회를 김윤기씨와 함께 성공적으로 이끌었다. 법제화가 목표라서, 그리고 아직 우리나라의 매사가 그러해서 서울사무실의 일이 가장 많고 복잡했는데 팔방미인 이정림 팀장이 다방면으로 크게 수고했다.

이분들뿐이겠는가. 모두가 200여 명의 운영위원과 3만 명 회원들이 헌신적으로 노력한 결과다. 그분들의 열정이 다 죽어가던 불씨를 살려놓은 것이다. 그리하여 이 일을 2년 이상 꾸준히 밀고 오면서 중요한 결실을 맺었다. 3만여 회원을 모집하고 활동보고서를 보내고, 동참을 호소하는 일이 만만치 않았다. 네 곳에 사무국을 두고 이사회 운영위 자문위 회원모임을 엮어내고 가동하는 것은 더 큰 일이었다. 몇몇 분들이 마련해준 밑돈으로는 턱없이 부족했다. 기금 마련 미술품전시회를 열었다. 당장은 서남권개발이고 길게는 50년 뒤 한반도가 먹고살 성장동력을 마련하는 일임을 역설해 최소한의 물감이나 붓값 명목으로 손톱만한 사례를 드리고 작품을 모았다. 많은 분들이 좋은 작품을 사주셔서 우리는 활동에 필요한 자금을 마련할 수 있었다.

미술품전시회 출품작가

흔쾌히 작품을 주신 작가분들의 이름도 꼭 밝혀야겠다. 강금석, 강길성, 강봉규, 강요배, 강용길, 강운, 강장원, 강종래, 강종열, 강지주, 강행원, 곽창주, 국중효, 김기범, 김대원, 김동협, 김선두, 김성호, 김영수, 김운성, 김유준, 김익모, 김재일, 김정숙, 김정헌, 김지하, 김천일, 김현숙, 노광, 노재순, 문인상, 민정기, 박경범, 박남, 박동인, 박문종, 박복규, 박석규, 박수룡, 박일용, 박종석, 박종회, 박주생, 박태후, 박하선, 박항환, 서남수, 손경수, 손영선, 손장섭, 송만규, 송용, 송필용, 신경호, 신문용, 신영복, 신영진, 신옥주, 신제남, 신철, 여운, 오견규, 우제길, 류성하, 유진선, 음영일, 이강하, 이강화, 이남찬, 이돈홍, 이민하, 이선희, 이율배, 이정석, 이존립, 이종구, 이태길, 임옥상, 임웅, 장찬홍, 장현우, 전명옥, 전수천, 전호, 정광주, 정다운, 정명돈, 정상섭, 정숙, 정승주, 정원주, 정태관, 정회남, 조강훈, 조기동, 조방원, 조용민, 조용백, 조진호, 진원장, 진인범, 최성훈, 최영훈, 하성흡, 하완현, 하철경, 한희원, 허달용, 허달재, 허진, 홍성담, 황영성 님들께 다시 한 번 머리 숙여 감사의 인사를 드린다.

나는 이 일을 하면서 그야말로 '유쾌한 피곤'을 즐겼다.

드디어 법은 통과되었고 정부에서 공포를 했다. 법에는 향후 12년에 걸쳐 국고 15조, 민자 7조 합계 22조 원을 서남권 발전에 투자한다는 내용이 들어 있다. 교통물류, 관광클러스터, 신재생 에너지, 지역특화사업에 투자하는 것을 골자로 하고 있다. 나는 그 첫 사업이 무안공항 활성화라고 생각하고 있다. 교통물류와 관광클러스터와 무안공항은 매우 밀접한 관련이 있기 때문이다. 이제 법안은 마련되어 있으므로 이제부터 정부를 설득해 구체적인 지원을 받아오는 진짜 과제가 남아 있는 셈이다.

여수엑스포 유치 성공, 땀과 눈물로 일군 역전의 드라마

'서남해안포럼'을 운영하면서 바쁘게 뛰고 있을 2006년 설날, 여수에서 사업과 시민활동을 하는 최동현 사장 등 몇몇 여수분들이 집으로 찾아왔다. 엑스포유치위원장을 빨리 모셔야 하는데 잘 안 되고 있다는 것이었다. 여수엑스포는 나와도 인연이 있는 사업이었다. 인사수석 시절에 대통령과 총리 그리고 해양수산부에 이 사업을 국책사업으로 채택해서 재도전할 수 있도록 끈질기게 설득해왔던 것이다. 그래서 결국 내가 인사수석을 그만두기 직전인 2004년 12월 14일 정부가 엑스포유치를 국가계획으로 확정했었다.

그런데 1년 반이나 지난 지금에도 그 사업이 아직 유치위원장도 선임을 못하고 있다니 좀 답답했다. 여수시에서는 "인사수석을 했으니 사람을 많이 아실 터이고 지역의 중요한 일이니 도와달라"고 했다. 하여 나는 우선 내가 아는 정보를 전했다.

"빨리 동원그룹 김재철 회장님을 찾아가보세요. 그분이 우리나라에서 바다와 해양에 대해서는 최고의 식견을 갖춘 분일 겁니다."

그분을 개인적으로 잘 아는 것은 아니었다. 다만 '바다의 전설'로 통하는 김 회장에 대해 훌륭한 분이라는 좋은 인상을 갖고 있었을 뿐이다. 김 회장은 장보고의 꿈을 재현하고자 가슴에 뜨거운 불덩어리를 간직하고 있는 분이었다. 전남 강진 출신으로 입학이 가능했던 서울 농대를 버리고 부산 수산대를 택한 분이다. 일찍부터 인생의 나침반을 바다에 둔 것이다.

그는 대학을 졸업하고 참치잡이 선장을 했다. 젊은 김재철 선장이 배만 타면 그 배는 만선(滿船)이었다. 김 선장은 과학적인 고기잡이를 한 것이다. 과거의 어획량과 날씨, 바람 등 고기잡이에 필요한 통계를 가지고 출항하니 다른 배들이 따라올 수가 없었다. 김 선장의 배를 타면 돈을 많이 받게 되는 일이 반복되자 모든 선원들이 김 선장의 배를 타고 싶어 했다. 급기야는 다른 배들이 김 선장의 배를 따라다니게 되었다. 자연스럽게 '김재철 선단'이 형성된 것이다. 김 선장은 아예 일본에서 배를 사와 참치잡이에 나서 대성공을 거둔다. 그리고 동원산업을 세워 더 큰 성공을 이룬다.

김 회장 집무실에는 거꾸로 걸린 세계지도가 있는 것으로 유명하다. 그 지도를 보면 한국이 세계의 중심이다. 이는 그의 세계관을 잘 설명해주는 것이다. 그는 바다에 한국의 미래가 있음을 확신하고 있다. 나는 당시 그런 분이 유치위원장을 맡는 것이 여러 가지로 적격이라고 생각했었다.

얼마 뒤 여수분들이 다시 나를 찾아왔다. 김 회장을 찾아뵈었는데 고사하셨다는 것이다. 그래서 나는 마음을 먹고 내가 직접 그분을

여수엑스포 유치를 위해 찾았던 뉴욕의 반기문 UN사무총장 관저에서
(반기문 총장, 김성곤 의원, 필자)

찾아뵙기로 했다. 인사를 드리고 찾아온 이유를 말씀드렸다. 그러나 역시 고사였다.

"우리 동원그룹이 금융회사도 만들어 일이 많아졌습니다. 또 내가 무역협회장을 7년간 하면서 회사 일에 전념치를 못했어요. 이제 바깥일은 그만하고자 합니다."

"회장님, 바다를 주제로 하는 여수엑스포 유치활동을 바다와 해양을 가장 잘 아시는 회장님 말고 누가 할 수 있겠습니까? 우리나라와 지역의 미래가 달린 문제이기도 합니다. 회장님, 도와주십시오."

나는 인사수석 시절에 익힌 노하우를 활용해서 거듭 요청했다. 대통령께 상황을 보고하고 설득 전화를 해주십사고 요청하기도 해서 마침내 김재철 회장은 유치위원장을 수락했다. 나는 인사수석을 그만둔 지 1년 반 만에 여수엑스포유치위원회 상임부위원장으로서 다시 서울 생활을 시작했다. 종로구 계동에 있는 현대 본사사옥에 엑스포유치위원회 사무실을 확장 개소하고 직원 수도 30여 명까지 늘렸다. 그때까지는 해양수산부와 외교부, 여수시에서 파견된 몇 명이 선장도 없이 일을 하고 있었다.

그런데 인원이 늘어난 것까지는 좋았는데 파견 부처가 너무 많았다. 국무총리실부터 여수시에 이르기까지 모두 13군데서 모였다. 서로 다른 조직문화 속에서 살아왔던 사람들이라 결속력이 떨어졌다. 대개 그렇지만 원 부처에서는 정예인력을 파견하지 않는 경향이 있다. 직접 엑스포와 관련 있는 해양수산부나 여수시 출신 직원들을 제외하고 정년을 앞둔 사람, 병약한 사람을 보내기 때문에 열정을 기대할 수 없는 직원들이 많았다.

친정 부처 돌아가는 상황에만 관심을 쏟으니 인사권도 없는 유치위원회는 지시가 통하지 않고 위계질서가 없는, 심하게 말하면 오합지졸 조직이었다. 그러니 하는 일이 서로 다투는 것뿐이었다.

위원장이 취임한 지 얼마 되지 않아 직원단합을 위해 전체 회식을 열었다. 새삼스럽게 자기소개를 하고 앞으로 힘을 모아 잘해보자고 건배도 하면서 회식을 하는데 바깥이 시끌벅적했다. 무슨 일인지 알아보니, 두 사람이 주먹다짐을 해서 한 사람 코뼈가 부러지고 다른 사람은 귀가 찢겼다. 우리 직원들이었다. 명색이 위원장과 처음 회식하는 날이고 업무를 총괄하는 상임 부위원장이 있는 자리에서 있을 수 있는 일인가. 기강이 이러했다.

다음날 나는 두 사람을 불렀다.

"당신들은 4급 공무원입니다. 옛날 같으면 군수로 나가는 직급입니다. 세상에, 위원장님이 첫 회식을 연 날 코뼈가 부러지고 귀가 찢어지도록 싸우면 되겠소?"

그들은 연신 죄송하다고 말하면서도 별 반성의 기미를 보이지 않았다. 그래서 나는 단호하게 말했다.

"당신들은 내일자로 원 부처로 복귀하도록 조치를 취하겠습니다. 내가 부처 장관에게 당신들을 돌려보내는 사유서를 붙여 보낼 테니 그리 아시오."

그로부터 차츰 기강이 잡히기 시작했다. 김재철 위원장은 초기에 위원회 기강을 세우고 조직에 열정을 불어넣는 데 많은 노력을 했다. 약속대로 월 1회는 언제나 회의에 참석했고, 잘못된 것을 보면 절대로 그냥 넘어가지 않았다. 직원들이 대충대충 하는 모습을 보이면 반드시 추궁하고 시정을 시켰다. 형식적으로 위원장을 맡은 것으로 생각했던 직원들 가운데는 혼쭐이 난 직원들이 많았다. 매우 과학적이고 치밀한 분이어서 계획을 엉성하게 잡으면 올바르게 수정하도록 했고, 전략적인 틀은 직접 당신이 감수한 뒤 확정짓도록 지시했다. 그는 엄정한 분이었다.

맹장(猛將) 밑에 약졸(弱卒) 없는 법이다. 모래알 같았던 조직에 영(令)이 섰다. 분위기도 달라졌다. 상임부위원장인 나는 우선 직원들의 사기진작과 단합을 위해 노력했다. 서로간에 마음의 문을 여는 연수 프로그램도 실시하고 부서별로 크고 작은 회의를 수없이 가졌

엑스포 유치관련 제주평화포럼에서 기조연설하는 필자

다. 함께 영화나 연극을 보고 당구, 탁구 같은 운동도 함께했다. 전체 회식자리를 마련해 단합된 마음을 끌어내고, 몇 사람씩 따로 음식을 나누며 설득도 했다. 모두가 엑스포 유치가 여수뿐 아니라 남해안시대를 여는 결정적 계기가 될 것이고, 10년 50년 뒤 한반도를 먹여살릴 성장동력이 될 것임을 깨닫도록 노력했다. 언론사를 돌며 이처럼 중요한 한반도의 꿈을 국민들에게 널리 알리자고 설득했다.

조직의 기틀을 세우고 분위기를 조성해나가자 조직이 움직이기 시작했다. 언제 원 부처로 돌아가는지에만 관심을 쏟고 막상 유치위원회 일은 그냥 지나치던 직원들이 마음을 모으기 시작한 것이다. 두어 달 몸살을 하며 노력한 결과, 조직 분위기가 완전히 달라졌다. 그때 나는 우리나라 사람들이 참 유능하고 동기만 부여해주면 일을 잘하는구나 하는 생각을 하게 되었다.

진용이 제대로 잡히기 시작하자 대외적 상황도 급속히 호전되었다. 김재철 위원장은 자신이 먼저 20억 원을 내놓은 것을 시작으로 100여억 원의 기금을 금방 모았다. 외교부 대사 출신 사무총장도 뽑았다. 또 나와 같이 일할 분으로 상임위원 두 사람도 위촉했다. 행정의 달인이라 할 이만의 전 환경부차관(현 환경부장관)과 대외적 업무를 수행할 김한경 전 외교부 차관이었다. 위원장과 상임부위원장, 상임위원 2명, 사무총장, 직원 40명으로 조직을 갖췄다.

나는 그때 서울 종로구 부암동에 살았는데, 그 시절 출근길을 잊을 수 없다. 집에서 계동 사무실까지 10km 거리를 매일 아침 걸어서 출근했다. 한 시간 반이 걸린다. 새벽 6시에 집을 나서 북악스카이웨이를 따라 걸었다. 마침 운 좋게도 내가 출근하기 한 달 전에 산책로가 만들어졌다.

그 산책길은 나에게 평안을 가져다주었다. 숲길에 해가 뜨고 새가 울었다. 다람쥐 톨톨 뛰고 꿩이 점잖게 걷는 것을 서울에서 보니 어찌나 귀하던지……. 아침시간이어서 차도 거의 안 다녔다. 방해꾼 없이 조용한 산길을 이런저런 생각에 잠겨 걷다보면 사무실에 도착했다. 근처 목욕탕에 들러 샤워를 하고 산뜻하게 출근했다. 저녁시간은 할 수 없었지만 아침시간은 300일을 그렇게 걸었다.

그 당시 걷는 것은 내게 육체뿐 아니라 정신에도 보약 같은 것이었다. 걷는 것은 사고의 흐름을 넓고 깊게 만들어주었다. 어느 책에선가 '지성은 걸음이 잉태한 자식'이라고 한 것을 보고 무릎을 친 적이 있다. 철학자가 산책을 좋아하는 것은 다 이유가 있는 것이다. 나는 사무실에서보다 오히려 이 길에서 엑스포 유치에 대한 많은 전략을 구상했었다. 이것은 내게 매우 중요한 생활습관이 되었다. 이후로 나는 사람들에게 걷기를 권한다.

세상은 넓고 배울 것은 많다

여수엑스포유치위원회의 목표는 세계박람회 회원국 140개국의 표를 많이 모아 표대결에서 이기는 것이다. 유치활동은 세계 각국에 나가 있는 우리나라 외교부 공관에서 한다. 유치위에서는 그 나라의 성향과 영향력 있는 인사, 설득 방법, 그 나라의 문화를 파악해 국회의원 장차관이나 재계인사를 유치사절단으로 보낸다. 반대로 회원국 대표를 국내로 초청도 한다.

'키리바시'라고 들어본 적이 있는가? 남태평양에 있는 작은 국가다. 인구가 9만 7,000명으로 작은 나라지만 13억 중국과 동등한 1표를 행사한다. 회원국 가운데는 지리시간에 생전 못 들어본 나라가 많다. 그런 나라들에게 한국은 선망의 대상이다. 팔라우, 나우루, 투발루, 바누아투, 세이셸 등도 작은 나라들이다. 그 나라 사람들은 한국을 오고 싶어 한다. 그래서 그 나라 대표들을 초청해서 여수시를 홍보하는 것이다.

우리는 지지표를 중간 점검해보았다. 외교부에서는 우리가 유리하다고 보는 반면, 국정원에서는 낙관할 수 없다는 정보를 내놓았다.

여수의 경쟁 도시는 모로코의 탕헤르와 폴란드의 브로츠와프였다. 두 곳은 나름대로 지지기반이 있었다. 아프리카와 유럽이라는 지역적 기반, 특히 모로코는 이슬람이라는 강력한 종교적 기반이 있었다. 하지만 한국은 이렇다 할 기반이 없었다. 미국은 회원국에서 탈퇴한 상태이고 아시아의 중국과 일본도 지지의사를 쉬 밝히지 않았다.

상황을 구체적으로 파악해 들어가니 첩첩산중이었다. 대책을 강구해야만 했다. 대사관만 믿어서는 안 될 상황이었다. 사실 외교관들은 점잖은 사람들이라 품위를 잃을 행동은 좀처럼 안한다. 그래서 대사관만이 아니라 KOTRA와 한국무역협회 지원이 필요했다. 뿐만 아니라 민간기업 지원도 절실했다. 나는 동분서주했다. 그러나 상황은 여전히 호전되지 않았다.

결단이 필요한 시점이었다. 나는 어떤 일에도 한두 차례 고비가 있다는 것을 경험으로 알고 있다. 계속 순탄하게만 흘러가는 일은 하나

프랑스 파리의 호텔에서 회원국 대표를 초청해 엑스포유치 활동을 하는 필자

도 없다. 이럴 때 어떻게 대처하느냐가 매우 중요하며 그것은 리더의 몫이다. 일이 꼬여갈 때 시점을 놓치면 회복이 불가능하다. 그 시점을 잘 파악하고 적절한 조치를 취하는 것, 그것은 리더의 감각이며 능력이라고 생각한다. 그 시점을 잘 잡아내기 위해서는 큰 흐름을 읽는 눈이 있어야만 가능하기 때문이다.

원점에서 볼 때 당시 상황은 표를 재점검하고 특단의 조치를 취할 필요가 있었다. 나는 심각한 상황을 사실대로 김재철 위원장에게 보고했다.

"상황이 어렵습니다. 잘못되면 또 떨어지고 웃음거리가 될 가능성이 아주 큽니다. 외교부의 낙관적인 정보만 믿고 있다가는 또 큰일 나겠습니다."

김 위원장도 난감한 표정이었다.

"부위원장 의견이 있소?"

"아무래도 세계적인 네트워크를 가진 그룹의 회장을 영입해야 할 것 같습니다."

"그러면 누구를 해야겠소?"

"삼성그룹은 평창 동계올림픽을 맡고 있으니, 현대차그룹의 정몽구 회장님을 모시는 게 어떨까요?"

"그 양반, 지난번에 엑스포유치위원장을 맡았었는데 이번에 또 하실까? 아무튼 일단 요청을 해봅시다."

김재철 위원장은 흔쾌히 동의했다. 그래서 우리는 현대기아자동차그룹 정몽구 회장에게 긴급지원요청을 했다. '정 회장이 명예위원장으로 합류하면 이번 엑스포 유치는 99% 성공이다. 성공의 축배를 들 때 함께하셔야 할 것 아닌가?'라는 제안에 정몽구 회장이 수락했다. 2007년 8월 정몽구 회장의 합류로 엑스포 유치는 날개를 단 격이 되었다. 정몽구 회장의 유치활동은 정말 놀라운 것이었다. 투표일까지 3달여밖에 남지 않아 시간이 촉박하자 전세기까지 내서 나와 함께 세계를 누비고 다녔다.

투표를 3일 남기고 유치 관계자들이 파리에 다 모였다. 한덕수 국무총리도 왔다. 2007년 11월 24일 아침 7시 총리수재회의가 열렸다. 열댓 명이 모인 조찬회의에서 외교부 관계자가 예상득표수를 보고했다. '각 회원국 표 점검을 해보니 우리가 모로코에 비해 15표 정도로 앞선다. 압승이라 생각한다'는 것이었다. 기분 좋게 회의를 끝내고 흩어지는데 정 회장이 나를 끌어당겼다.

"정 부위원장, 큰일 났소. 평창 동계올림픽 유치 때 자신 있다고 큰소리치며 대통령을 과테말라까지 모시고 갔는데도 실패하지 않았소? 지금은 축배를 들 때가 아니라 막바지 득표전을 해야 할 땐데, 방금처럼 한심스러운 보고를 듣고서 다들 마음을 놓아버리니 큰일 났어요. 우리끼리라도 회의를 따로 하고 대책을 세웁시다. 우리 회사 보고를 들어보니 아프리카 5개국 표가 벌써 모로코로 넘어갔어요. 총리에게도 전하시오."

현대기아차그룹의 지사장은 작은 나라에서는 대단한 위치다. 그 나라 유력자들과는 학연 혈연 지연에서 아주 가까운 사이다. 박람회 회원국 가운데는 그런 나라가 많았다.

현대차그룹의 막판 스퍼트가 시작되었다. 우리는 별도 회의를 하고 당장 회원국 표단속에 나섰다. 유럽 아프리카 중남미에 주재하는 현대기아차 직원들이 수백 명 파리로 집결하고 현대차 회사 차량이 의전용으로 총동원되어 회원국 대표들을 설득했다. 베르사유 궁전 관광도 하고, 포도밭 관광을 가서 근사한 포도주도 대접하고 유명한 '리도쇼'도 보여줬다. 새벽 시간에야 숙소로 데려다주었다. 다른 나라들이 로비할 틈을 주지 않기 위해서다. 로비하는 법을 아는 직원들이었다. 이것이 정부와 기업의 차이일 것이다.

드디어 운명의 투표 날이었다. 긴장감이 감돌았다. 참가국들 프레젠테이션이 진행되었다. 그리고 1차 투표결과가 발표되었다. 여수 68표, 모로코 탕헤르 59표, 폴란드 브로츠와프 13표였다. 9표 차이였다. 1차 투표에서 모로코랑 20표 이상 차이가 나야 안정권이라고 생각했기 때문에 아찔한 마음이었다. 긴장 속에 2차 투표 결과가 발표되었다.

'여수 77표!'

와! 그다음 모로코의 득표수는 "여수! 여수!"의 함성 속에 묻혀서 들리지도 않았다. 회의장은 기쁨과 울음의 도가니였다. 우리는 이렇게 해서 1차 실패를 딛고 10년 숙원을 풀었다. 그 감격을 잊을 수 없다. 우리는 파리의 한정식집에서 축배를 들었다. 그시각 여수시민을 비롯한 온국민이 밤새워 개표를 지켜보다가 감격의 눈물을 흘렸다는 것을 귀국해서 알았다.

사실 엑스포 유치 성공에는 노무현 대통령의 지극한 정성이 담겨 있다. 공식정상회담 자리에서나 20~30분 동안 이루어지는 짧은 회담 자리에서나, 해외 순방에서나 외국정상 국내 초청 자리에서나 대통령은 바다를 주제로 하는 2012년 엑스포는 풍요롭고 아름다운 여수가 안성맞춤이라고, 꼭 지지해달라고 당부했다. 국가적 의제를 논의한 뒤에는 꼭 두 가지를 덧붙였는데, 하나는 여수엑스포, 그리고 나머지 하나는 반기문 외통부장관을 다음 UN 사무총장으로 지지해달라는 것이었다.

2007년 4월 실뱅 BIE 집행위원장을 단장으로 해 5명의 실사단이 여수의 엑스포 개최역량과 준비상황을 평가하기 위해 한국을 방문한 일이 있었다. 대통령께서는 이들을 청와대로 초청해 방한을 환영했다. 그리고 대통령께서는 바로 그날 저녁 여수로 내려와 여수 앞바다에 군함을 띄우고 실사단을 비롯한 내외 귀빈을 모아 선상만찬을 베푸셨다. 대통령이 같은 행사에 하루에 두 번 참석한 것은 유례가 없는 일이었다.

　이름 없는 작은 항구도시에 실사단의 마음을 사로잡을 것이라곤 아름다운 바다의 석양을 배경으로 아름다운 섬들이 둥실둥실 떠다니는 청정해역에서 싱싱한 해산물을 메뉴로 한 만찬이라는 판단을 했었다. 그리고 위험하다는 이유로 반대하는 경호실을 설득해 여수까지 야간에 헬기를 타고 날아온 대통령의 강한 의지가 유치 성공의 밑거름이 된 것이다.

　엑스포 유치는 정말 많은 분들의 수고로 이뤄진 것이다. 최대의 공로자는 여수시민과 김재철 위원장, 정몽구 명예위원장, 이윤복 사무총장을 비롯한 유치위 직원들이다. 정부 유치단장인 한덕수 국무총리, 주무 부처 장관인 강무현 해양수산부 장관, 송민순 외교통상부 장관과 해외 공관 외교관, 노진영 전남도 유치위원장, 박준영 전남지사와 오현섭 여수시장, 최태원 SK그룹 회장, 허동수 GS칼텍스 회장, 박삼구 금호아시아나그룹 회장, 이구택 포스코 회장, 이윤우 삼성전자 부회장 등도 많은 도움을 주었다. 이것은 민과 관, 중앙정부와 지방정부, 중앙부처의 여러 부처와 기관, 재외공관, 언론이 모두 힘을 모아 국가운용 시스템이 멋지게 가동된 한판 승부였다.

　상임부위원장으로 조직을 총괄 지휘했던 나로서는 엑스포 유치 성공은 정말 큰 보람이고 좋은 경험이었다. 세계무대에서 내로라하는 인사들과 접촉하면서 소중한 인맥도 쌓았고 많은 것을 얻었다. 국제적 경쟁에서 직접 치열한 '전투'를 치르고 승리를 하고 나니 어떤 일도 할 수 있겠다는 자부심도 생겼다. 그 역시 사람이 하는 일이었다. 정말 세상은 넓고 배울 것은 많았다! 나는 또 한번의 '유쾌한 피곤'을 즐겼다.

함께 꾸는 꿈 '광주문화수도'

잘 알다시피 광주 아시아문화중심도시 사업은 노무현 대통령의 의지로 이뤄진 것이다. 노 대통령은 광주문화수도 조성, 전남의 2012 여수엑스포 유치, S프로젝트(서남해안개발) 사업 추진을 위한 특별법 공포를 통해 전라도에 큰 그림을 그리려는 노력을 부단히 해왔었다.

특히 광주의 아시아문화중심도시 지정은 앞으로 미래 광주가 나아갈 방향에 대한 구상을 현실화한 것이다.

문화중심도시는 2002년 제16대 대통령선거를 앞둔 12월 14일 민주당 후보인 노무현 후보가 "예향 광주를 문화수도로 육성하겠다"고 선거공약으로 처음 언급하면서 시작됐다. 광주가 제2의 고향이라는 말을 자주 했던 노 대통령은 여느 대통령과는 다르게 당선되자마자 그 공약을 실천하기 위해 집중적인 노력을 펼쳤다. 노 대통령은 나와 인사 관련 업무로 독대를 하는 자리뿐 아니라 공개석상과 비공개석상을 가리지 않고 광주문화수도에 대해 각별한 관심과 배려를 표명했다.

노 대통령은 취임 첫 해인 2003년 7월 30일 '동북아문화중심도시 광주조성 기본계획'을 보고받고 이 사업의 속도를 높이기 시작했다. 2003년 11월 7일에는 광주에서 '아시아문화중심도시 광주조성계획 대통령 보고회'를 가졌다. 노 대통령이 자신의 강한 추진의지를 대내외에 다시 한번 천명하는 자리를 가진 것이다. 이듬해인 2004년 3월 대통령 소속 문화중심도시조성위원회를 발족시켜 정식 국책사업으로 결정해 사업의 법적 토대를 마련했다. 사실 초대형 사업을 이렇게 신속하게 진행하기란 쉽지 않다. 모두가 대통령의 의지 때문에 가능한 것이었다.

이 과정에서 조성위원회 위원장 위상과 직급에 대해 말이 많았다. 나는 이 프로젝트를 성공적으로 이끌기 위해서는 위원장을 반드시 총리급으로 대우해야 한다고 처음부터 주장했다. 이 사업은 워낙 대규모라 수개 정부 부처뿐 아니라 청와대의 협력도 필요한 사업이다. 조성위원회 위원장은 문화관광부 장관, 행자부 장관, 건교부 장관, 산자부 장관, 기획예산처 장관이나 국가균형발전위원장, 청와대 정책실장까지를 업무적으로 통솔해야 하는 자리인 것이다. 그러기 위해서는 총리급이 되어야 원활하게 업무를 추진할 수 있는 것이다.

그러나 청와대 내부에서도 이 의견에 동감하지 않았다. 그들은 언론에 수시로 언급돼왔던 '왜 광주여야 하느냐'는 시각을 갖고 있었다. 또 많은 대통령 소속 직속위원회가 전부 장관급 예우를 받고 있었기 때문에 부총리급도 아닌 총리급은 안 된다는 것이었다. 그러나 나는 대통령의 깊은 의중을 헤아리고 있었고, 이 공약사업이 반드시 관철돼야만 한다는 생각을 굳게 갖고 있었다.

결국 문화수도 조성위원회 위원장은 논란 끝에 총리급으로 결정 났다. 그 순간 나는 '촌놈 정찬용이가 청와대란 곳에 와서 고향을 위해 뭔가를 하나 해냈구나'라는 생각에 뿌듯했다. 나중에 들린 얘기로는 "유일하게 독대하던 정 수석이 너무 앞서 나간다"며 수군거렸다고 한다. 그러나 나는 이 일이 고향뿐 아니라 대한민국 문화발전을 위한 행동이라 생각했고, 대통령의 공약사항 이행을 보좌한 것이어서 떳떳했고 자랑스러웠다.

이로부터 2년여의 준비기간을 거쳐 2005년 10월에 157명의 국회의원이 발의, 2006년 8월 29일 제261회 임시회에서 찬성 202명, 반대 2명, 기권 12명으로 아시아문화중심도시조성에 관한 특별법으로 제정됐다. 문화수도조성사업은 2023년까지 5조 3천억 원이 투입되는 대규모 사업으로 우리지역 광주의 사활이 걸린 사업이라고 해도 과언이 아니다.

대통령은 나와의 독대자리에서 광주·전남 현안 사업이나 이슈 등에 대해 자주 물어보곤 했다. 그 중에 단골 메뉴가 문화수도 특별법 제정이었다. 인사 관련 보고가 끝나면 거의 거르지 않고 문화수도사업의 진척 정도를 묻고 그 사업 효과 등에 대해 당신 생각을 말씀하시고 나의 의견을 묻기도 했다.

또 공개적인 석상에서 나를 치켜세워 힘을 실어주었다. 2003년 11월 7일 취임 후 두 번째 광주를 방문한 자리에서 노 대통령은 '아시아의 문화도시 사업추진' 의지를 재천명했다. 그 자리에서 대통령은 지역 인사들과 오찬장에서 문재인 민정수석과 인사보좌관인 나를 거명하며, "인사하는 사람이 실세", "청와대에는 정찬용 보좌관이 있다. 인사가 주요업무인데 지역현안도 가지고 온다. 인사는 인사대로 잘하고 능력이 있어 창구 역할도 잘할 것"이라고 공개적으로 칭찬했다.

하지만 문화수도와 관련해서는 시련도 있었다. 2003년 11월 3일 한나라당 의원들이 이창동 장관을 출석시킨 가운데 광주 문화수도 추진사업에 대해 벌떼처럼 달려들어 비토를 놓았다. 그들은 사업 전면 재검토와 예산삭감을 주장했다. 특정 언론과 각을 세웠던 탓인

서남해안포럼 회원 연찬회

지, 많은 매체들이 한나라당 의원들의 주장을 크게 다뤘다.

자칫 사업이 늦어질 수도 있다는 판단에 참여정부 출범과 함께 청와대와 정부 각 부처에 진출한 광주·전남 출신 인사들 모임인 'JOC' (전라도에서 올라온 촌놈들이라는 뜻의 이름) 모임에서 참석자들은 막걸리를 한잔씩 들이켜면서 걱정들을 쏟아냈다. 좋은 대안이 없을까 서로들 궁리했다.

JOC에는 당시 임상규 과학기술부 과학기술혁신본부장과 장병완 기획예산처 차관, 박화강 국립공원관리공단 감사, 이재의 산자부 장관 보좌관, 서대석, 유진수 청와대 비서관, 김영집 국가균형발전위원회 국장 등 쟁쟁한 정·관계 인사들과 김성산 금호고속 사장 등 전라 지역 출신의 기업인, 오피니언 리더들이 참여하고 있었다.

곡성 출신 김삼호 청와대 행정관을 비롯한 참석자 대부분이 "대통령께서 광주에 각별한 애정을 쏟으시고, 정 수석님을 가장 신임하시니까 광주문화수도사업이 반드시 관철되도록 독대자리에서 분위기 봐서 자주 말씀드리세요"라고 결론을 내렸다.

나는 "대통령님의 의지만큼은 그 누구보다도 확고하십니다. 대통령님께서 어련히 알아서 잘하시겠지만, 나도 여러분들 뜻대로 그렇게 해보겠습니다"라고 약속했다.

역시나 노 대통령은 우리 광주 출신보다도 더 확고한 의지를 갖고 있었다.

"걱정하지 마세요. 그 어떤 일이 있더라도 그 일만큼은 관철될 것입니다. 고향 생각하는 마음이 참 훌륭하시네요. 언론이 뭐라 하든 야당에서 뭐라 하든 나는 꼭 그 일을 할 겁니다. 같이 힘을 합해봅시다"라고 대통령께서 말씀하셨다.

그런 말씀을 듣는 순간 나는 눈시울이 뜨거워졌다.

노 대통령께서는 퇴임 후 봉하마을에 계실 때에도 내가 방문하면 "문화수도, 이제 잘 돌아가고 있죠?"라고 묻곤 하셨다. 광주를 사랑하는 마음으로 깊은 배려를 해주셨던 문화수도가 완공되면, 당시 청와대에 근무했던 이 지역 인사들과 함께 초청해서 당신 눈으로 직접 보실 수 있도록 할 생각을 갖고 있었는데 갑작스런 서거로 꿈을 이룰 수 없게 돼 안타까운 마음 금할 길이 없다.

사실 광주문화수도사업은 광주만의 사업이 아니다. 아시아 문화

전반을 아우르는 사업으로 가야 한다. 세계 3대 문명의 발상지인 아시아는 인류문화의 보고다. 그러나 근대화에 앞선 서구에 밀려 문화 분야까지도 폄하되어왔다. 하지만 다행인지 산업화에서 소외되어 오히려 문화의 원형을 잘 간직하고 있는 곳이 광주이며, 아시아의 아픔을 잘 아는 도시가 광주다. 이런 점에서 광주는 아시아 문화를 꽃 피우기에 좋은 토양이다. 광주는 패권적 의미의 문화중심도시가 아닌 교류와 확산을 위한 허브로서의 중심이 되어야 한다.

21세기는 분명 문화의 세기다. 군사력과 돈만을 앞세운 하드 파워(Hard Power) 시대는 가고 소프트 파워(Soft Power)가 지배하는 세상이 오고 있다. 문화와 예술을 사랑하는 '예향 광주'의 시대가 도래하고 있는 것이다.

광주는 역사의 물줄기를 바꾼 그 거대한 에너지를 문화중심도시 사업에 쏟을 필요가 있을 것이다. 칭기즈칸은 '꿈은 한 사람이 꾸면 그냥 꿈이지만, 함께 꾸면 현실이 된다'고 했다. 이제 우리가 함께 꿈꿀 시간이 온 것이다.

> 내가 본 정찬용

고향에서 영웅은 천대받는다?

'탁 트인 사람'이었다. 호연지기의 기상이랄까, 그런 게 느껴졌다.

정찬용 선생(역시 선생이란 호칭이 가장 적합할 것 같다)의 첫인상이다. 정 선생이 광주 YMCA에 나타날 때이니 벌써 십 수 년 전 얘기다. 투쟁적 모습(감옥생활 겪은 민주운동가, 17년간의 거창 시민운동가)만 연상했다가 너무 털털한 품성에 깊은 인상이 남았던 것 같다.

세월이 흐르면서 그 인상은 감동으로 변했다. 정 선생은 우리가 그냥 탁상공론만 하고 지나쳐버리는 꿈을 피부에 닿는 현실로 만들어나갔다. 말로만 떠들던 우리와는 달리 직접 현장에 뛰어들어 행동으로 실현시켰다.

양담배 끊기 운동(외산담배 추방운동)만 해도 그렇다. 다들 "민주도시라는 광주가 양담배 흡연율 1위라는 것이 말이나 되느냐"고 개탄하면서도 '우리가 힘쓴다고 무엇이 변하겠나.' 낙담하여 손 놓고 있거나 포기해왔다. 그런데 정 선생은 직접 거리로 나섰다. 나이트클럽, 카페에 들어가 사람들과 부딪쳤다. 그리고 성과를 이끌어냈다.

기대한 대로 정 선생은 참여정부에서 인정받아 인사수석으로서의 큰일을 해냈다. 그리고 청와대를 떠나 귀향한 후에도 그 열정에는 변함이 없었다. 뜬구름 잡듯 어렵고 먼 목표도 '해봅시다' 한 마디로 밀어붙이며 이룩해낸다.

서남해안 개발은 아껴둔 땅, 호남의 미래이자 21세기 대한민국의 블루오션임은 틀림없는 사실이다. 하지만 다가오는 서해안시대를 맞이할 교두보라고 다들 말들은 하면서도 정작 실제로는 무슨 일을 어떻게 벌여야 할지 갈피를 잡지 못했다.

이 일에도 정 선생은 앞장을 섰다. 서남해안포럼을 만들어 수만 명 회원들에게 그 청사진을 보여주고 국회의원들을 설득해 천신만고 끝에 '서남해안 특별법'을 통과시켰다. 4대강과 새만금에 몰두하고 있는 이명박 정부체제에서 어렵지 않겠느냐며 다들 사실상 포기했던 일이었다.

더군다나 초기 S프로젝트 단계에서 '행담도 사건'은 정 선생을 구설수에 휘말리게 했었다. 그는 이 일로 심하게 마음 고통을 받았다. 그러나 이 사건은 오히려 그가 서남해안 프로젝트에 더욱 열정을 쏟도록 촉진제 역할을 할 뿐이었다.

그때 정 선생을 좋아하던 많은 사람들은 처음 검찰 발표만 듣고 '결국 깨끗한 사람은 없구만.' 하고 지레짐작으로 비난하기도 했었다. 하지만 나는 그들에게 이렇게 말했다. "이 사건으로 정찬용은 더 깨끗한 걸 증명받을 거다. 수사기관에서 오히려 그를 인정하는 계기가 될 거다." 당연히 그리되었다. 그 일은 오히려 전화위복이 되었다.

정 선생을 만나면 살맛나는 세상을 미리 함께 살고 있는 기분이다. 속이 좀 답답한 날, 무언가 일이 잘 풀리지 않는 날, 막걸리 한 잔 같이 마시고 싶은 이 사람은 그런 행복한 느낌을 선사한다. 그와 함께 막걸리 한 사발 탁 털어넣고 덩달아 털털한 웃음 한바탕 웃으면 세상사 두려울 게 없어지는 것이다.

'고향에서 영웅은 천대받는다'고, 사실상 우리는 큰 인물이 바로 옆에 있어도 잘 모르기 쉽다. 큰 산은 가까이 있으면 보이지 않는 법이니까. 무등산은 담양 수북이나 송정리에서 들어오면서 보면 구름을 머리에 이고 양팔로 광주를 싸안은 모습이 정말 거대하지만 가까이 다가서면 장원봉, 토끼봉 같은 작은 봉우리들에 가려 안 보인다. 무등을 닮은 인재를 키워야 한다면서, 곁에 바로 그런 인물 정찬용이 있는 것을 혹여 우리가 제대로 알아차리지 못하고 있는 것은 아닌지.

– 김종남(언론인, 전 광주일보 편집국장)

8장

사람이 희망이고, 사람이 미래다

"길이 험하다고 안 갈 수 없고 멀다고 안 갈 수 없다. 사람을 키우지 않고는
우리 동네든 나라든 다음 세대가 먹고살 길을 마련할 수 없다.
젊은이들이 우리의 희망인 만큼 그들이 씩씩하고 바르게 자라도록 해야 한다.
나는 이 일이 현재 내가 해야 할 가장 큰 일이라고 생각한다.
글로벌 인재를 키우는 일은 내겐 멋지고 보람 있는 도전이다."

대변약눌의 정몽구 회장

정몽구 현대기아자동차그룹 회장이 2007년 8월 여수엑스포 유치위원회 명예위원장직을 수락하면서 나는 정 회장과 인연을 맺었다. 정 회장은 1999년에 '2010년 엑스포유치위원회' 위원장을 맡았으나 실패했었다. 이번에는 명예위원장이라는 직함으로 설욕에 나선 것이다. 3개월 동안 정 회장은 괴력을 발휘했다. 유치사절로서 정 회장과 함께한 해외유치 활동은 내겐 값지고 흥미진진한 경험의 연속이었다. 나는 한 사람이 얼마나 큰 힘을 발휘할 수 있는지를 새삼 확인할 수 있었다.

정 회장은 현대기아차그룹에 엑스포 유치 태스크포스 팀을 만들고 유치활동 수당을 봉급의 10%씩 지급했다. 나라를 위해서 꼭 필요한 일인데다 수당까지 더 받으니 직원들의 사기가 하늘을 찌를 수밖에. 파리에는 유치활동 총괄사무소를 개설했다. 그리고 세계 200여 개 국가에서 활동하는 그룹 판매망을 총동원해 유치전을 펼치기 시작했다. 개최지 선정 투표일까지 100일 정도밖에 남지 않아서 박람회 회원국 대표들을 만나는 데도 사전에 충분히 준비할 여유가 없었다. 정 회장은 파리에서 박람회 회원국 대표들을 초청해서 최고급 공연을 관람하며 즐기는 만찬을 겸한 유치설명회를 열자고 했다. 겨우 며칠의 여유밖에 없는 상황이었다. 나는 걱정이 태산인데 정 회장은 태평이었다.

"너무 걱정 마세요. 각국의 엑스포 대표들이 많이 올 겁니다."

프랑스 최고급 호텔을 급히 예약하고 대표들을 기다리는데 정말 대표들이 많이 오는 것이었다. 그는 상대를 훤히 읽고 있었다. 그들이 기분 좋은 대접을 원하는지, 아름다운 선물을 원하는지, 심지어 그 나라에 보건소용 앰뷸런스가 필요한 것까지 꿰뚫고 있었다. 더구나 회원국 중에는 이름을 처음 들어보는 나라들이 수두룩한데 이 나라 사람들에게 현대기아자동차그룹 총수는 대단한 존재였다. 엑스포 유치에 '현대차그룹 효과'가 나타나기 시작한 것이었다.

2010년 상해와 겨룬 유치활동 당시의 유명한 일화가 있다. 정부의 장차관, 엑스포 관계자, 각국 대사 등을 모아 여수에서 엑스포를 개최해야 하는 이유를 설명해야 하는데, 300명이 들어갈 식당을 하루 만에 당장 찾을 수 없었다. 정 회장은 장소를 물색하다 수영장을 발견하고는 현대차 사장을 불렀다.

"저 수영장을 하루 빌리고, 두꺼운 합판 몇 장을 겹쳐서 수영장을 안전하게 덮으시오. 무슨 말인지 알지요?"

실제 합판 위에 붉은 카펫을 까니 멋진 파티장이 되었다. 그날 유치활동도 대성황이었다. 정 회장은 고정관념에서 벗어난 사람이었다. 본질을 간파하는 능력과 창의성이 불가능을 가능으로 바꾸는 것이다. 그는 영락없는 정주영 회장의 닮은꼴이었다.

정 회장의 흥미진진한 활동은 중남미에서도 계속되었다. 정 회장은 미국의 마이애미로 중남미와 카리브해 연안 회원국 대표들을 불러 모으자고 했다. 그러나 외교부에서는 반대였다. '작은 나라들이지만

엑스포 유치 활동 중 이만의 장관, 주승용 의원, 정몽구 회장, 서갑원 의원과 함께

그들도 자존심이 있는데 우리가 가야지 그들이 오겠느냐는 것이다.

정 회장은 웃으면서 '오게 될 것'이라고 장담했다. 정 회장은 나에게 그 이유를 설명해주었다.

"카리브해에 있는 인구 3~4만 명 되는 나라의 지도층 인사들은 모두 자식들을 마이애미로 유학시켜요. 미국의 마이애미와 카리브해 국가는 한국으로 치면 서울과 지방도시 관계와 같은 거요. 우리가 목요일이나 금요일에 날짜를 잡으면 더 많이 참석할 겁니다. 그들은 어디에 투표할지 정보를 얻고, 자식 얼굴도 보고 대접도 받는 일석삼조의 기회라고 여길 테니까."

정 회장의 판단은 이번에도 척 들어맞았다. 이런 판단의 차이가 정부와 민간기업의 차이일 게다. 멋진 파티와 음악회를 열고 여수엑스포 홍보를 했다. 파티가 끝난 후엔 선물도 주었다. 100달러 이상이면 뇌물이 되므로 그 이하의 것으로. 우리는 한국의 전통 천연염색 스카프를 선물로 썼다. 프랑스 최고급 스카프에 비해 값은 훨씬 싸지만 품질은 최고 수준임은 우리가 다 아는 사실 아닌가! 회원국 대표들도 대만족이었다. 내가 "회장님, 점쟁이 아니십니까?" 하고 묻자 그는 껄껄껄 웃었다.

글로벌 기업가와 시민운동가의 유쾌한 만남

유치전이 절정에 치달은 10월엔 정 회장이 전세기를 냈다. 미국 LA에서 마이애미로, 다시 캐나다로 쉴 새 없이 날아다녔다. 순천 출신 서갑원 의원이 시민단체들의 의회출석 평가에서 낮은 점수 맞을 각오를 하고 줄곧 함께 다녔다. 전세기를 이용하니 공항에서 절차가 간편해서 시간을 절약하고 신속히 움직일 수 있어서 좋았다.

회의는 전세기 안에서도 쉼이 없었다. 전세기 안에서 내가 쓸 방을 정 회장이 지정을 했다. 그 방에 들어갔더니 8명이 앉을 수 있는 회의실과 침실이 구분되어 있는 VIP룸이었다. 회장용 방이었던 것이다. 회장용 방을 어찌 부위원장이 쓸 수 있겠는가?

"회장님이 쓰실 방이네요. 저는 밖에 있는 자리에 앉아서 가겠습니다."

"마이애미까지 가는 네 시간 동안 카리브 회원국들의 현황과 설득 전략을 부위원장이 주재해서 확인하는 거 아닙니까? 일하는 사람이 그 일 하기에 가장 편리한 공간을 쓰는 건 당연하잖아요?"

상속받은 재벌 그룹 회장이라는 선입관을 깨뜨리는 순간이었다. 이래서 나는 팔자에 없는 전세기 VIP룸을 쓰는 호사를 누렸다.

마이애미에서 캐나다로 가는 전세비행기 속에서 정 회장은 '아프리카가 중요하다'고 강조했다. 아프리카 53개 국가들이 같은 아프리카 국가인 모로코를 지지하기로 담합하는 사태를 원천봉쇄해야 한다는 거다. 미국과 카리브를 돌면서도 그의 머릿속은 벌써 그다음 일정에 대한 궁리로 달려가고 있었다. 그는 현대차 기획실 김용환 사장을 불러 지시했다.

"아프리카에 띄울 비행기 세 대를 준비하시오. 정부나 유치위원회는 이런 결정을 내릴 수가 없어요. 감사에 걸리니까."

아프리카는 밀림 때문에 바로 옆 나라를 가는 것도 어렵다는 것을 처음 알았다. 이용객이 없으니 바로 옆 나라와 직항 노선도 없다. 그래서 옆 나라를 가려면 파리나 런던으로 날아가서 다시 옆 나라 행 비행기를 타야 한다. 이렇게 되면 비용은 물론이고 시간이 많이 든다. 소형 비행기 세 대를 전세 내서 한 대에 외교부 고위공무원, 유치위 관계자, 현대기아차 직원이 조를 짜서 아프리카를 한 바퀴 돌았다.

엑스포 마지막 투표장에서 케냐 출신 흑인 여성이 단상에 나와 "세계에서 가장 넉넉한 자원과 사람을 가진 우리들은 세계에서 가장 가난하다. 엑스포를 아프리카로 유치해서 가난을 벗어나자. 아프리카여, 단결하라!"고 선동했다. 정몽구 회장의 적확한 판단과 도전적 결정 그리고 실천이 없었더라면 어찌되었을지 모골이 송연했다.

정 회장은 표를 부탁하면서도 구걸하는 법이 없었다. 마치 밀린 외상값 받듯 했다. 러시아에 가서는 경제개발부장관을 만났다. 40대 중반의 키가 자그마한 여성 장관이었다. 빈틈이라곤 한 군데도 없어 보이는 그 장관은 러시아 국토의 길이가 지구의 절반이라느니, 시베리아에 지하자원이 얼마나 묻혀 있는지 아직도 모른다느니, '자랑 중의 자랑'을 해댔다.

정 회장은 듣는 둥 마는 둥하고는 러시아에 현대기아차공장 설립에 대한 계획을 얘기하더니, 바로 이어서 엑스포 투표전략을 말했다. 두 나라의 오랜 관계로 보나 최근의 상황으로 봐서 1차는 폴란드를 찍되 2차 투표 때는 한국을 찍어라, 그리고 러시아 영향권 하의 CIS 국가들도 찍도록 해달라고 정중하게 강요하는 것이었다. 무슨 배짱인지 러시아 여성장관을 꼭 딸 대하듯 하니 웃음이 나올 지경이었다.

모로코 지지국으로 분류되고 있던 캐나다에서도 그랬다. 정 회장은 캐나다 국제무역부장관을 만난 자리에서 이렇게 말했다.

"캐나다는 6·25 전쟁 참전국으로 한국과는 피를 나눈 사이 아닙니까? 모로코와 캐나다가 무슨 상관이 있습니까? 현대제철은 오늘 아침에 10년간 유연탄 100만 톤을 매년 매입하기로 캐나다 회사와 계약을 했습니다. 캐나다의 엑스포 대표 되는 분이 모로코하고 개인적으로 친하다고 국가이익을 저버리도록 내버려두나요? 대표를 바꾸실 계획은 없나요?"

부탁을 하면서도 늘 자세가 당당했다. 재력이 있다고 다 이렇게 하기는 어렵다. 대단한 배포였다. 많이 배웠다.

엑스포 유치를 계기로 정 회장을 만나면서 나는 정 회장의 카리스마와 현대기아차그룹의 국제적 위상에 놀랐다. 만남이라야 고작 3개월 정도 짧은 기간이었고, 만나는 장소도 주로 비행기, 호텔 숙소, 유치활동현장이 대부분이었다. 그러나 그분에 대한 나의 인상은 강렬하게 남아 있다. 매력적이었으며 배울 점이 많았다.

정 회장은 우선 일을 종합적으로 판단하는 통찰력과 강력한 추진력이 있었다. 수영장을 순식간에 파티장으로 바꾸는 것처럼 고정관념의 틀을 과감히 깨버린다. 그것이 눈에 확 드러났다. 정 회장은 어눌한 듯하지만 언제나 핵심을 향하고 있다. 노자가 말하는 대변약눌(大辯若訥)에 아주 어울리는 형이다. '정말 잘하는 말은 좀 어눌해 보인다'는 그런 경우 말이다.

생색을 낼 줄 모르는 성격도 그렇다. 엑스포 유치가 확정된 뒤 남들은 폼나게 카메라 플래시를 찾아헤매고 있을 때 정 회장은 언제 그 일을 했었냐는 듯 곧바로 한국으로 훌쩍 귀국해버렸다. 본래 성품이 그런 것 같았다.

현대기아차그룹으로서도 엑스포 유치는 가문의 영광일 것이다. 세계 3대 이벤트라 불리는 올림픽(정주영), 월드컵(정몽준), 엑스포(정몽구)를 현대가(家) 3부자가 유치하는 데 절대적 공헌을 했으니 말이다.

정 회장을 비롯한 현대맨들의 활약을 보고 나는 이 글로벌기업그룹에 대한 인식이 크게 달라졌다. 공무원 인재들과는 또 다른 장점이 있었다. 하루고 이틀이고 먹잇감을 노리며 습격준비를 하다가 결정적인 순간에 전광석화처럼 덮치는 백수의 왕, 사자를 생각하게 했다. 생동감 넘치고 할 수 있다는 자신감이 유치위 직원들에게도 덩달아 힘을 솟구치게 만들었다.

이것이 좋은 조직의 힘이다. 정 회장의 강력한 카리스마와 세계 곳곳에서 펄펄 나는 대한민국의 인재들을 보면서 나는 새롭게 강한 자부심을 갖게 되었고 새삼 '사람만이 희망이다'라는 생각을 하게 되었다.

이번 엑스포 유치는 나도 글로벌 기업 회장과 일을 함께하는 첫 경험이었지만 정 회장도 시민단체 사람과의 진지하고 구체적인 만남은 처음이었을 것이다. 일도 성공해서 즐겁고 과정도 유쾌했었다.

현대기아차그룹 인재개발에 나서다

그렇게 엑스포 유치 일을 성공하고 담양 우리 집에서 느긋한 마음으로 쉬고 있는 나에게 현대기아차그룹 기획실 김용환 사장으로부터 연락이 왔다.

"부위원장님, 회장님께서 우리 그룹 일을 좀 도와주시랍니다."

노무현 대통령 당선자가 그랬던 것처럼, 이번에는 정몽구 회장이 뜻밖의 제안을 전한 것이다.

"예?"

사실 나는 적잖이 당황했다.

"제가 회사에 도움이 될 방법이 없는 것 같습니다. 차를 만들 줄도 모르고 팔 줄도 모르는 사람 아닙니까? 배려해주신 회장님께는 감사하다고 전해주세요."

얼마 후 김 사장으로부터 다시 전화가 왔다.

"일단 회장님을 만나보시는 게 어떻겠습니까?"

그렇게 해서 엑스포 유치활동 후 한 달여 만인 2008년 1월 7일 정몽구 회장을 다시 만나게 되었다. 김 사장의 안내를 받아 들어갔다. 소박한 방이었다. 회장 전용공간은 20여 평 남짓으로 그다지 크지 않았고 책상과 소파, TV, 그리고 벽에 그림 몇 점, 그렇게 수수한 느낌을 받았다. 으리으리하고 어마어마하리라는 예상은 또 빗나갔다.

정 회장을 만나러 가면서 나는 단순하게 생각했다. 내가 미리 걱정할 일은 없다는 것이다. 정 회장에 대한 좋은 인상을 가진 나이기에 만나면 즐거운 자리가 될 것이었다. 정 회장이 만약 내게 큰 궁리를 내놓으면 그때 나의 진심을 그대로 말하면 되는 것이다.

밖에서 보는 현대기아차그룹의 나아갈 방향 같은, 내가 생각하는 커다란 틀을 말씀드릴 생각이었다. 정 회장과 엑스포유치 때 같이 활동한 이후, 나는 마음속으로 현대기아차그룹이 세계적으로 존경받는 회사가 되길 바라고 있었기에 나의 솔직담백한 의견개진이 그룹의 발전에 작더라도 보탬이 될 거라는 생각을 하고 있었다.

"인재개발원장을 맡아주시겠소? 우리 그룹이 그 부분을 보강해야 합니다."

간단한 안부 인사를 끝내자 정 회장은 이렇게 새로운 제안을 내놓았다. 자동차를 만들고 파는 분야라면 아는 게 전혀 없지만 인재개발과 교육이라면 내 관심분야 아닌가.

"사람을 키우고 가르치는 일이라면 제가 해보겠습니다."

두말없이 동의했다. 나는 내가 좋아하는 일에 대해서는 이것저것

따지는 성격이 아니다. 할 가치가 있는 일인가, 내가 그것을 밀고 나갈 역량이 있는가, 성과를 낼 수 있는가, 기여를 할 수 있는가만 생각한다. 스스로 그럴 수 있다는 자신감이 있으면 나는 그 일을 한다. 학생운동과 징역살이, 거창고 교사, 거창 YMCA 총무, 광주 YMCA 사무총장, 청와대 인사수석을 한 것도 이 같은 사고의 연장선상이다. 정 회장이 내놓은 제안은 글로벌 그룹의 인재를 키우는 일이다. 나에겐 멋지고 보람 있는 도전이 될 것이었다.

1시간 동안 부담 없이 이런저런 얘기를 한 뒤 이틀 뒤부터 일을 시작하기로 하고 일어섰다. 엘리베이터 앞까지 정 회장이 배웅하며 '사람 키우는 일에 애를 많이 써달라'고 다시 한번 당부했다.

이렇게 해서 내가 현대기아자동차그룹 인재개발원장으로 2008년 1월 9일부터 근무를 시작하게 된 것이다. 당시 현대기아차그룹은 생산성은 뛰어나지만 교육시스템은 약하다는 평가를 안팎에서 받고 있었다. 나의 일이 다시 시작됐다.

글로벌 인재, 우리가 키울 수 있다

현대기아차그룹 인재개발원은 그룹의 경영철학을 공유하고 전파하는 핵심적인 인재양성 기관이자 리더십 교육기관이다. 경영전략과 연계된 비전을 만들고, 그 핵심가치를 전 세계에 퍼져 있는 그룹의 임직원들에게 전파해 그룹을 글로벌 경쟁력을 갖춘 조직, 세계적으로 존경받는 회사로 만드는 매우 중요한 기관이다.

현대기아차그룹 인재개발원장 시절 GE 방문 중

    현대기아차그룹에는 전 세계 12만여 명의 직원들이 일을 하고 있다. 월급 주는 쇳덩이 공장이 아니라 보람 있는 삶터로서의 회사, 많은 직원들이 행복하고 능력도 자연스럽게 배가되는 일터로서의 회사, 그 회사에서 신바람 내며 일하는 인재들을 키우는 시스템을 짜고 시행하는 것이 내게 주어진 임무였다.

    현대기아자동차그룹 인재개발원장으로 2008년 1월 9일 아침 6시 50분 경기도 파주에 있는 사무실로 첫 출근을 했다. 5년여 전 노무현 당선자의 부름을 받던 그날처럼 눈이 많이 내린 날이었다. 그룹 인재교육의 현황과 문제점에 대한 보고를 받았다. 당시 현대기아차 그룹은 40년의 짧은 역사에 세계 5대 자동차회사로 성장하는 신화를 만들 정도로 생산성이 뛰어났다. 10여 년 전만 해도 미국에서 현대자동차는 저소득층이 싼 맛으로 샀다가 몇 년 타고 헐값에 팔아치우는 차였다. 하지만 요새는 다르다. GM, 포드 크라이슬러가 현대차의 욱일승천을 두려워하고 있다. 세계에서 가장 뛰어난 교육기관, 잭 웰치의 인재사관학교로 불리는 GE의 크로톤빌 연수원장이 말했다.

"나는 현대 그랜저를 탑니다."

교육시스템을 구축하기 위해 외부전문가 팀과 내부 간부 팀으로 TF팀을 구성해 그룹의 비전 메이킹(Vision Making)에 들어갔다. 구체적 교육방향도 네 가지 그린 콘셉트(Green Concept)를 제시했다. 파주, 고양, 영등포, 오산, 천안에 있는 단위 연수원들과 궁리를 모으기 시작했다. 나는 인재육성 중장기 전략을 짜기 위해 각 분야 전문가와 오피니언 리더로 외부전문가 팀을 짰다. 교육 분야에 장만기 인간개발원장과 인사관리학회장을 지낸 송계충 충남대 교수, 노사관계에 최영기 노동연구원장, 교육인사 분야에 이성열 중앙공무원교육원장과 김성렬 중앙인사위 국장, 경제 분야에 강석진 전 한국 GE 회장, 유순신 유앤파트너스 대표, 김용구 미래경영개발연구원장의 조언에 크게 힘입었다. 본사 교육기획팀 정형중 이사를 비롯 파주연수원 백대엽 부장, 고양연수원 정원일부장, 천안연수원 권혁성실장, 오산연수원 김춘성부장과 함께 즐겁게 일했다. 광주YMCA에서 만나 청와대와 현대차 시절을 거쳐 지금까지 16년 동안 나의 곁을 지켜준 이흥규 과장은 믿음직스럽기 그지없다.

매달 두어 차례 회의를 가지며 청사진을 그려나갔다. 전체 또는 부분 워크숍을 통해 직원들의 희망과 의견을 수렴했다. 그룹의 핵심 가치를 어떻게 정리하고 공유할 것인가를 논의했다. 미국의 GE와 J&J(존슨앤존슨)의 인재교육 철학과 체계를 벤치마킹했다. 국내의 삼성, LG, CJ 교육원도 방문했다. 그룹의 비전을 세우고 글로벌 교육 프로그램을 만들기 위해 해외 많은 곳을 시찰할 기회를 가졌다. 현대기아차의 외국 공장들을 돌아다녀보았다. 그곳에서는 외국 지자체들이 기업을 유치하기 위해 얼마나 많은 노력을 하는지, 노사간 화합이 얼마나 중요한지를 절실히 느낄 수 있었다.

중국 염성과 북경공장, 인도의 첸나이공장, 슬로바키아공장, 미국의 조지아공장과 앨라배마공장 등 6개 공장을 돌아봤다. 그 공장들은 아주 잘 돌아가고 있었다. 현대기아차그룹의 앞날은 분명히 밝아 보였다. 노사가 서로 양보하고 협력해 좋은 회사를 만들고 있었다. 그래서 생산성이 높아지고 차가 더 팔리고 근로자 봉급은 인상된다. 이런 선순환 사이클이 되니 노조가 더 좋아하는 것이다.

미국 앨라배마 주는 '나에게는 꿈이 있습니다(I have a dream)'로 유명한 마틴 루터 킹 목사가 목회를 시작한 곳이다. 로자 팍스라는 흑인여성이 버스에서 백인 남성에게 자리를 양보하지 않아 체포당하는 사건이 일어난 뒤 미국에서 흑백차별 문제를 처음으로 제기한 도시이기도 하다.

그곳 지자체가 일자리 창출을 위해 얼마나 노력하는지를 보고 나는 깜짝 놀랐다. 앨라배마 공장의 경우, 주에서 270만 평의 땅을 무상제공했다. 현대기아차 공장을 위한 고속도로 진출입로도 따로 만들어주었다. 지방도로와 운송편의를 위해 철도를 연결해주었다. 우리 돈으로 500만 달러를 들여서 사원교육관을 지어주었다. 앨라배마 주 부지사를 위원장으로 하는 10명이 현대기아차그룹의 현지 직원 3,000여 명의 직원 교육을 전담해주고 있다. 우리 회사 사원이기도 하지만 자기 국민들이라는 것이다. 인도와 슬로바키아, 조지아 공장과 중국의 북경 염성공장도 마찬가지다. 나는 우리 형편을 생각하니 걱정이 앞섰다.

유명 기업의 교육기관인 GE의 크로톤빌 연수원, 존슨앤존슨 연수원을 방문해 그들의 글로벌 인재 육성의지와 방법도 배웠다. 현대기아차그룹이 나아갈 방향과 인재육성 프로그램에 대한 좋은 시사점을 얻을 수 있었다. 연수원의 규모나 시설이 부럽긴 했으나 그것은 우리도 얼마든지 만들 수 있는 것이다. 중요한 것은 그들의 안목과 교육내용이었다.

그들 눈은 두말할 것 없이 세계 전체를 보고 있다. 그리고 그들만의 경영이념과 그에 따른 교육방식을 갖고 있었다. GE 같은 경우 핵심가치 중심의 강력한 조직문화를 구축하고 있다. 따라서 성과가 아무리 높더라도 회사의 핵심가치를 지키지 않는 리더나 구성원은 엄격하게 관리한다. 어떤 상황에서도 핵심가치를 중심으로 행동하고 의사를 결정하며 존경받는 기업으로 지속적으로 성장할 수 있는 기틀을 짜놓고 있다.

우리에게는 '베이비로션' 등으로 잘 알려진 존슨앤존슨은 매년 『월스트리트저널』이 발표하는 기업평판지수 1, 2위를 독차지하는 기업이다. 이 기업은 50여 년 전인 1943년에 벌써 기업윤리와 책임을 강조하는 내용을 명문화한 '우리의 신조(Our Credo)'를 제정해 현

현대기아차 아시아 · 유럽 공장 순방 때 들른 인도공장에서

재까지도 지키고 있다. 이 기업의 신조가 진가를 발휘한 유명한 사건이 있었다. 1982년 소위 '타이레놀' 사건이다. 이 회사 제품인 진통제 타이레놀이 한창 잘 팔리고 있던 그해 9월 시카고 근교에서 타이레놀을 복용한 7명의 주민들이 잇달아 급사하는 사건이 발생했다. 회사는 존폐위기까지 몰렸다.

  주목할 만한 것은 그때 회사의 대응이었다. 책임 소재 여부를 떠나 이 회사는 언론 취재에 적극적으로 협조했고, 관련 정보를 최대한 공개했으며, 고객들에게 복용금지 요청을 하고, 당시 CEO는 책임 유무를 떠나 피해 유족들에게 애도의 편지를 보냈다. 그리고 1억

달러의 손실을 감수하고 시중의 타이레놀 전량을 회수했다. 그 후 범인이 잡히면서 이 회사는 더욱더 모범적이고 신뢰할 수 있는 기업으로 다시 태어난 것이다. '100년 기업'이 어떻게 만들어지고 유지될 수 있는지 보여주는 산 증거다.

나는 이 두 회사에서 몇 가지 시사점을 얻을 수 있었다. 현대기아차 특유의 경영철학을 근간으로 핵심가치 정립, 이 핵심가치를 기반으로 한 인재선발과 채용, 육성 및 평가까지 일관성 유지, 핵심가치를 기반으로 한 조직문화 혁신, 리더십 육성체제 재정비 등의 필요성을 강력하게 느꼈다. 현대기아차가 이러한 회사들보다 못할 이유가 없다고 생각했고 그러한 작업을 수행해낼 수 있었다.

교육은 축제처럼

나는 '착안원대 착수근비(着眼遠大 着手近卑)'란 말을 좋아한다. 눈을 들어 멀리 큰 것을 보되, 일 처리는 가깝고 작은 것부터 하라는 뜻이다. 현대기아차그룹의 원대한 목표는 결국 작은 일에서부터 그 가치가 반영되어야 한다고 생각했다. 일화를 하나 소개하겠다.

2008년도 8월 말, 신입사원 550명을 대상으로 3박 4일의 연수가 있었다. 이는 인재개발원이 맡는 가장 중요한 연례행사로 입사 1년 안팎의 사원들이 대상이다. 그때쯤 되면 신입사원들이 갈등과 좌절을 많이 겪는다. 회사를 그만둘까, 다른 회사로 옮겨볼까, 대학원 진학을 할까, 계속 다닐 수 있을까, 보람이 있는가, 위기를 어떻게 극복할까 등등 고민이 많다. 연수는 이런 심정에 싸여 있는 사원들 사기를 올리고 회사일이 재미있도록 만들어서 애사심을 갖도록 하는 기획인데, 결재판에 올라온 프로그램 내용을 보니 모두가 '안전 제일'로 구성되어 있었다. 회장의 참석 여부도 미정이고 한라산 등반은 안전을 이유로 중턱까지만 가도록 되어 있었으며 술도 못 마시게 되어 있었다.

나는 이 연수를 축제로서의 교육으로 진행할 생각이었다. 어떤 프로그램이든 재미가 없으면 효과가 반감된다. 그래서 나는 프로그램을 짤 때 '회장님 참석, 한라산 정상 등반, 제한된 범위 내에서 음주 허용'을 반영하도록 했다. 세 가지는 나름의 의미가 다 있다.

현대기아차 신입사원연수 중 한라산 백록담에서

먼저 회장은 반드시 참석해야 한다. 입사 1년차 새내기들에게 회장은 회사의 상징적 존재다. 재벌 그룹 회사원들이 회장을 직접 눈으로 볼 기회는 거의 없다. 카리스마 넘치는 회장의 출연은 최고의 교육 자료다. 나폴레옹은 '리더는 희망을 파는 상인'이라고 말한 바 있다. 정 회장이 참석해서 이 새내기들에게 새로운 희망을 팔 필요가 있는 것이다. 나의 제안으로 이 연수에 정 회장은 참석했다.

"나는 열심히 일하고 신나게 노는 것을 좋아합니다. 여러분도 나와 같이 열심히 합시다."

이렇게 한마디 한 후 나를 연단에 올라오라고 하더니 치켜세웠다.

"내가 몇 개월 함께 일해보니 정찬용 원장은 훌륭한 분이에요. 여러분, 박수 좀 크게 쳐주세요."

그밖의 나의 제안도 다 이루어졌다. 한라산은 정상까지 오르기로 했다. 만약 사고가 나면 내가 책임을 지겠다고 했다. 등산은 정상정복의 뜻이 깊다. '도전'이라는 현대차의 정신도 같은 것이다. 나는 안전을 고려해 백록담까지 중간 중간에 안전요원을 배치하도록 했다. 건강상의 이유로 특별히 불편한 사람이 있으면 신고토록 해서 10여 명에겐 보조업무를 맡겼다.

500명이 넘는 싱싱한 젊은이들이 대열을 이루어 등산을 하는 모습은 장관이었다. 보는 이로 하여금 힘을 솟구치게 만들었다. 아프리카 초원을 이동하는 누우 떼의 장관만큼이나 생명력 넘치고 가슴 벅찬 분위기를 만들어냈다.

나도 대열의 중간에 끼어 올라갔다. 가다 만난 50대 중반의 아주머니 네 분이 우리를 보더니 "절로 힘이 솟는다"면서 청년들의 도도

한 흐름을 지켜보기도 했다. 남한에서 가장 높은 1,950미터 한라산 정상에 올라선 새내기들이 뿌듯한 마음으로 호기롭게 행동하는 것도 대견스러웠다.

나는 매우 기분이 좋아져서 하산한 후 예정에 없는 고사도 지냈다.

"산신령님, 우리 인재들 500여 명이 당신을 뵙고 와서 힘을 얻었습니다. 앞으로 어려운 일이 있을 수 있으나 오늘처럼 당당하게 헤쳐나가겠습니다."

'작은 성공 체험의 효과'에 대해서 많은 교육자들이 그 중요성을 강조한다. 작은 일에서도 정상을 오르고 극복했다는 느낌은 중요하다. 작은 성공이 큰 성공을 낳는 것이다. 새내기들이 자신감이 생겨서 신이 난 모습이 내겐 더 흐뭇했다.

술도 그렇다. 실무자들은 500명이 넘는 젊은이들에게 술을 풀면 사고가 날 것이라는 우려를 하고 있었다. 그럼 술은 왜 있나? 나는 술을 허용하도록 했고 이 역시 책임은 내가 지겠다고 했다.

축제의 본질은 '일탈'이다. 한번쯤 시원하게 일상으로부터 탈출해 보는 것이다. 거기서 창의력이 생긴다. 그래야 내일을 위한 충전이 된다. 힘을 주체하지 못하는 젊은 청춘들을 모아놓고 술 한 잔도 못 마시게 해서야 되겠는가. 셋째 날 밤 새내기들은 술을 마시고 초청 가수들과 함께 제주도 해비치 호텔이 떠나가도록 춤추고 노래하며 뛰어놀았다. 그 열기에 휩싸여 나도 젊은이가 되었다. 물론 사고는 없었다. 행사가 끝난 뒤 회사 인터넷 게시판에는 즐거운 추억을 담은 내용이 속속 올라왔다.

나는 쉬지 않고 일만 계속하는 사람을 최고라고 생각지 않는다.

그는 B급이다. 그들에게는 창의성이 고일 시간이 없다. 축제에 참여해서 오늘 하루쯤 어제의 나와는 다른 내가 되어보는 것도 좋은 일이다.

일은 또 재미있게 해야 한다. 미국의 유명한 광고카피라이터인 잭 포스터는 『잠자는 아이디어 깨우기』라는 책에서 이렇게 말하고 있다.

"나는 어느 부서에서 가장 뛰어난 광고를 만들어올지 늘 알아맞히곤 했다. 바로 가장 재미있게 노는 팀이다. 인상 쓰거나 눈가에 깊은 주름만 가득한 친구들이 좋은 아이디어를 갖고 온 적은 거의 없었다. 즐거워야 창조력의 고삐가 풀린다."

세상살이는 비슷한 것 같다. 한 나라를 운영하는 대통령이나, 그룹을 경영하는 회장이나, 시골마을을 책임지고 가는 이장이나 조직을 이끄는 방법은 비슷하다. 구성원에게 동기를 부여하고 즐겁게 일하도록 만드는 것이다. 두툼한 월급봉투는 사기를 올려줄 수는 있지만 즐거운 마음으로 출근하게 만들지는 못한다. 즐겁게 일할 수 있다는 것이야말로 회사나 회사원 모두에게 좋은 것이다.

나는 이곳에서 원장으로서 1년을 아주 재미있게 일했다. 인재교육 체계를 짜는 일도 마친 상태였다. 내가 만든 교육시스템은 좋은 평가를 받았다. 나에게 주어진 목표는 어느 정도 달성되어서 나는 2008년 12월 말에 사직서를 냈다. 정몽구 회장은 나의 사의를 전달받고는 만류했다. 그 후의가 고마울 따름이었으나 번복할 뜻은 없었다. 그것이 다른 방법으로 회사를 돕는 길이라고 생각했기 때문이다.

내 인생에서 현대기아차그룹 생활은 글로벌 기업이 세계를 어떻게 경영해나가는지를 배우게 된 아주 귀중한 시간이었다. 정 회장, 그리고 국내 최고 인재들과 함께하면서 인재육성에 대해 다시 한번 깊이 생각하게 된 시간이었으며, 내겐 또다른 재충전의 기회이기도 했다.

1℃를 올려라

현대기아차그룹을 떠나서 내려와보니 광주는 축 처져 있었다. 의지할 데 없다는 말을 하는 사람도 있고, 농업중심사회에서 산업사회로 바뀌면서 전라도는 숙명적으로 뒷자리일 수밖에 없다는 자조도 있었다. 이명박 정부 들어 지역 예산이 뭉텅이로 삭감되니 좌절할 수밖에 없었다. 정부 고위직은 물론이요, 서기관, 사무관, 심지어는 수위에 이르기까지 보직에서 밀리니 한숨이 나올 수밖에 없었다.

하지만 이대로 주저앉을 수는 없다. 전라도가 어떤 지역인가? 역사의 고비마다, 나라가 위기에 처할 때마다 몸 바쳐 지켜온 충절의 땅이 아니던가? 그래서 이순신 장군이 '약무호남 시무국가(若無湖南 是無國家)'라 하셨다. 6·25 때 전라도로 피난 온 사람들은 배곯지 않았다 했다. 동학농민혁명, 광주학생독립운동, 광주민주항쟁 등의 역사가 살아 있는 곳이다. 나는 광주가 올곧은 동네(義鄕)요, 예술의 동네(藝鄕)요, 맛난 음식의 동네(味鄕)라는 자부심을 되찾고, 지역과 나라를 위한 일에 광주 사람들이 주체적으로 나서는 모임체를 만들어야겠다고 생각했다. 나의 의견에 많은 분들이 동조와 격려를 해주었다. 그래서 만든 것이 광주시 동구 대인동에 자리잡은 '무등사랑'이다.

'인재육성아카데미'는 '무등사랑'의 역점 사업이다. 수도권과 지방의 격차가 크게 벌어진 요즘 지방의 인재들은 점점 좌절하고 있다. 광주 전남지역은 훨씬 더 심각하다. 입사 지원을 하면 서류 전형에서부터 탈락해버리는 현실이 청년들을 실의에 빠지게 한다. 이런 청년들의 마음과 부모들 심정을 생각하면 정말 가슴이 아프다. 왜 우리 지역 젊은이들이 유독 이런 시련을 더 깊게 겪어야 하는가, 방법은 없는 것일까 하고 나는 많은 생각을 해왔다.

나는 사실 이런 일에 자신이 있고 경험도 있다. 나는 거창에서 귀향한 뒤 거창고보다 훨씬 좋은 학교를 만들어보기 위해 담양에 한빛고를 설립했다. 현대기아차그룹 인재개발원장 시절에도 나는 '인재육성아카데미'에 대한 구상을 가다듬어왔었다.

인재육성과 발굴에 삶의 대부분을 보낸 나이기에 청년들과 함께 미래로 뛰기로 마음을 먹었다. 2009년 첫 해에는 57명 대학생이 아카데미 회원으로 공부와 실습을 하고 있다. 그들은 무등사랑에서 매주 토요일 오전 9시부터 오후 6시까지 뛰어난 강사들에게 교육받는다. 그럼 지금 무등사랑 일은 잘 되어가고 있는 것인가? 강의를 해주었던 김정태 전 국민은행장은 이렇게 평가했다.

"내 강의시간은 50분이었는데 학생들이 어찌나 열심인지 80분, 그리고 120분으로 길어졌다. 시간이 끝나고 엘리베이터 안에서까지도 진지하게 질문을 하더라. 학생들이 기가 살아 있고 눈에는 배우고자 하는 열망이 보여서 가르치면서도 기분이 정말 좋았다. '이런 애들이라면 어느 직장에서도 잘하겠구나' 하는 확신이 선다."

헤드헌팅 회사인 유앤파트너스의 유순신 대표도 그랬다. 이런 프로그램의 취지와 의도 자체가 훌륭하고 학생들이 매우 도전적이라고 칭찬을 아끼지 않았다.

이곳 프로그램 중 '서울 바로 알기'가 있다. 8박 9일로 학생들에게 서울을 경험하도록 하는 교육과정이다. 내가 근무했던 현대기아차 파주연수원에 요청을 해서 숙소를 빌렸다.

이 프로그램에서는 서울의 지리, 경제에 대해 공부를 시킨다. 그리고 3명을 1개조로 짜서 20곳의 대상지 가운데 조별로 골라서 3곳을 다녀오게 한다. 국무총리실, 삼성전자 총무과, 대한무역협회, 하이마트 본사, KBS보도국 등 20곳 대상지는 우리가 사전에 협조요청을 해두었다. 그곳에서 브리핑도 듣고 식사시간에는 구내식당에서 밥도 먹는다. 이동은 지하철을 통해 반드시 1회용 표를 사서 이용하게 한다. 지하철 승차권을 사고 이용하는 법도 알아야 한다. 그다음 날은 북한산 등산을 하고 정상에서는 어제 다녀왔던 곳을 눈으로 확인시켜준다. 이런 경험을 하고 나면 학생들에게 자신감이 생기기 시작한다. 마음속 두려움이 하나씩 제거되는 것이다.

지난 7월엔 중국공산주의 청년단(공청단) 단원들과 교류를 갖게 했다. 중국 내 네트워크가 방대한 중국전문가이자 전 SK그룹 상무인 김종오 박사가 공청단과의 교류에 큰 역할을 했다. 공청단은 중국의 미래지도자 집단이다. 현 후진타오 주석이 1기 서기를 지냈고 차세대 주자인 리쿼창도 공청단 출신일 만큼 막강한 세력을 형성하고 있다. 공청단은 중국에서 4.5 대 1의 경쟁을 거쳐 뽑힌 7,000만 명 청년들이 단원이다. 그 가운데서 또 약 10만 대 1의 경쟁률을 거친 600

명이 한국을 매년 방문하는데 그 중 33명이 '인재육성아카데미' 학생들과 만남을 가졌다.

이들 중국과 광주 학생들이 광주 히딩크호텔에서 영어로 토론을 했다. 엘리트 중국 학생들에 비해 우리 학생들 영어실력이 확실히 뒤졌다. 그러나 그 기세에서는 결코 눌리지 않는 것을 보고 나는 놀랐다. 그런 학생들과 당당히 토론을 했다는 사실 자체가 우리 학생들을 성숙하게 만든다. 이로써 우리 학생들은 영어의 필요성을 더욱 강하게 느끼고 열심히 공부하게 된 것이다. 이런 자극도 교육이며 소득이다. 우리의 미래 세대들이 중국을 잘 아는 것은 매우 중요하다. 나는 내년에는 우리 학생들을 중국으로 초청해줄 것을 요청해놓았다. 중국공청단과의 교류는 SK그룹 전 상무 김종오 박사의 아이디어와 제안, 그리고 주선이 큰 힘이 되었다.

나는 현재 우리 학생들의 취업을 위해서 서울 큰 회사의 CEO들을 계속 만나고 다니면서 이 프로그램의 취지를 설명하고 있다. 우리가 어떤 인재를 어떻게 키우고 있는지도 자세히 알려준다. 그리고 '최소한 면접 기회나 인턴사원 기회를 주겠다'는 약속을 받아두고 있다. 대부분의 회사에서도 "그런 학생들 같으면 정말 좋겠다. 사실 흔히 아주 우수하다고 하는 인재들은 회사에 적응하지 못하고 몇 달 만에 떠나버리기 때문에 경제적 손실이 크다. 아카데미에서 하는 그런 교육을 받은 인재들이 일도 잘하고 동료 선후배와 화합도 잘한다. 최소한 면접 기회나 인턴사원 기회를 주겠다"고 말하고 있다.

나는 현재 '인재육성아카데미' 과정을 이수한 학생들에게는 '인재육성아카데미' 도장이 찍힌 추천서를 써줄 계획이다. 여기에는 학생이 이수한 과목과 성적까지 정확히 첨부할 것이다. 이것은 분명 차별화된 추천서가 될 것이다.

성급하지만 이 프로그램은 지금까지만 놓고 자평한다면 매우 성공적이다. 지방 청년들은 충분히 능력이 있지만 '1℃'가 부족하다. 객관적인 실력이 모자라 그럴 수도 있고 괜한 열등감 때문일 수도 있다. 정채봉 시인은 자신의 글로 멋진 비유를 한 바 있다.

물을 끓이면 증기라는 에너지가 생긴다.
0도씨의 물에서도 99도씨의 물에서도
에너지를 얻을 수 없기는 마찬가지다.
그 차이가 자그마치 99도씨나 되면서.
에너지를 얻을 수 있는 것은
물이 100도씨를 넘어서면서부터다.
그러나 99도씨에서 100도씨까지의 차이는 불과 1도씨.
당신은 99도씨까지 올라가고도
1을 더하지 못해 포기한 일은 없는가?

이 1℃를 올리는 것이 인재육성아카데미의 목표다. 내 경험상 동기부여만 해주면 1℃의 차이는 쉽게 메울 수 있고 그들을 펄펄 날게 할 수 있다. 나는 이 교육을 통해서 '전라도 학생들은 똑똑하긴 한데 삐딱하다'는 편견을 없애고 성품도 좋고 인간관계도 좋은 최고의 인재라는 인식을 기업들에게 심어주고 싶다.

한 사회의 미래는 청년의 가슴속에 있다. 나는 지역 청년들을 글로벌 리더로 키워낼 수 있다는 자신과 신념을 갖고 뛰고 있다. 그것을 반드시 성과로서 증명할 것이다. 이 프로그램이 성공하면 각 대학마다 이것을 보급하고 싶다.

지역 경쟁력, 인재육성아카데미

2009년 4월 사단법인으로 출범한 인재육성아카데미의 교육헌장은 다음과 같다.

21세기는 인재가 경쟁력인 시대다. 세계화가 진행되고 지식정보화가 가속될수록 창조적인 우수인재가 기업과 국가의 성패를 좌우한다. 우리 지역의 더 많은 젊은 인재들이 더 큰 세계를 향해 도전할 기회를 얻고, 전 세계 수많은 인재와 겨루어 뒤지지 않을 글로벌 역량을 쌓아 기업과 국가의 미래를 짊어질 동량지재(棟梁之材)로 육성해나가기 위해 인재육성 아카데미를 설립한다. '창의와 도전정신으로, 지역에서 세계를 보는 글로벌 인재 육성'을 통해 지역과 국가발전에 크게 기여하려 한다.

이에 따라 인재육성아카데미는 다수의 지역인재를 발굴하고, 특히 핵심인재들 취업능력을 향상시켜 한국형 인재로 육성시킴과 동시에 전국으로, 전 세계로 보냄으로써 지역사회와 세상을 바꾸는 힘을 만들어나가는 것이 목표다. 한 고장이 사람을 키우는 동네로 온 나라에 소문이 나면 아이를 가진 부모들이 저마다 그 고장으로 찾아

인재육성아카데미 1기생들과

올 것이다. 사람이 모이면 미래는 걱정이 없다.

　인재육성아카데미는 일차적으로 학생과 대학과 회사를 연결해 지역인재들의 취업역량을 강화할 계획이다. 보람된 일을 하고 적정한 보수를 받고 싶은 학생이나 이들을 가르치는 대학, 그리고 유능한 인재를 원하는 회사를 '적재적소'에 서로 연결해주는 것이다.

　이를 위해 학생들은 '3C를 갖춘 인재'가 되도록 교육한다.

　첫째는 'Character(품성)'다. 다들 제 잇속을 차리기에 급급한 세상에서는 다른 사람을 잘 포용하고 어려운 이들과 함께 나누려는 마음

길따라 물따라 광주 한바퀴 발대식

가짐을 갖춘 사람이 귀해진다. 이런 품성을 갖춘 리더를 길러내고자 하는 것이다. 긍정적 사고를 하고 스스로와 고향에 대한 자부심을 갖추도록 노력해야 한다.

둘째는 'Competence(경쟁력)'다. 기업실무 공부를 통해 회사에서 일할 기본 자질과 능력을 튼튼하게 키울 것이다. 100여 권의 고전명 작을 읽고 생각하고 토론함으로써 교양과 창조성을 갖춘 새로운 인재가 되게 하겠다. 전문지식(전공)을 깊이 있게 공부하고, 외국어 하나는 완벽하게 구사하는 능력을 갖추도록 지원하고자 한다.

셋째는 'Commitment(열정)'다. 요즘 지방, 특히 광주는 더욱 위축되어 있다. 물론 학생들도 지역이라는 우물 안에서 어깨를 움츠리고 있다. 지역 인재들에게 '시련의 골짜기를 건너야 희망의 봉우리를 만난다'는 말을 지속적으로 전하며 패기와 도전의식을 고취시킬 필요가 있다.

이렇듯 희망 가득한 인재육성아카데미의 비전은 세 가지다. 첫째 '글로벌 인재의 바다, 광주전남', 글로벌 인재를 키우는 것은 가장 실효성 있는 미래성장동력원을 발굴하는 것과 같다. 둘째 '기업가 정신의 새 요람, 광주전남', 광주전남과 대한민국을 먹여살릴 기업가를 우리 힘으로 키워내고자 한다. 셋째 '대한민국의 미래를 위해 준비하는 광주전남', 미래는 준비하는 사람의 것이다. 대한민국이 나아갈 길을 사람 키우기를 통해 준비하는 것이다.

길이 험하다고 안 갈 수 없고, 멀다고 안 갈 수 없다. 사람을 키우지 않고는 우리 동네든 나라든 다음 세대가 먹고살 길을 마련할 수 없다. 젊은이들이 우리의 희망인 만큼 그들이 씩씩하고 바르게 자라도록 해야 한다. 나는 이 일이 현재 내가 해야 할 가장 큰 일이라고 생각하고 있다.

나에게 정치란 무엇인가

노무현 대통령께서 나에게 출마를 권유한 적이 두어 번 있었다. 17대 총선(2004년 4월 15일)을 두 달 정도 앞둔 2004년 2월쯤으로 기억한다. 노 대통령은 국회에서 안정 의석 확보를 매우 중요한 과제로 여겼다. 노 대통령은 나에게 직접 말씀은 하지 않았지만 인사수석인 나와 문재인 민정수석이 총선에 출마하기를 바라고 있었다.

그때 나는 대통령께 이렇게 말씀드렸었다.

"대통령님, 우리 둘이 나가보았자 별 도움이 안 될 겁니다. 이번 총선에서 좋은 결과가 나올 것이니 너무 심려 마십시오."

그 즈음에 대통령 핵심측근으로서 정무특보를 지냈던 열린우리당 염동연씨가 기자회견을 자청해 네 사람의 출마를 촉구하는 기자회견을 가졌었다. 강금실 법무장관, 이창동 문광부장관, 청와대 문재인 수석과 나를 거명하면서 "정치권과 당에 있는 사람은 까마귀이고 자기들은 백로인가"라고 물으면서 "당에서 요구하는 네 사람은 떨어질 각오를 하고, 대통령 가는 길에 한 알의 밀알이 될 각오를 하고 나오라"고 결단을 촉구했다. 이날 간담회와 관련, "대통령의 의중이 실린 것이냐"는 질문에 염 전 특보는 "그럴 것이라고 확신한다"며 "대통령의 스타일이 원래 그렇고 본인이 오해받을까 조심스런 행보를 하는 만큼 당사자들은 알아서 처신해야 한다"고 덧붙였다. 염특보는 노 대통령의 심정을 간파하고 기자회견을 한 것 같았다. 그의 회견에도 불구하고 나는 출마할 뜻이 없었다.

그의 회견이 있은 지 얼마 되지 않아서 대통령과 문재인 수석, 그리고 나 세 사람이 청와대 관저에서 저녁식사를 하는 자리가 있었다. 노 대통령은 총선에서 과반 의석을 확보하지 못하면 국정을 제대로 끌고 가기가 어렵다면서 애통터져하는 말씀을 하셨다. 나와 문 수석이 출마를 했으면 좋겠다는 뜻을 에둘러 표현한 것이었다.

나는 그때 이렇게 말씀드렸다.

"대통령님, 저는 정치적인 사람이 못 됩니다. 정치라는 게 약간은 거짓, 협잡도 해야 하는데 저는 그러지 못합니다."

그랬더니 대통령께서 화를 내셨다.

"대통령인 나도 정치인인데, 그럼 정 수석 보기에 나도 그렇다는 말이오?"

"아닙니다. 대통령님은 협잡하지 않으면서도 정치를 할 수 있다는 사례를 새로 만들고 계신 분이라고 생각합니다."

"맞습니다, 맞고요. 정 수석, 그래서 올바른 생각과 행동을 하는 사람이 해야 하는 것이 정치요."

이런저런 얘기 끝에 나는 이런 제안을 했다.

"대통령님, 방법은 딱 한 가지가 있습니다. 기왕 할 바에야 대통령님 필생의 신념인 지역주의 구도를 깨뜨리는 것까지 포함해서 하면 어떻습니까? 제가 부산에서, 문 수석이 광주에서 지역을 바꿔 교차출마하면 어떻겠습니까?"

"만세, 만세!"

나의 말이 끝나자마자 노 대통령은 두 손을 번쩍 치켜들고 용수철처럼 의자에서 튀어올랐다. 그러고는 "이것이 정답이다." 하고 무릎을 치셨다. 나는 깜짝 놀랐다.

그 말을 할 때 나는 각오가 서 있었다. 부산에 가서 올바른 정치문화 만드는 일에, 그리고 당선되는 일에 죽기 살기로 노력하고, 그래도 안 되면 '부산 시민 여러분, 나를 떨어뜨려보시오' 라고 배수진을 치면서 '장렬히 산화' 할 작정이었다. 경상도 땅에서 17년 반을 살았던 나였지 않은가. '기왕 나설 바에야 죽기를 각오하면 될 일이요, 어쩔 수 없이 죽게 되면 죽으면 그만이다.' 이것이 당시 내 생각이었다.

문 수석과 내가 부산과 광주에서 교차 출마해서 실패하면 실패한 대로 의미가 있을 것이요, 만일 성공한다면 그 의미는 대한민국 정치사를 바꿀 일 아니겠는가. 대통령께서 무척 좋아하시는 걸 보고 나는 그것을 실행에 옮길 마음을 더욱더 다지고 있었다.

물론 결과적으로는 그리 되지 않았다. 정치는 생물이라더니 예상치 못한 일이 벌어졌다. 그 일이 있은 뒤 얼마 지나지 않아서 대통령 탄핵이라는 헌정사장 초유의 일이 온 나라를 뒤덮으면서 전혀 새로운 국면이 전개되었기 때문이다. 나와 문 수석이 서로의 지역에서 교차출마하는 '비상용 카드'는 쓸 필요가 없어졌다.

역사에 가정이 없다고 하지만 나는 지금도 많은 것이 궁금하다. 대통령 탄핵이 없었다면? 나의 제안이 실행에 옮겨졌다면? 문재인 수석이 광주에서, 부산에서 정찬용이 당선되었을까? 나의 희망대로 그런 결과가 나왔다면 지금 대한민국 정치는 어떻게 바뀌었을까? 내가 부산에서 국회의원을 하고 있을까? 흥미진진한 결과를 나는 머릿속으로만 그려보고 있을 뿐이다. 지금은 상상으로만 즐기고 있다. 장담컨대 나는 떨어졌어도 행복했을 것이다. 그런 세상 한번 만들어봐야 하지 않은가.

그리고 노 대통령으로부터 출마를 권유받은 적이 또 한번 있다. 2005년 말, 노 대통령을 독대한 자리에서였다. 노 대통령은 5개월여 앞으로 다가온 지방선거를 염두에 두고 출마의사를 넌지시 물으셨다. 나는 여전히 뜻이 없음을 말씀드렸고, 그 이후 열린우리당 측 고위 인사가 나에게 광주시장 후보로 나설 것을 요청했었다. 물론 내 생각이 변한 것은 없었다.

나는 그 훨씬 이전부터 주위 사람들로부터 여러 차례 선거가 있을 때마다 '정치에 나서보라'는 권유를 받아왔었다.

"그동안 행정가나 정치인들 시각으로는 도저히 광주를 바꿀 수 없다. 그런 사람들은 고정관념에서 벗어나기 어렵다. 행정의 패러다임을 완전히 바꿀 수 있는 사람이 필요한데 당신의 시각이 새롭고, 정직하고, 그동안 해온 일을 보면 추진력도 누구 못지않게 강력하니 새로운 모델을 만들 수 있을 것 같다."

그분들은 과분하게도 나에게 큰 기대를 갖고 계셨다.

내가 정치에 대한 뜻이 없었던 것은 노 대통령에게 말씀드렸던 대로 협잡과 위선이 불가피하다는 생각 때문이었다. 정치인에 대한 불신이 큰 것은 우리나라만이 아니다. 2005년 말 국제투명성기구(TI)는 세계 69개국의 5만 5,000명을 대상으로 '2005 국제 부패측정조사'를 실시한 결과 정치인들이 모인 정당과 국회가 가장 부정부패가 심한 곳으로 나타났다고 밝혔다.

미국에서도 마찬가지여서 블랙유머가 많다.

유머 하나. 의사, 건축가, 정치인이 한 자리에 모였다. 세 사람은 서로 자기 직업이 가장 오랜 역사를 가지고 있다고 자랑했다. 먼저 의사가 말했다.

"하나님이 아담의 갈비뼈를 가지고 이브를 만들었다. 외과의사가 그 시대부터 있었다는 증거다."

그러자 건축가가 반박했다.

"하나님은 먼저 혼돈 속에서 이 세상을 건설하셨다고 성서에 기록되어 있지 않느냐? 이는 건축가가 더 오래되었다는 증거다."

이번엔 정치인이 빙그레 웃으며 입을 열었다.

"그 혼돈을 만든 것이 누구였다고 생각하는가?"

나는 이 블랙유머가 참 절묘한 비유구나 하는 생각을 했다. 그러고 보면 정치에 대한 일부 부정적 시각이 여전히 내 안에 자리잡고 있음을 느낀다. 선거 때마다 지역주의가 판치고, DJ와 YS를 파는 선거판에 나는 심한 염증을 느낀다. 그러지 않으면 당선이 되질 않는 선거풍토가 역겹다.

내가 생전의 노 대통령을 마지막 뵌 것은 2009년 4월 30일 검찰에 출두하시던 날이었다.

그날 대통령께선 우리들에게 간곡히 '정치하지 말라'고 하셨다. 내가 들은 마지막 말씀이었으니 나에게는 어찌 보면 유언처럼 느껴졌다.

나는 그 말씀이 자주 떠오른다. 하지만 요즘에 와서는 "이 사람들아, 정치 잘해서 내가 만들고 싶었던 사람 사는 세상을 좀 반듯하게 세워다오"라는 역설적인 당부의 말씀으로 되돌아오는 느낌을 받는 것도 사실이다. 그분은 진정 사람 사는 세상을 그렇게도 만들고 싶어 하셨지 않은가. 협잡이 아닌 정직의 정치로, 권력이 아닌 봉사의 리더십으로, 부자만이 아닌 서민들을 위한 궁리로 멋진 세상을 만들어달라는 말씀으로 반향이 울리는 것이다.

그분은 국가균형발전 정책, 특히 전라도를 발전시켜 한반도를 융성하게 하는 원대한 포부를 가지고 계셨다. 그것이 서남해안 프로젝트, 여수엑스포, 광주문화수도정책이었다. 그러나 새 정부 들어 그러한 정책은 휴면상태로 들어가고 광주전남에 대한 홀대가 노골화되고 있다. 사람 사는 세상으로부터 멀어지고 있고, 광주전남은 점점 더 희망을 잃어가고 있다. 김대중, 노무현 두 대통령 시절 아까운 시간을 모두 허비하고 말았다. 통탄할 일이다. 광주전남을 살리고 광주전남이 대한민국의 미래를 책임질 만한 사업구상은 있는데 이를 이끌어갈 동력이 형성되지 못하고 있는 실정인 것이다. 앞으로 광주전남에서 어떤 정치적 리더십을 만들어내느냐에 따라 우리의 미래가 달라지는 상황이 되었다.

나에게도 많은 사람들이 더 책임 있는 역할을 해야 하지 않겠느냐고 말한다. 이와 관련해 얼마전 민주당의 강기정 의원은 내 이름을 직접 언급하기도 했다. 당시 연합뉴스 기사에 이런 내용이 나왔다.

내년 지방선거에서 공천 변화 예고

민주당 강기정 의원은 내년 지방선거와 관련해 1일 "서울시장과 광주시장 공천이 민주당 공천의 바로미터가 될 것"이라고 말했다.
강 의원은 광주에서 기자간담회를 갖고 "서울시장은 대한민국을 대표하고, 광주시장은 호남을 대표한다"며 "서울시장과 광주시장 공천이 전국 선거에 영향을 미칠 것"이라고 말했다.
당 대표 비서실장인 강 의원은 "호남이 민주와 개혁의 본산지라고 하는데 지역단체장과 의원들이 과연 민주적이고 개혁적으로 활동하고 있는지 회의적인 시각이 있다"며 내년 지방선거에서 공천의 변화가 있을 것임을 예고했다.

광주시장 후보군에 대해 강 의원은 "조영택, 이용섭 의원과 정동채, 양형일 전 의원, 정찬용 전 청와대 인사수석이 거론된다"면서 사견을 전제로 "정찬용 전 수석은 광주시장감으로 훌륭하다고 생각한다"고 말했다.

한때 광주시장 제3후보론을 거론해 박광태 광주시장의 반발을 사기도 했던 강 의원은 "지방자치단체장은 지시의 리더십이 아닌 소통의 리더십, 작은 것을 챙기면서도 총론을 놓치지 않는 디테일 리더십이 필요하다"며 "정찬용 전 수석은 시민과 소통도 해봤고 인사도 해봐 광주시장 후보로 적합하다고 본다"고 말했다.

강 의원은 "관료 출신 기초자치단체장은 장점보다 단점이 더 많고, 기초의원은 여성이 남성보다 세심하게 의정 활동을 잘하는 것 같다"며 "내년 선거에서 민주당이 공천을 잘해야 한다"고 덧붙였다.

— 전승현 기자(「광주연합뉴스」 2009년 9월 1일자)

나는 지금까지 무엇이 되겠다는 생각을 하면서 살지 않았다. 누구를 위해 어떻게 사느냐가 중요하다는 일념으로 살았다. 그런데 뜻있는 사람이라면 이명박 정부의 국정전횡과 재연되는 호남차별 앞에서 대한민국과 호남을 위한 바른 길이 무엇인지 결단하지 않을 수 없는 상황이 돼버렸다. 광주전남의 미래를 좌우할 광주문화중심도시사업의 진행, 여수엑스포유치성공, 서남해안개발사업 구상 및 법 마련에 모두 주도적인 역할을 했는데 이 중차대한 일들이 흔들리고 있다.

광주전남과 대한민국을 살리자면 김대중 대통령의 말씀처럼 '행동하는 양심'이 되어야 하고 노무현 대통령의 말씀처럼 '조직된 시민의 힘'으로 나서야 하는 엄중한 때인 것이다. 비전과 능력을 갖춘 정치리더십의 새로운 형성이 어느 때보다 중요한 시점이다.

어찌할 것인가. 누군가 십자가를 지고 골고다 언덕을 올라가야 한다. 권력과 벼슬을 탐하지 않고, 이 시대의 무거운 짐을 나르는 머슴이 나와야 한다. 사람 사는 세상을 만들어가야 한다. 나는 더 이상 권력이나 벼슬로서의 자리를 원치 않는다. 그러나 사람 사는 세상을 만들어가는 노력을 계속해나갈 것이다. 그 목표를 달성하기 위한 가장 효과적 방법이 무엇인지에 대해서 많은 고민을 하고 있다.

일부 부정적 측면만을 보고 정치를 탓할 필요는 없다. 정치가 나라 그리고 각 개인에게 미치는 영향이 워낙 크기에 비난할 수만은 없다. 역설적으로 부정이 많은 것은 그만큼 정치의 영향력이 크다는 반증이다. 나는 세상을 조금이라도 더 나은 방향으로 바꾸기 위해 노력해왔다고 생각한다. 그런데 세상을 바꾸는 가장 빠른 방법이 정치의 영역이기도 하다. 사실 나는 정치인은 아니지만 정치와 무관하게 살아온 것도 아니다. 시민단체가 하는 일의 상당수는 정치가 풀어야 할 것들이지 않은가.

나는 정치란 국민들의 행복지수를 높이는 것이라고 본다. 그러려면 국민들을 신나게 일하고, 편하게 살도록 하는 것이 요체다. 신나게 일하게 만들려면 좋은 일자리를 창출해야 한다. 편하게 살도록 하는 것은 정신적으로, 물질적으로 걱정이 없도록 해야 한다는 것이다. 내가 가난하다는 이유로 내 자식이 교육에서 차별받고, 치료를 못 받는 세상은 사람 사는 세상이 아니다. 그리고 정신적인 풍요로움, 고품격 문화를 일상적으로 누릴 수 있는 환경을 만들어나가는 것이다. 나는 광주전남이 새로운 패러다임의 선도 도시로서 선명한 기치를 올릴 수 있는 방법이 있다고 생각한다.

다행인 것은 내가 몇 달 전부터 '광주 한바퀴'를 돌면서 광주가 참 살기 좋은 도시로서의 잠재력을 갖추고 있고, 시민들이 희망의 끈을 굳게 붙잡고 있다는 사실을 확인했다는 점이다. 나는 많은 사람들과 이 희망의 끈을 더욱 굳건히 잡고 서로 연결하여 광주다운 광주, 새로운 패러다임을 선도하는 도시를 만들었으면 하는 희망을 가슴에 품고 있다.

내가 본 정찬용

따뜻한 채찍질에 모두가 가슴 뭉클

　인재육성아카데미에서 처음 뵌 정찬용 이사장님은 온화한 모습에도 불구하고 가슴속에는 우리들보다 더 뜨거운 열정과 의지로 넘쳐났습니다. 이사장님 말씀 속에는 20대보다 더한 강인함과 열정, 우리 사회를 변화시키겠다는 의지가 깊게 녹아 있었습니다.

　입학식에서 들려주신 선배 문흥주 님 이야기를 잊을 수 없습니다. 목표한 바에 대한 끊임없는 노력 의지를 불러일으키게 했던 그 이야기는, 몸집은 조그맣지만 어린 나이에 머슴살이로 홀로 할머니를 모시며 달리기로 최고가 되기 위해 노력해 1974년 동아마라톤 대회에서 한국 신기록을 수립한 분의 이야기였습니다.

　지난 6월, 8박 9일 동안 정찬용 이사장님이 원장으로 계셨던 현대기아자동차 인재개발원에서 예비 신입사원 연수가 있었습니다. 외부인들로서는 처음으로 연수원을 이용할 수 있었고, 쾌적한 시설에서 합숙생활을 할 수 있는 기회였습니다.

　합숙 일정 중, 구직 서류를 준비하여 희망 직장을 방문하는 '배낭구직훈련'이란 게 있었습니다. 버스와 지하철만으로 서울에 위치한 회사를 방문하는 일정이 쉽지만은 않게 느껴졌습니다. 그때 아침 일찍 식사를 마치고 연수원을 나서는 발걸음 뒤에 "잘 다녀오너라"고 말씀하신 이사장님의 격려가 얼마나 힘이 되었는지 모릅니다.

　최근에 대중교통만을 이용해 배낭구직훈련을 하게 하신 이유를 이사장님께 들을 수 있었습니다. 서울에서 직장을 다닐 경우를 대비해서 버스와 지하철을 이용하는 방법을 미리 알아두고, 서울 지리도 익히게 하기 위함이었다는 것입니다. 이로써 이사장님의 세심함과 작은 부분 하나까지도 배려해주시는 마음을 알게 되었습니다.

　'광주 한바퀴' 발대식이 있던 날, 노란색 면 티셔츠에 흰색 운동화 끈을 질끈 매신 모습 속에서는 이사장님만의 소탈함과 생동감이 느껴졌습니다. 인사말씀을 통해서는 앞으로 나아갈 길을 꼼꼼히 생각하신 고민의 흔적을 느낄 수 있었습니다.

아카데미 특강 중 "당당하면서 정중하라"는 말씀을 통해서는 자신감 있게 자신의 모습을 표현하며 예의에 어긋남 없이 행동하라는 가르침을 받을 수 있었습니다. "20대는 젊음이라는 것 하나만으로도 모든 것을 도전해보고 연습해볼 수 있는 기회다"라는 말씀을 통해서는 취업에 대한 막연한 불안감을 떨쳐버리고, 좀 더 담대하고 포부 있게 앞으로의 인생 청사진을 그려보게 하셨습니다.

인재육성아카데미 학생들은 대학에서 확립한 지식 기반 위에, 직장생활 시 꼭 필요한 현장감과 올바른 직장관을 '기업실무교육'과 '현장견학 구직실제훈련', '품성교육' 등의 교육 프로그램을 통해 체득하고 있습니다. 준비된 예비신입사원으로서 취업 후 업무현장에 바로 배치되어도 빠르게 적응해서 주어진 업무를 정해진 시간 내에 완수할 수 있을 것입니다.

취업을 앞둔 시점에 인재육성아카데미 프로그램에 참여할 수 있도록 기회의 장(場)을 마련해주시고, 인재육성아카데미 학생들을 위해 불철주야 따뜻한 애정과 관심과 노고를 아끼지 않으시는 정찬용 이사장님께 감사드립니다.

- 오지혜(전남대 정치외교학과)

연보

1950. 전남 영암군 신북면 월지리 380번지에서 태어나다.
1963. 3. 교사인 아버지를 따라 전남 나주군 왕곡면 양산국민학교,
광산군 비아동교를 거쳐 광산군 송정서교를 졸업하다.
1966. 2. 광주서중 졸업하다.
1969. 2. 광주일고 졸업하다.
1974. 2. 서울대학교 문리과대학 언어학과 졸업하다.
   4. 대학원재학 중 민청학련사건으로 투옥되어 비상고등군법회의에서 12년 징역형을 선고받고 이듬해 형집행정지로 출옥하다.
1975. 3. 경남 거창고등학교 교사가 되다.
1979. ~ 거창지역 농민교육활동을 하다.
1984. 4. 거창 YMCA 창립 총무로 농민활동과 더불어 시민운동 참여하다.
1992. 6. 광주 YMCA 사회교육부장을 맡아 시민운동과 청소년운동에 헌신하다.
1998. 12. 광주시민단체협의회 창립 상임대표를 맡다.
2001. 전국 시민사회단체연대회의 상임공동대표를 맡다.
2003. 2. 노무현 대통령 인사보좌관(후에 인사수석)을 맡다.
2005. 외교통상부 NGO담당 대사를 맡다.
2006. 여수엑스포 유치위 상임부위원장을 맡아 유치에 성공하다.

2006. 2. 서남해안포럼을 창립하고 상임대표를 맡아 서남권발전특별법 제정에 성공하고 국토의 균형발전과 동북아 허브 조성에 애쓰다.
2006. ~ (사)물포럼 코리아 상임이사를 맡다.
2008. 1. 현대기아자동차그룹 인재개발원장을 맡다.
2008. ~ 중국 강소성 양주대학교 명예교수를 맡다.
2009. 4. ~ (사)인재육성아카데미 이사장을 맡다.
       6. ~ 도랑살리기 광주전남본부장을 맡다.

KI신서 2152
전 청와대 인사수석 정찬용의 삶과 꿈

정찬용의 도전

1판 1쇄 인쇄 2009년 11월 10일
1판 1쇄 발행 2009년 11월 14일

지은이 정찬용 **펴낸이** 김영곤 **펴낸곳** (주)북이십일 21세기북스
디자인 에이틴 **영업** 서재필 최창규
출판등록 2000년 5월 6일 제10-1965호
주소 (우413-756) 경기도 파주시 교하읍 문발리 파주출판단지 518-3
대표전화 031-955-2100 **팩스** 031-955-2151 **이메일** book21@book21.co.kr
홈페이지 www.book21.co.kr **커뮤니티** cafe.naver.com/21cbook

책 값은 뒤표지에 있습니다.
ISBN 978-89-509-2102-6 03320

이 책 내용의 일부 또는 전부를 재사용하려면 반드시 21세기북스의 동의를 얻어야 합니다.
잘못 만들어진 책은 구입하신 서점에서 교환해 드립니다.